コロナ禍をどう読むか

奥野克巳・近藤祉秋・辻陽介［編］

16の知性による8つの対話

AKISHOBO

装画　大小島真木
装幀　五十嵐哲夫

コロナ禍をどう読むか
16の知性による8つの対話
目次

はじめに

コロナ禍を、永遠の相からも見る
吉本隆明のひそみに倣って

奥野克巳

＊

吉本隆明は一九七六年出版の『最後の親鸞』の中で、中国南北朝時代の浄土教の開祖である曇《どん》鸞《らん》から鎌倉時代に親鸞が継承した「〈往相《おうそう》〉／〈還相《げんそう》〉」というテーマを取り上げている。

親鸞が、曇鸞の『浄土論註』にならって「往相」と「還相」をとくとき、ある意味で生から死の方へ生きつづけることを「往相」、生きつづけながら死からの眺望を獲得することを「還相」というように読みかえることができる。この浄土門の教義上の課題は、まさに思想的に親鸞によって抱えこまれ、そして解かれたのである。

（吉本隆明『最後の親鸞』ちくま学芸文庫、二〇〇二年、一五四ページ）

〈往相〉とは、生から死へと向かう道のりで直面する眼前にある「緊急の課題」に挑む相である。〈還相〉とは、その道のりに、死からの眺望を繰入れて、「永遠の課題」にあたる相である。吉本はこの「還相論」を思索の土台の一つに据えながら、『最後の親鸞』以降、思想・評論活動を行った。

〈往相〉と〈還相〉は、親鸞の死後に弟子の唯円によって書かれた『歎異抄』第四条で取り上げられた「聖道の慈悲」と「浄土の慈悲」にそれぞれ対応する。「聖道の慈悲」とは、人をあわれみ悲しみ、助けようとするが、永久に助けが成就することがない。「浄土の慈悲」とは、念仏を称えていそぎ浄土へ往って還ってきて自在に人を助けることである。

二〇一九年十二月に中国から広がった新型コロナウイルス感染症は、二〇二〇年二月に日本国内で最初の死者を出すと、各地でクラスターが発生し、三月二十一日には国内の感染者数が千人を超えている。またたく間に私たちに「襲いかかった」新型コロナウイルスによる「先の見えない」状況が進行しつつあった二〇二〇年四月から六月の間に、「COVID-19を分野横断的に考える」と題する八つのシリーズ対談を行った。本書に収められたそれらの対談を、半年後の二〇二〇年十二月の時点で読み返してみた時、吉本の「還相論」は、それらの対談が共通に持っていた展望に対して一つの見通しを与えてくれるような気がする。

＊＊

一九八〇年代末に、吉本は「還相論」に拠りながら、喫煙と嫌煙をめぐる思索を行っている。一九八八年に、世界で年間三〇〇万人が喫煙を原因とする疾病で死亡することを重く見たＷＨＯ（世界保健機関）が禁煙推進のために、五月三十一日を「世界禁煙デー」に制定し、日本社会でも当時、嫌煙という概念とその運動が広がりつつあった。

吉本によれば、タバコを吸う吸わないは「緊急の課題」である。タバコを吸うと、そばにいる吸わない人に煙で迷惑をかけ、健康被害をもたらすかもしれないから、吸うのはやめようという解決案は「聖道の慈悲」に属する問題である。吸うより吸わないほうが身体にいいというのは、いいことを勧めているわけだから社会的には善を行っていることになる。それが、〈往相〉の問題である。

ただ、タバコを吸うのが健康に悪いことくらいは誰だって知っている。しかし、知っていても吸う。人類は未開原始の時代から、よくないとわかっていても麻薬みたいなものを吸って一時的な快楽にふけるとか、幻覚の世界に遊ぶようなことをずっとやってきた。

だとすれば、「緊急の課題」の本当の意味での解決は、人間はなぜ一時しのぎにすぎないような快楽や嗜好品や麻薬をたしなんだりするのかという「永遠の課題」、すなわち人間の本性に潜む問題を見窮めてからでしかなしえないのではないか。それが、〈還相〉の問題である。

たしかに、われわれのような末法の末法の時代の煩悩のさかんな凡夫の眼前に起こってくる「緊急の課題」にたいして、日々判断し、もしなにかできるならば、なにかをしなければならない。あるいはじぶん個人の身にとっていえば、じぶんに迫ってくることに対して身をよけたり、身を挺してそこにぶつかったりということをしなければいけない。それを他人に強制したり法律で決めたりしたら、なにかがちがう、どっかおかしいよと感じる。そのどっかおかしいと感じるものはなんなのかといったら、それこそが〈還相〉の課題だとおもいます。そういうふうに親鸞の考え方を比喩的に受け取れます。「永遠の課題」がそのなかに含まれていることだと思います。

（吉本隆明『未来の親鸞』春秋社、一九九〇年、一三三―一三四ページ）

眼前で起きている「緊急の課題」に対して、私たちは身をよけたり、身を挺したりして、課題の解決にあたる。それは「聖道の慈悲」を含む〈往相〉である。しかしその解決を万人にまで広げて、タバコを吸ってはいけないとか、やめろということを法律や職場のルールで禁止するのはおかしいことかもしれない。そのおかしいと感じることを、浄土から還ってきた時のように、「浄土の慈悲」でもって〈還相〉の問題として眺め返してみるべきではないか。そうしなければ、タバコの喫煙・嫌煙をめぐる問いに対して私たちは見誤ってしまうのではないかと、吉本は言う。

＊＊＊

喫煙と嫌煙をめぐってなされた「還相論」は、コロナ禍に暮らす私たちに、何を教えてくれるだろうか。

私たちは、コロナウイルスを抑え込むためにあれやこれやの対策をとっている。目に見えないウイルスを避けるために「三密」を避け、ソーシャルディスタンスを習慣づけ、ウイルスを人にうつさ(れ)ないためにマスクをつけ、テレワークに勤しんでいる。医療者は、感染症患者の命を救うために身を挺して、治療や看護にあたっている。そうした全てのことが、コロナ禍で私たちの眼前に起こっている「緊急の課題」に対する解決策であろう。

〈往相〉において、右往左往しながらコロナをめぐる課題にあたる時、たとえば以下のように、間違いを犯してしまう可能性がある。感染症拡大に応じて人の移動を制限することは、「聖道の慈悲」のように、よいことのように見える。だがそのことで経済活動は停滞し、結果として、収入が減少したり途絶えてしまう人たちが出てきてしまったりする。人々の精神的苦痛と不安は、いかばかりか。

いったいいつどの時点で、何をもってロックダウンや緊急事態宣言の号令を発するのか。誰が？　政府がか？　強い発令は、人々の身体を家庭の内に縛りつけてしまい精神的・身体的危機を生むだけでなく、感染症に罹った人を差別する社会的風潮を助長しかねない。

〈往相〉でコロナのことを考えるだけでは不十分である。〈往相〉で解決できるのは、コロナ禍の半面にすぎない。同時に深めねばならないのは、眼前にある課題をより普遍的な地平に投げ入れ、「永遠の課題」として臨んだ時に見えてくる面であろう。〈還相〉の視点に立ち、「浄土の慈悲」をもって踏み込まなければ、私たちは間違いを犯してしまうのではないか。吉本がもしこのコロナ禍を生きていたらそういう意味のことを述べたかもしれない。

吉本は別のところで、知識を得ることについても「還相論」で考えている。

知識を〈往きの姿〉で把えれば、学問のない人が学問を修行して知識を獲得していくという過程になるわけです。往きの過程にあるかぎり人間の本当の知識が獲得されることはないわけです。知識に対して〈還りの姿〉になっていったときにはじめて、知識が獲得されたということになります。それは知識を獲得すればするほど、知識でないものを包括していくということです。包括できなければならないということです。つまり包括できること自体が知識を獲得することなんだという観点に立ちえなければ、知識を獲得したことにはならないということが云えると思います。

（吉本隆明『〈信〉の構造——吉本隆明・全仏教論集成1944.5〜1983.9』春秋社、一九八三年、三五四ページ）

〈往相〉だけでは、知識は獲得し尽くすことはできない。〈還相〉から、知識でないものをも包括できなければ、ほんとうに知識を獲得したことにはならない。

大事なことは、タバコを吸う吸わないにせよ、知識を獲得することにせよ、現実に〈往相〉で対応しつつ、同時に〈還相〉から私たちが行うあれやこれやを眺め返すことである。

このような「還相論」的な思索が、本書の八つの対談の底深くに流れている。コロナ禍を「喫緊の課題」としてだけでなく、「永遠の課題」という観点からも引き受けて考えてみようというのが、本書の試みである。

＊　＊　＊　＊

人類学者の近藤祉秋さん、以前私自身が取材を受けたウェブメディアHAGAZINEの編集人で、人類学の研究会にも参加いただいたことがある辻陽介さんと私の三名は、二〇二〇年三月下旬に、専門分野は問わず、コロナおよびコロナ禍という課題に関して、思索を深め、展望を示してくれる仲間たちに声をかけ、オンライン対談形式で話し合ってもらうことを企画した。先に述べたようにその直後の二〇二〇年四月二日に、その第一回となるオンライン対談を開催する運びとなった。

それ以降六月五日までの約二ヶ月間、二時間ずつ全八回の対談を実施した。それは、埼玉県、千葉県、東京都、神奈川県、大阪府、兵庫県及び福岡県の七都府県に、「新型インフルエンザ等対策特別措置法第三十二条第一項」に基づく緊急事態宣言が出されていた、四月七日から五月二十五日の期間がすっぽりと収まる、コロナ第一波のど真ん中の時期であった。

八つの対談に共通するのは、対談者たちが、眼前の現実を踏まえて、「何かおかしいぞ」「どうなっているのだろうか」という違和感を深めていくことで「永遠の課題」に達して、眺め返してみようとする態度である。

本書は、刻々と迫りくる感染症とその対策を前にして、自ら体験し感じたことを言葉にしながら、それを普遍的な観点から見つめ直すという二つのまなざしを直交させながら、同時に二人の話者の言葉の往還によって紡ぎだされた対話の記録である。

April 2nd, 2020

TALK 01

ウイルスは人と動物の「あいだ」に生成する

奥野克巳 × 近藤祉秋
文化人類学者　文化人類学者

マルチスピーシーズ人類学からの応答

OKUNO Katsumi x KONDO Shiaki

第一回の対談がなされた時点（二〇二〇年四月二日）では、新型コロナウイルスの感染者数は世界で約八三万人、死者数は四万人以上であった。対談では、人類学の感染症研究の例として、フレデリック・ケックの『流感世界』と、目に見えない微小な存在を扱う、ヘザー・パクソンの「マイクロバイオポリティクス」が紹介される。

続いて、ロージ・ブライドッティの『ポスト・ヒューマン』の中でも取り上げられている、人間と動物の健康や病気を一本で繋がっていると見る「ワンヘルス」という考え方が俎上に載せられ、検討される。また、地球温暖化の結果、シベリアの永久凍土層から炭疽菌が表れたという、人新世時代の問題が論じられる。さらに、新型コロナを含む人獣共通感染症は「社会的距離」という言葉で表されるように、人と人だけでなく、より根本的には、人と動物の「あいだ」に潜む問題でもあるという見通しが語られる。

人と動物の「あいだ」に関しては、ヴァン・ドゥーレンによって描き出された、インドのハゲワシとウシと人間とイヌの「あいだ」に生じる菌やウイルスという病原体の出現が紹介され、また人と人の「あいだ」の問題は、社会的な孤立化と同時に、デジタル技術をつうじたオンラインの活用が北米先住民において盛んになっている事態についても紹介される。

「人類vsウイルス」という図式への違和感

辻陽介（以下、辻）　皆さん、おはようございます。HAGAZINEというウェブメディアの編集人をしております辻陽介と申します。文化人類学者の奥野克巳さん、近藤祉秋さんは兼ねてより「マルチスピーシーズ人類学研究会」を主宰されてきましたが、今後、全八回にわたって行う予定のCOVID-19をめぐる対談シリーズは、マルチスピーシーズ人類学研究会とHAGAZINEの共催によるもので、今回はその第一回目となります。

さて、皆さんもご存知の通り、現在、新型コロナウイルス＝COVID-19の世界的なパンデミックに際し、各国政府が出入国に厳しい制限を設け、大型都市をロックダウンするなどの戒厳令を発令する緊急事態となっています。この問題に関しては、ここまで各国首脳が競うように声明を発表していますが、とりわけ個人的に強く印象に残っているのは、英国のボリス・ジョンソン首相の集団免疫戦略に関する「自粛行動は長期にわたって維持できない。ゆえに社会リスクを疫学的に最小化する」という、つまりは「死を覚悟してほしい」という趣旨の発言であったり、フランスのエマニュエル・マクロン大統領による「我々は戦争状態にある」という、あたかも人類とウイルスが全面戦争を行っているかのような、物々しい宣言です。

確かに、現時点（二〇二〇年四月二日）で新型コロナウイルスの感染者数は世界で約八三万人、死者数は四万人以上と、予断を許さぬ状況であるのは間違いありません。自分とて人類の一人として「生存」こそを最重要視しなければならないという考え、立場そのものには、いささかの異論もないです。

ただ、「生存」といった時に、果たしてそれが個人としての生存なのか、共同体としての生存なのか、国としての生存なのか、という疑問も同時に生じます。あるいは種としての、さらには多種としての生存という視座もありえることでしょう。このように「生存」という言葉の主体をどう捉えるかによっても、考え方、動き方は大きく変わってくるはずですし、また、マクロン大統領の言葉に見られるような、「人類vsウイルス」という対立図式に拘泥することが、果たしてウイルスという生物とも無生物ともつかぬ存在と対峙していく上で、真に有効な見立てなのかどうか、そこにもやや疑問があります。

たとえば、現在においては哺乳類の遺伝子の大半が、ウイルスからできているということが明らかになっています。一例を挙げれば、哺乳類にとってきわめて重要な胎盤の形成にはウイルスが深く関与しているとされています。あるいはウイルスでなくとも、私たちは大腸菌などの細菌が体内に存在しなければ自力で食物を消化すらできないということも、つとに知られた事実です。こうしたいくつかの例だけを見ても、人類とウイルス、人類と細菌類を単に対立するものとして考えることはいささか性急に過ぎるように思います。

また、新型コロナウイルスに関しては、すでに人獣共通感染症であることが分かっています。二十世紀以降、社会不安を巻き起こした感染症はインフルエンザやエボラ出血熱を始め、多くがこの人獣共通感染症です。要するに、感染症拡大についての物語には、人とウイルスだけでは登場人物が不足している。その物語には本来、非常に多くの生命種、アクターが登場して然るべきであり、「人類vsウイルス」という図式は、その上でもかなり単純化されたものの見方であると言えると思います。サイエンスライターのカール・ジンマーが「ウイルス・プラネット」と呼んだこの惑星でこの先も人類が「生存」していくためには、安易な対立図式を用いるのではなく、本来、そうしたウイルスを含む多種多様で複雑な種の絡まり合いを、きちんと紐解いていく必要があるのではないでしょうか。そうした問題意識もあります。

とはいえ、この場を、今目の前で生じている被害を無視する形で述べられる理想論のための場にするつもりもありません。この場は、人類がこの惑星で、多種と共にサバイブしていくための強かな戦略会議の場でなければならないと感じています。その戦略を模索する上でも、先ほど述べたような理由から、まずアントロポセントリック＝人間中心主義的な存在論を排する必要があるのではないかと思うのです。そして、まさにその点において、「モア・ザン・ヒューマン＝人間以上」の生命の絡まり合いをこれまで考察してきたマルチスピーシーズ人類学の視点から今日の状況を眺めることは、非常に意義深いことであると感じています。

またもう一つ、今回の新型コロナウイルスをめぐっては「インフォデミック」なる言葉も生まれています。この言葉は、SNSなどを通じて正しい情報とフェイクニュースが入り混じって拡散されることで起こる社会的な混乱状態を指すものですが、今日では実際に、人々がウイルスという肉眼では見えないものを恐れ、その恐怖によって、社会そのものが再編されつつあります。目に見えない世界が存在感を強め、人々が真偽を超えて、その世界への恐怖に突き動かされているという状況は、ある種、世界の再魔術化とも言い得るのではないでしょうか。マナや精霊など、不可視なものをめぐる社会関係を調査してきた文化人類学は、こうした面でもその知見を大いに発揮できるのではないかと考えています。

前口上が長くなってしまいましたが、僕としてはそのような問いと共に、今後一連の対談の司会に携わらせていただく所存です。というわけで、そろそろ対談にうつっていきましょう。果たして、現在まさに起こっているCOVID-19のパンデミックと、それが引き起こしている社会的混乱に対し、文化人類学はどう接近することができるのか。奥野さん、近藤さん、よろしくお願いいたします。

人類学は「人獣共通感染症」をどう捉えてきたのか

奥野克巳（以下、奥野）　まずは、辻さんのイントロダクションに関して応答させていただきます。基本的には全くおっしゃる通りだと感じました。一つは辻さんも指摘されていた「人類vsウイルス」という図式への違和感ですね。これについては私自身も不毛だと感じています。現在、COVID-19が雲のように我々を覆っていて、非常に息苦しい日々が続いており、今後ますますそれが加速することが予想されるわけですが、この対立図式に沿って考える限り、事の本質をつかむことはできないでしょう。いかにこの二項図式を乗り越えていくのかというのが、一つの大きなテーマだと思います。

もう一つ、辻さんの趣旨説明で気になった点として、「生存」という言葉が何度か出されました。辻さんは人間の生存を問題化された。私自身も基本姿勢としてそこに異論はないのですが、ただ、ここは丁寧に論じていかないといけないポイントだとも思っています。これは後ほど立ち戻ってみたいと思っていますが、たとえば曹洞宗の僧侶だった内山興正（一九一二―一九九八）は「生」に関して、「生命的地盤」と「生存的地盤」の二つがあるのだと言います。

内山禅師によれば、我々はいつも「生きる」ということを「生存的地盤」で考えています。つまり、生存するためにはどうあるべきかという具合に。生存ベースで考えていくと、生存するためにいい学校を出て、いい会社で働いて……といった様々な「我執」が起きてきます。それに対し内山は、人間にとってより本質的なのは「生命的地盤」だと言っています。「生命的地盤」とは何か。端的に言えば、生を考える場合、死というものが必ず裏側にあるのだ、ということを心に留め置くということです。生死《しょうじ》、つまり生と死は一体化して、生命なのです。そのことを忘れてしまわないことが大切であって、それが人間本位に物事を考える点を乗り越える一つの手がかりになるのではないか、と私は考えています。

前置きが長くなりましたが、ここではまず人類学が感染症をどう捉えてきたのかというところから話してみたいと思います。辻さんの説明にもありましたが、COVID-19は「ズーノシス」つまり動物由来の「人獣共通感染症」だと言われています。では、人類学において、この人獣共通感染症がどう捉えられてきたのか。その問題に関して最も影響力のある人類学の研究書の一つである、フレデリック・ケックの『流感世界――パンデミックは神話か?』(小林徹訳、水声社、二〇一七年)を取り上げてみようと思います。原著(*Un monde grippé*)が出版されたのは二〇一〇年です。その本では、感染症をめぐって生じる「生権力」、あるいは「生政治」【1】の問題が取り上げられています。『流感世界』で調査対象となっているのは、香港で生じた鳥インフルエンザです。香港で鳥インフルエンザが発生したのが一九九七年、イギリスから香港が中国に返還された年です。最初の感染源は中国の広東省だったと言われていますが、一九九七年に香港で三歳の男児が死亡し、そこから感染が世界中に拡大して、最終的には八六〇人の感染者、四一四人の死者を出したと言われています。

ケックが鳥インフルエンザを調査しに香港に乗り込んだのはその十年後、二〇〇七年です。鳥インフルエンザの流行から十年経過した後の香港と中国で、ケックは微生物の研究者、行政の役人、医師、農場経営者、市場の小売業者などへのインタビューを行い、農場に実際に入り込んで働いたりして、実地調査を行いました。そうしたフィールドワークに基づいて書かれたのが、『流感世界』です。

今説明したように鳥インフルエンザの発生と、ケックの調査の間には十年の歳月が横たわっているのですが、その十年の間に中国ではSARSの流行がありました。SARSは二〇〇二年から二〇〇三年にかけて流行し、その際にも香港では危機を迎えたのですが、ケックによれば、二〇〇七年の時点で、香港では鳥インフルエンザとSARSという二つの危機を乗り越えた経験から、次なる危機に向けて、社会的な備えを行っていました。本書でケックは、「香港はインフルエンザやSARSを乗り越えて、次なるパンデミック、カタストロフィーに向けて活気づいている」と述べています。その時期香港では、大きな音を出して咳をするということが無作法の極みとされたり、中国において伝統的とも言える「不潔さ」と縁を切ろうという動きが、人々の中に活発に見られたようです。

　ケックによれば、香港では感染症対策が大きく分けて二つの形で行われていました。一つは、今説明した咳のタブーに繋がるような、人々の間に高度な相互監視体制が見られたこと。もう一つは、動物の疫病が生まれた場合に速やかに殺処分を行うこと。この監視と殺処分を交互に行うことで、香港は次なる危機に備えている、ということが本書では述べられています。

　また、ケックは香港で何が鳥インフルエンザの感染をもたらすリスクとなっているかについても分析しています。たとえば二〇〇七年にケックが調査した時点で、香港には広東省から一日一万羽の生きた鶏が入ってきていたようですが、実はちょうど彼がフィールドに入った時期にも、広東省で鳥インフルエンザが再び流行していたんです。それによって広東省では三〇〇〇羽のアヒルが死亡して、一万五〇〇〇羽の鶏が殺処分されました。その時に香港の新聞各社はどうやら、ウイルスに晒された同胞たる中国人たちの健康を気にするのではなく、九月に控えていた中秋節を祝う祭りのための鶏が中国から輸入されなくなるということを心配していたようです。祭礼には生きた鶏が必要で、それを家族で分ける習慣があるからです。ケックはそうした報道から、人々の習慣が鳥インフルエンザのリスクに香港自体を晒しているという分析をしています。

　もう一つの事例を紹介しましょう。香港の仏教徒たちは「放生会」と呼ばれる、鳥を一斉に空に放つ儀礼を行なってきました。実際にはスズメが使われているんですけど、年間約三〇万羽の鳥が、この放生会によって香港では放たれているようです。それは生態系を攪乱させるだけではなくて、スズメを媒介とした鳥インフルエンザの感染リスクともなっていて、鳥類学者などは仏教徒の放生会を非難しています。このように、香港では感染症のリスクというものが常に社会問題となっている状況があり、そこに国家当局や宗教、また鶏肉の消費と生産の循環などが複雑に絡まり合っているのが、次なるパンデミックに備える香港の状況であることが、『流感世界』には詳細に描かれています。

はたして、ケックのこの本をどう評価すべきでしょうか。その点を探る上で、別のケックの論文を参照します。雑誌『思想』の「来るべき生権力論のために」という特集（二〇一三年）にケックが寄稿した「今日の生政治学」という論文です。このタイトルはミシェル・フーコーの提案した「生政治」という概念と、クロード・レヴィ＝ストロースの『今日のトーテミスム』（仲澤紀雄訳、みすず書房、一九七〇年）という非常に著名な本のアマルガムになっています。

ケックはそこで自身の『流感世界』を踏まえ、「司牧権力＝パストラルパワー」と「生権力＝バイオパワー」という二つの権力について対比的に述べています。司牧権力と、先ほどの香港の例で言うと、殺処分のことです。司牧権力は動物との連続性において行使されるものであり、供犠などの儀式は、人間が動物との精神的な繋がりを回復するために行われるものなのだとケックは捉えています。ケックは、現代における殺処分もまたそうした司牧権力の行使であると言います。では、もう一つの生権力はどのように行使されるのか。それは、ケックは、動物の群れと人間の人口の監視、という言い方をしています。これらの監視がいわゆるバイオセキュリティによってなされるのです。つまり、殺処分と監視の二つをこのように対比的に捉え、それらが混合されたものとして、鳥インフルエンザ以降の香港におけるパンデミックに対する危機管理が行われていると分析しているのがケックの論文の骨子です。

私自身はケックのこれらの議論を、人間本位の見方に傾いているのではないかと考えています。というのも、ケックは、明らかに他の生物種由来の感染症の問題が主題になっているのにもかかわらず、司牧権力という精神的な権力と、バイオセキュリティを駆使する生権力の二つが交わるところに、来るべき新興感染症に備える香港の生政治の未来があるという言い方をしているだけだからです。結局のところ、彼の視野の中には、ほぼ人間しかいません。議論全体が人間社会のあり方にまなざしが注がれていて、閉じてしまっているように見えます。

……と、ひとまず、人類学者が感染症についてこれまでいかに向き合ってきたのかという点に関して、一つの例として、ケックの研究を取り上げてみました。人間を超えた種と種の絡まり合いを扱うマルチスピーシーズ人類学の観点から批判的に述べましたが、ケックが感染症を論じる上で持ち出した生政治の概念は、感染症をめぐる行動を考える上では非常に重要だという点を付け加えておきたいと思います。

生政治については、今日（二〇二〇年四月二日）の朝日新聞に掲載された仲正昌樹さんのオピニオン「疫病と権力の仲」【2】で言及されていました。仲正さんは「人間の本質があらわになるのは、戦争や自然災害より、むしろペストに象徴される『未知の何か』が人間内部に侵入してくる状況だ」と述べて、それがカミュの小説『ペスト』（一九四七年）のメッセージだと言っています。つまり、自然災害なんかよりも、感染症のアウトブレイクやパンデミックのほうが、人間の本質をあらわにするんだ、と。これはとても示唆に富んだ指摘だと感じています。

とりあえず、私は一旦ここまでです。近藤さんのほうからは、いかがでしょうか？

マイクロバイオポリティクスとは何か

近藤祉秋（以下、近藤）　はい。私のほうからは、奥野さんへのリプライを兼ねつつ、このCOVID-19の問題をマルチスピーシーズ人類学的にどう位置づけるのかという点を簡単にお話ししてみたいと思います。

まず奥野さんが紹介されたケックに関してですが、ケック自身はマルチスピーシーズ民族誌を必ずしも名乗っているわけではないんですけど、マルチスピーシーズ民族誌に大きな影響を与えている科学技術の人類学の流れを汲む研究をしている人類学者として、かなり共通している部分はあると感じています。その共通性を踏まえた上で、ケックのアプローチとケック以降の人獣共通感染症を扱ったアプローチにどういう違いがあるのかを考えていかなければいけないと感じていますし、奥野さんが語られていたこともそういうところを視野に入れているのだろうと感じています。

先ほど、辻さんから「目に見えないもの」が今日、存在感を増しているという話がありましたが、科学技術の人類学の特徴の一つに、まさに「目に見えないもの」との関わり、肉眼で見えないものとの関わりへの関心が高いということがあります。伝統的な民族誌の場合は、調査方法的にも人間と哺乳類、人間と鳥との関係などのように、あくまで肉眼で見える世界を扱っていることが多かったんですが、STS（Social studies of science and technology／科学技術社会論）では、フィールドにいる人自身が顕微鏡などの科学的な媒体を使って記録をしている人だということもあり、人間と様々な生物種との関わり合いの中にウイルスであるとか細菌であるとか病原体であるとか、肉眼では見えない様々な存在を含み込んだ民族誌的な記述が出てきている。ケックはそうした科学技術の人類学の潮流に則った形で議論を進めてきた人物でもあり、マルチスピーシーズとは名乗ってこそいないものの、その重要な祖先の一人として捉えることができると思います。

さらに『流感世界』の原著が出たのは二〇一〇年ですが、これはちょうどアメリカの『CULTURAL ANTHROPOLOGY』という雑誌でマルチスピーシーズ民族誌の特集が組まれたのと同じ年でもあります。この特集を編集したのは、S・エベン・カークセイとステファン・ヘルムライクでしたが、その両者とも、科学技術に媒介された世界における肉眼では見えない微小な存在と人々の関わりに関心を持っていました。

たとえば、カークセイは、細菌やウイルスを利用したバイオアートの実践者に関する民族誌的な研究を行っていますし、ヘルムライクは海洋微生物学を研究する研究者の調査をしています。その中で自ずと、微生物であるとか、バクテリアであるとか、肉眼では見えないものに焦点が当たるようになっている。こうした研究からは、これまでの、それこそマルチスピーシーズ人類学研究会で私たちがやっているような狩猟民と動物の関係性の研究とは違う話がかなり出てきていて、少なくとも英語圏の議論ではそのような科学技術の人類学をベースとした研究がマルチスピーシーズ人類学を牽引していることを、まず確認しておきたいです。

その上で、先ほどの奥野さんの話では、ケックがフーコー的な生政治＝バイオポリティクスの議論をベースにしているということだったんですが、私からは、マルチスピーシーズ人類学的な生政治に関する議論の事例として、マイクロバイオポリティクス（microbiopolitics）という言葉を紹介したいと思います。

この概念を提唱したのはアメリカの人類学者であるヘザー・パクソンという方です。この人はアメリカで手作りチーズを作っている職人さんとチーズを作り出している菌類の関わりを研究してい

Heather Paxon. *The Life of Cheese: Crafting Food and Value in America*. University of California Press, 2012.

る人なのですが、彼女の言うマイクロバイオポリティクスという概念の「バイオポリティクス」とは、「生政治」のこと、そして「マイクロバイオ」の部分は「微生物」を指しています。この概念でどういうことが言われているかというと、微小な生物、つまり肉眼では見えないような存在と人間との関係性が、人間同士の関係性、たとえば生活における不和などにも生権力的な影響を及ぼすものであるということです。

たとえばアメリカの手作りチーズ職人が非加熱でチーズを作っていた場合、それが食品安全基準に達していないという理由で製造が規制されていくということが実際に起こるわけですね。人間が微小な生物といかに向き合うかが、食品安全に関する人々のリスク評価の違いによって、人間同士の生き方にも影響を与えていくことがある。

ただ、パクソンの面白いところは、単にそうした人間同士の不協和に焦点を当てるだけでなく、チーズの風味に影響を与えるような、その土地にいる在来の菌類を保全する動きがあったり、職人たちがその土地からもたらされる独特の風味を意味する「テロワール」という言葉を使って、チーズ作りを土地・動物・人の関係として捉えていたりする事例も紹介しているところですね。このように人間同士の関係だけに焦点を当てるのではなく、人間と微小な生物との様々な関係性のあり方に焦点を当てていく「マイクロバイオポリティクス」が、マルチスピーシーズ人類学の中で議論されていることは、とても重要だと感じています。

さて、こうしたマイクロバイオポリティクス的な視点を踏まえ、さらにそこに現在の状況を折り重ねて考えてみましょう。目に見えない微小な存在と人がどう生きるかということの人間同士の社会関係への影響が、今日ではただ単に職場や家でどう過ごすか、国や県でどう過ごすか、ということに限らない、地球規模のガバナンスの問題として提示されています。それが今日の特徴的な状況なんじゃないかなと思っています。たとえば三月の下旬にゴードン・ブラウンというイギリスの元首相が「この問題に対処するためには世界政府が必要だ」という発言をしていました。このCOVID-19の問題にはグローバルに足並みを揃えて取り組まなければいけないと言われている。あるいは、中国系のメディアも、今日の事態は我々が「人類運命共同体」であることを改めて認識させてくれていると盛んに報道していたりします。要するに、マイクロバイオポリティクス、目に見えない微小な存在といかに生きるかということが、一足飛びに、プラネタリーポリティクス、惑星をどうガバナンスするのか、ということに結びついてしまっている。私自身は「世界政府」や「人類運命共同体」という言葉がこの状況下で語られることに恐ろしさを覚えますが、このこと自体がグローバリゼーションが当たり前になった現在ならではの現象ではないかと感じています。

供犠と殺処分の連続性

辻　ケックが『流感世界』で明らかにしようとしていた感染症をめぐる生権力と司牧権力についてのお話、人と微小な世界との関わりが人と人との関わりにも影響を与えていくというパクソンのマイクロバイオポリティクスについてのお話、いずれも興味深かったです。

特に近藤さんの最後のお話は、肉眼では見えない世界への恐怖が、グローバル化した今日の世界においては、直ちにトランスボーダーな管理、統治へと結びついていく危険もあるという指摘だったのではないかと感じました。そうしたグローバルな管理や統治が必要なのだという議論に対し、前口上でも触れましたが、これまで不可視なもの、目に見えない世界が生き生きと息づいているローカルな社会を調査してきた文化人類学の知見が、あるいはなんらかのオルタナティブを提示できるのではないかと感じています。

というのも今日、COVID-19の感染拡大と、その報道によって、目に見えない微小な世界の存在感が、都市文明においても非常に高まっていて、目に見えないものへの恐怖によって社会が組み直されようとしているわけですが、その中で、そうした目に見えない恐怖を「見える」化しようという動きがまず起こっているわけです。不安や恐怖にうろたえるのではなく、科学的なファクトに基づいて、冷静に対処することが大事なのだ、と。フェイクニュースが跋扈する現状を考えれば、この主張はもっともであるとも思うのですが、一方で「見えない」世界をただ「見える」化すればいいという話には、どこか近代的な合理性に対する過信のようなものも感じてしまいます。

マックス・ウェーバーが「脱魔術化」と呼んだ近代化という過程は、一方で不可視なものを可視化していくという流れでもあり、それがすなわち合理化でもあったわけです。しかし、そうした脱魔術化、合理化の中で、自然の外部化、道具化が進み、その結果として起こった大規模な森林伐採、生態系の破壊などにより、様々な新興感染症が新たに誕生し、パンデミックが引き起こされてきたというのも、また事実です。

そうした事態を再び迎えた今日、そこに人類運命共同体としてグローバルに立ち向かおうという視線は、結局、きわめて近代的な態度であるように感じますし、あるいは歴史を顧みない傲慢な考え方であるようにも感じるんです。そもそも、人類運命共同体という言葉自体が、まさに人間中心主義的な言葉でもありますよね。倫理的にどうこうという以前に、こうした視線からは結局、自然の制圧、コントロールという考え方しか生まれない気がしますし、そのように自然をコントローラブルなものだとする態度そのものが様々な新興感染症を引き起こしてきたという現実に、あまりに無反省であるように思います。

ですので、そうした人間中心主義的な管理、グローバルなコントロールとは違う形で、「目に見えない微小な存在」と関係を結んでいく方法を考えてみたいんです。その上で、たとえば、大規模なパンデミックとは無縁であった狩猟採集社会などにおいて、人々が目に見えない世界とどのように関係性を結んでいたのかが、一つのヒントになるようにも思います。果たして、これまで「目に見えない存在」がどのように社会の中に組み込まれてきたのか、お二人にお伺いしたいです。

近藤　今回のCOVID-19の話に繋げて話すべきかは迷う部分ではありますが、たとえば北海道大学に以前勤められていた煎本孝先生の著書『文化の自然誌』(東京大学出版会、一九九六年)によれば、チペワイアンというカナダ森林地帯の狩猟民社会では、季節に応じて移動を繰り返し、生活をしてきました。チペワイアンの人々は、ホチェラスと呼ばれる、毛むくじゃらの野生化してしまった人間について語っていますが、煎本先生によれば、チペワイアンにとって、この精霊的な存在は、野営地で他者との相互依存関係に入ることの不安、他人に対する疑いや警戒心を象徴しているとのことです。狩猟が終わると人々はここら辺は良くない精霊に会うから移動しようと判断して、各自が別の場所へ移動していくことになっていたようです。

この事例は必ずしもウイルスや病原体の話とは直接結びつくものではないかもしれませんが、あくまで抽象的なレベルで、精霊のように普段姿を現さないが人々の傍らでその存在の痕跡を示す「目に見えないもの」と人々がどういう風に生活を営んできたかということの一例にはなるかもしれません。目に見えない存在について人々が話し合いながら住処を移動させていくことは、マイクロバイオポリティクスとも似ているように思います。

奥野　私はお話を伺っていて二つ思いついたことがありました。一つは近藤さんの話を伺ってのコメントになりますけど、目に見えない微小な存在が、人間世界のある種の生政治だけでなく、地球規模で行われる政治に一足跳びに結びついていくという意味で、マイクロバイオポリティクス、日本語で言うと「微生物生政治」というテーマはとても魅力的だと思います。微小なものの目に見えない動きを目に見える形で統御しようとする働きは、仏教でいう「華厳」を連想させます。『華厳経』には「一即多、多即一」という言葉がありますが、微小の微塵の中に無限大の宇宙が納まっているということです。たとえ微小なものであっても、それこそが宇宙であって、逆に宇宙というのは極小的な微塵のようなものでもある。今起きているCOVID-19を含めウイルスや細菌が、様々な社会的規制に関わる生政治や地球規模での移動制限や外交政策に関わってくるのだとすると、極小のものが巨大なものであり、巨大なものが極小であるという視点から見ていくと面白いのではないかと思いました。

もう一つは、ケックの殺処分と供犠に関してです。ケックはフランスの哲学者ルシアン・レヴィ＝ブリュル（一八五七―一九三九）やレヴィ＝ストロース（一九〇八―二〇〇九）などの研究から出発した研究者で、哲学的な洞察があちこちで見られるのですが、殺処分をわりとシンプルに供犠と相似的なものとして考えているようです。つまり、供犠とは、見えない力が働いて凶事が起こっている情況などがあり、その荒ぶる力を鎮めるために、神などの力を持った存在に命あるものを捧げることです。それによって、力を鎮め、新しい日常を取り戻していく。殺処分もまた、感染症を拡大させ、人々を恐怖と不安に陥れる目に見えない力を鎮めるための行為であり、それによって秩序を回復していくという意味では、殺処分には供犠との連続性があるようにも思えます。人類は長らく、そのようにして、自然の背後にある目に見えない世界や存在者と人類社会との調停を行なってきたようです。

では、辻さんが質問されたような狩猟採集社会においてはどうか。私はボルネオ島の狩猟民プナンの研究を二〇〇六年から継続していますが、プナンは供犠をいっさいしません。供犠のためにストックされた家畜が存在しないのです。そもそも儀礼というものをあまりしません。一方、私が一九九〇年代に滞在し調査していた同じボルネオ島の農耕民カリスはひっきりなしに儀礼をしていました。悪い夢を見たら鶏を供犠し、畑では神をよく呼び出して鶏や豚の血を捧げていた。感染症が問題になるのは農耕以降の社会ですが、同様に農耕以降の社会で非常に顕著になってくるのが供犠です。

辻　今、奥野さんより供犠は農耕社会以降の儀礼である、という話がありました。そして、そこから現在における殺処分へと至るまで、たしかな連続性がある、と。しかし、言葉の印象というか、行為の印象として、供犠と殺処分を並べた時に受ける印象にはかなり乖離があるようにも思います。殺処分という行為からは自然の道具化、あるいは自然の搾取というイメージを強く受け取りますが、一方の供犠には、もちろんそうした部分もあるとはいえ、もう少し、自然と人とを巻き込んだ全体的な世界観のようなものを感じます。そこにはまだ、ある種のアニミズムの名残のような、人と他生が連続的に存在している感覚のようなものもあったのではないでしょうか。

奥野　その意味でいうと、おそらく供犠は、狩猟というサブシスタンス（生業）から現代社会の殺処分へ至る中間点に置かれる行為なのかもしれません。たとえば、インドネシアのトラジャという灌漑農耕民における大規模な供犠について、人類学者・山下晋司さん（一九四八―）が七〇年代後半にフィールドワークを行って書いた『儀礼の政治学――インドネシア・トラジャの動態的民族誌』（弘文堂、一九八八年）という本があります。トラジャは、明確な社会的階層制からなるヒエラーキカルな社会でした。トラジャの人々は、インドネシアが近代化していく過程で、階層とは関係なく、こぞって都市に出稼ぎに出かけるようになりました。興味深いのはそこからです。出稼ぎ先で儲けたお金を人々が何に使うのかというと、車を買ったり、自分たちが都市で物質的に豊かな生活をするためではなくて、故郷の葬儀に、特に供犠に注ぎ込むのです。つまり、故郷で身内が死んだ場合、水牛を大量に購入して殺すために稼いだ金をつぎ込むのです。大事なのは、供犠する水牛や豚の数です。動物を殺す数が多ければ多いほど、それによって、かつて階層的に下位に置かれていた人が社会的な威信を獲得し、地位を上昇させることになるのです。殺処分と見まがうほどの大量の動物供犠を伴う大祭宴が長期にわたって続けられ、社会的な序列がひっくり返るのです。

それは、辻さんがおっしゃったような、ある種の自然の道具化であると言えると思います。それは、人間の外部としての自然、飼いならされた自然である家畜を利用しながら、自分たちの人間社会の内部を再編成するような動きとして捉えることができます。大量の供犠は、殺処分に近いように思えます。このような近代化過程における農耕民の儀礼の政治学は、供犠から殺処分にいたる中間点に置かれるのではないかな、という気がします。

辻　なるほど、ありがとうございます。すると、やはり供犠以前、アニミズムにまで遡って考える必要があるのかもしれませんね。おそらく、この後、奥野さんから哲学者ロージ・ブライドッティ（一九五四―）のお話があると思いますが、ブライドッティのポストヒューマン論におけるポストヒューマニティもまた、方向性としては非常にアニミズム的なものであるように感じています。果たして、そうしたポストヒューマニズム的な視点からは感染症の問題をどのように捉えることができるのでしょうか。

「ワンヘルス」の実現に向けて

奥野　ブライドッティの『ポストヒューマン――新しい人文学に向けて』（ロージ・ブライドッティ著、門林岳史、大貫菜穂、篠木涼、唄邦弘、福田安佐子、増田展大、松谷容作訳、フィルムアート社、二〇一九年）で示されているアプローチは、非常にマルチスピーシーズ的だと言えます。もちろん、標題通り、主題となっているのはポストヒューマニティーズであり、人間本位に世界を捉えることが引き起こす諸問題をいかに乗り越えていくのかという点に関心が注がれています。

これまでの議論と直接リンクするところとして、彼女が疾病について触れている箇所がありまず。彼女が何を言っているのかというと、動物も人間も同じような疾病を抱えている、ということです。心臓病とか癌とか糖尿病とか関節炎とか、そうした疾病には人間も動物も同じように罹るのです。また先ほどから触れてきたように動物と人間は共通の感染症にも晒されている。動物由来の人獣共通感染症というのがまさにそれです。ブライドッティは、そうした事実が、ポストヒューマニティーズを考える上でも重要なのではないかと指摘しています。

そのような背景のもとに、彼女が紹介しているのが「ワンヘルス」という考え方です。ワンヘルスは人獣共通感染症と繋がりが深いものです。そもそも、人獣共通感染症、ズーノシスという言葉を作ったのはフィルヒョウという十九世紀の医師、病理学者なんですが、このフィルヒョウは、人間と動物、つまり人獣に共通する疫病の存在を示したにとどまらず、人間と動物の医療は同時に行われなければならないとも主張していたんです。その十九世紀の医師の提言が、今日の我々が感染症を考えていく上でも非常に重要なのではないかと思うわけです。

つまり、人と動物の健康というのは本来、一本で繋がっているはずなんです。それを分けて考えることはできない。それなのに、現在は分かれてしまっている。経験や実践のレベルにおいては、医学と医者の存在というのが一方であり、それとは別に獣医学と獣医が存在している。国際組織もＷＨＯと国際獣疫事務局に分けられている。この隔たりをどうにかして埋めることはできないか。そのために提唱されているのがワンヘルスです。ブライドッティは健康と疾病をより広く理解するためには、このワンヘルスを実現する必要がある、人と家畜および野生生物の健康達成のために別々のアプローチを統合する必要がある、とも言っています。このブライドッティの立場には共鳴できます。

その観点から、再びケックを振り返ってみると、ケックにはワンヘルス的な視点がないように読めるんです。アナ・チンの言葉を借りれば、人間だけを他種から隔てるという前提を持つ、人間例外主義に傾いているように感じます。しかし、先ほど近藤さんがパクソンのマイクロバイオポリティクスを紹介してくださったように、その後の人類学には、こうした人間例外主義を乗り越えるような、ウイルスや感染症をめぐるマルチスピーシーズ的な研究が続々と出てきています。いくつか紹介したいと思います。

一つはナタリー・ポーターの“Bird flu biopower”[3]という論文です。今お話ししたワンヘルスという考えは、二〇〇三年のSARS以降にベトナムで導入され、人間‐動物のインターフェイスにおける鳥インフルエンザの統制を目指す形で進められているのですが、ポーターは、ワンヘルス下のベトナムにおける、動物、人間を含む多種からなるコミュニティで行使される生権力の問題を論じています。

「ウイルス民族誌家」を名乗ってるのが、セリア・ロウです。彼女の“Viral Clouds”[4]という論文を紹介しましょう。この論文ではインドネシアの鳥インフルエンザの感染に関する研究がなされているんですが、野生の鳥類、家禽、それから人間、さらにはウイルスを含めた多種の絡まり合いが、社会におけるパンデミックに対する備えや、バイオセキュリティ、国民統合のための監視技術とどう結びついているのか、そして、ロウが〝Clouds〟と呼んでいる、人々の不確定で不安定な状況が、いかにして作り出されているのかが記述検討されています。ロウの論文は、主に人間社会の状況について書かれていて、これはケックに近いとも言えます。ただ、彼女の別の論文には“The Viral Creep”[5]というものもあって、そこではドイツの人類学者ミュンスターと共に、象ヘルペスウイルスと象、そしてその世話をする人間という多種の相互関係、それぞれの存在がいかにして生成するのかということが論じられていて、マルチスピーシーズ的な視座からも非常に面白い論文です。

もう一つ、医療人類学においても顕著な動きがあります。メリル・シンガーというベテラン医療人類学者が、人獣共通感染症について論文を書いています。彼はその論文で、動物を人間社会における外部の要因として取り上げてきたこれまでの医療人類学を脱し、種間関係に目を向けることで医療人類学を再構築しようとしています[6]。

先ほど説明したワンヘルスというアイディアは医学における実践ですが、そうした動きに併走する形で展開しているマルチスピーシーズ研究の動向を見ると、ケックは病原体を外部からの未知の変数と捉えることで、人間の世界だけに閉じこもってしまっていたのではないかと思われます。ここから言えることは、現在の感染症をめぐる問題に人類学が思想として踏み込まなければならないのは、辻さんの最初の言葉にもあった「モア・ザン・ヒューマン」、つまり人間以上の視野に立って感染症を考えるというポイントにあるのではないかと、私は考えています。

永久凍土の融解が天然痘を呼び戻す

近藤　では、私のほうからは、奥野さんがお話しくださった「ワンヘルス」の考え方に関連するような、北方研究の事例についてお話ししたいと思います。二〇一六年八月のことで世界のニュースでも取り上げられたんですが、西シベリアのヤマル半島にあるネネツという牧畜民の集落で炭疽菌の集団感染が起きた話です。なぜ感染が起こったのかについては気候変動の影響によって引き起こされたんじゃないかと言われています。報道によれば、一時期は七〇人くらいが入院し、死者も出ました。また、この炭疽菌は人獣共通で罹るものとされていて、二〇〇〇頭以上のトナカイも死んだそうです【7】。

もともとシベリアでは炭疽菌が存在していたと思われます。しかし、以前はそうした炭疽菌を宿した動物の死体が永久凍土の中に埋められていたので、地表面に出てこないという状況にあったんです。それが、気候変動の影響、特に二〇一六年の夏はとても暑かったので、永久凍土がかなり溶けてしまった。つまり、これまでバッファになっていた永久凍土が部分的に無くなってしまったことによって、地中にいた炭疽菌が地表に出てきてしまったんです。

ただ、炭疽菌が地表に出てきたとしても、それだけであれば人間の居住地にまでは届きません。ネネツは牧畜民なのでトナカイを飼っていた。そのトナカイが地面に生えている植生を食べることで炭疽菌に感染し、そのトナカイをネネツの人々が食べることで、感染が拡大したという経路が想定されています。

これは人々の生業体系と、現在の気候変動が絡まり合う中で起こった人獣共通感染症の事例ですが、現在、これと同じメカニズムで、かつての天然痘なども永久凍土の融解によって戻ってくるのではないか、といった警鐘が専門家によって鳴らされています。これらの事例は今回の新型コロナウイルス感染症の発生とはまた異なる話ではありますが、こうした自然環境の変化によって生じる再興感染症との関わり方は、今後、ますます問われてくるであろう重要な問題だと感じています。

奥野さんのお話においても、人間と動物の「あいだ」、人間と人間の「あいだ」を考える必要がある、という話がありましたが、永久凍土の事例を考える上では、さらにまた別の「あいだ」を視野に入れる必要があると感じています。永久凍土とは、過去の世界をも含み込んで凍結している土地であり、それが地表という現在の人間が生活している場所に影響を与え始めているわけですが、これはどういうことかといえば、これまで存在していた永久凍土と地表の「あいだ」、過去の世界と現在の世界との「あいだ」が、気候変動によって融解することで、危険な混交が起こり始めているということです。こうしたタイプの「あいだ」に感染症が生じてくることもあり得るんです。

そして、こうした一連の現象はいずれも「人新世」の問題であることを強調しておきたいと思っています。「人新世」は地質学の言葉ではありますが、この言葉が示している問題とは、ざっくり言えば、地球の資源化が進み、人類全体による地球の支配の拡大、つまりグローバリゼーションがあまりに進みすぎた結果、人間の生存基盤自体が揺るがされるような状況が生じているということです。すると今日、一つの感染症がこういう風に世界に拡大し、それによって様々な人間のあり方が揺るがされているという状況もまた、「人新世」の問題として捉えていくことができるのではないかと思うのです。少なくとも、そうした視点がマルチスピーシーズ人類学においては重要になってくるのではないかと思っています。

奥野　私からも近藤さんのお話に繋ぐ形でちょっとだけ、お話ししたいと思います。今、人新世の話が出ましたが、COVID-19を含め、人類共通感染症の流行は、ずばり人新世の問題だと思います。人新世は、人間中心主義的な自然へのアプローチであり、人獣共通感染症の蔓延はその結果だからです。その上で、再びケックの話に戻ると、先ほどから私はケックをずっと人間本位的な見方に傾いていると批判的に捉えてきたわけですが、『流感世界』以降、ケック自身は、それを乗り越えるような論を展開しています。たとえば、最近、COVID-19感染拡大初期の二〇二〇年三月初めの段階で、ケックが保険会社ＡＸＡのインタビューに答えた記事【8】を読みましたが、彼はそこで以下のように言っていました。

私の関心は、本当のところは、気候変動、森林破壊、および産業育種によって変化する、私たちと動物との関係性にあります。たとえばウイルスについての一つの関心は、それがコウモリによってもたらされることです。そしてコウモリは森林破壊のためにますます人間の居住地域に近いところにやってくるのです。だから、私たちは、私たちとウイルスの貯蔵庫としてのコウモリとの関係についても考える必要があるんです。コウモリはヨーロッパの国民が田舎から都市に集住してきた十九世紀には中世の悪魔として想像されていましたが、今日の田舎では親しい隣人であり、さらに森林破壊のためにより都市圏に近づいてきています。コウモリがどのようにウイルスと共生しているのかについて、もっと多くのことを学ばなければならないということに私たちは気づいています。

十九世紀まではヨーロッパでは悪魔として想像されていたコウモリが、現代では人間にとっての親しい隣人となっているように、コウモリと私たち人間との関係性の変化を追うことが、感染症について考える上でも重要だということです。さらに、コウモリは様々なウイルスと共生しているわけで、ケックは、そうしたコウモリの免疫システムについても学ばなければならないとしている。こうしたケックの視線は、森林破壊や産業育種などを進めてきた人間本位の自然改変を目指す振る舞いを反省し考えてみるための提言となっているように思えます。森林破壊や産業育種は「人新世」にも繋がるわけですが、ケックもまた、人間が自らの思い上がりについて考えてみなければいけないし、そのためには、コウモリと人間の関係、つまり種間関係に注目すべきだと言っているんです。

COVID-19と新たなる「社会的距離」

辻　今のお二人のお話は共に「あいだ」をめぐるものだったと思いますが、今日まさに新型コロナウイルスのパンデミックに際して取られている「ソーシャル・ディスタンス」と呼ばれる一連の政策は、この「あいだ」の政治をめぐるものですよね。東京都知事による「三密の回避」などもその一部だと思います。ただ、それらはあくまでも緊急対策案的な形で出されているもので、言ってしまえば、今は有事だから特別にこういう対処をしてください、という意味合いになっています。しかし、お二人のお話を聞いていても、やはりもうちょっと根本的なところで、それこそ人と人との関係に止まらない形で「ソーシャル・ディスタンス」というものを日常レベルで再考していく必要があるのではないか、とも感じます。有事としてではなく、平時としての「行動変容」が、もっと問われるべきではないのか、と。その上で、この「あいだ」「距離」をめぐる実践に関して、果たして人類学はどのようなことを言えるのでしょうか。

奥野　私のほうから先に応答します。今のご質問に私が想起したのはジャレド・ダイアモンドの『銃・病原菌・鉄──一万三〇〇〇年にわたる人類史の謎』（倉骨彰訳、草思社、二〇〇〇年）という本です。この本の十一章に、人獣共通感染症のことが書かれています。我々が「あいだ」について考える、つまり今、「ソーシャル・ディスタンス」が世界中で問題となっている中で、それを一時的な政策としてではなく、我々のハビトゥスとしてどのように身につけることがなされるべきなのかということを考える上で、彼の議論は非常に示唆に富んでいると感じます。

ダイアモンドは、集団感染症というものは狩猟採集民の社会では、はびこらなかったと言っています。また、感染症というものが少人数の集団に登場するのは、それが外部からもたらされた時だ、という言い方もしています。そして、これはおそらく正しい。というのは、私はボルネオ島の狩猟民プナンの集落を二〇〇六年から調査し続けているんですが、私が調査を開始する前年、二〇〇五年に、私がその後に行くことになる調査地のプナンが一三人麻疹で死亡しているんです。さらに、隣のコミュニティでは一八人が死亡した。これはプナンの社会にとって、とても大きな出来事でした。そして、その麻疹の集団感染がなぜ起こったのかというと、イバンという近隣の農耕民が持ち込んだとからだとされています。要するに、感染症は外部の集団から持ち込まれてきたんです。

これはまさにダイアモンドが言っている、狩猟民社会には外部から感染症がもたらされるという話に符合する事例です。そこから考えると、一般によく知られている感染症が出てきたのは、人類史においてはほんの最近のこと、今から一万年くらい前に農業が始まり、人口の密集集落ができ、やがて都市ができ、加速度的に人口が増え、それ以降のことなんです。たとえば、天然痘は、紀元前一六〇〇年頃のエジプトの記録が最古のものです。おたふく風邪は紀元前四〇〇年頃、ハンセン病は紀元前二〇〇年頃、そして時が現在に近づくにつれて、どんどんと多様な新興感染症が出てきています。

逆に、狩猟採集民社会には、ほぼ感染症がなかったと言われています。ダイアモンドによれば、菌、ウイルス、寄生虫などは排泄物の中に含まれていることが多く、定住していると、そうした排泄物への接触頻度が上がりますが、狩猟採集民というのはその場に長い間とどまらず移動してしまうため、基本的に病原体にあまり接触することがない。つまり、病原体の視点から考えてみれば、農耕革命によってとてつもない繁殖環境を獲得したのだとも言えるんです。それが都市化によって加速化し、さらにはグローバル化によって人の行き来が激しくなることによって、遠いところのものが近くにもたらされるようになった。その結果、今回のような世界的なパンデミックが起こっている。

では、そのような事態において、我々にはどのような「あいだ」の実践が可能なのか。近藤さん、いかがでしょう。

近藤　一つの例として、内陸アラスカ先住民がどのように現在の状況に対応しているのかについてお話ししてみたいと思います。今彼らが考えていることをざっくり言うと、二重の社会的距離化だと言えます。彼らの暮らしは、歴史を辿れば小さい集団単位で一つの川筋に暮らすというもので、そこに非先住民、つまりヨーロッパ系アメリカ人との接触があり、それによって村に住むようになり、そこから現在では都市に出ていく人も増えているんですが、その歴史を遡り、原点に戻ってやり直す、つまり、積極的に閉じるということが、今、彼らが行っていることなんだと思います。

その具体的な内容として、一つは、現状で彼らは都市と村の間を飛行機で行き来しているんですが、その便数を非常に絞っています。本当に必要最低限の食料や薬を運び込むためだけの便数に制限して、都市と村の間を切り離したんです。そして、もう一つ、村と都市部だけではなく、村と野営地、狩猟のためのキャンプをも切り離そうという意見があります。つまり、村にたくさん人が集住している状態が危ないという認識のもと、みんながそれぞれ、かつて使っていたキャンプに戻るべきなんじゃないか、という考えが出てきているんです。これが実際にどの程度行われるかは分かりませんが、現在、そういうことが盛んに言われるようになっています。村と街の切断、そして、もしキャンプへの大規模な移動が実際に行われれば、村自体の解体、この意味で社会的距離化が二重になっているんです。

とはいえ、実際にキャンプに人々が分散してしまうと、もし重症者などが出てしまった場合には困ります。だから、これがいいことなのかどうかは私には分かりません。ただ、彼らは真剣に、都市と村の間を切り離し、そこから村の集住を避けるため、もともとの伝統的な生活形態に戻る、ということを考えているんです。個人的に興味深いと感じたのは、実はこうした対策というのは一九一八年のスペインかぜ流行の際に彼らの祖先がやったものだそうで、そうしたことが村の中で語り継がれていることです。スペインかぜの時は、基本的にはヨーロッパ系アメリカ人がアラスカにもたらすような経路となっていたため、彼らは一年間キャンプにこもり、交易所などには行かないという暮らしを過ごしたらしい。そこにヒントを得て、現代においてもそういうことをやろうと考えている人が出てきているんです。

あるいは、こうした状況下で、今まで都市に出ていた人の中からも、キャンプに戻ろうと考える人が出てくるかもしれない。様々な集団の中で、過去の集合的な記憶のようなものが呼び覚まされるかもしれない。そうした中で人々の伝統が再文脈化され、再び活性化するような状況に、私たちは立ち会っているのかもしれないとも思います。このことについては、文化人類学者としても、より詳しく調べていきたいと思っています。

辻　ありがとうございます。今、近藤さんより二重の社会的距離化という話がありましたが、このパンデミックに反応しているのは、おそらくアラスカの先住民の方々だけではありませんよね。都市的な暮らしをしている人々の中からも反グローバリズムの意識などが盛り上がってきているように感じています。その中で、たとえば歴史学者のユヴァル・ノア・ハラリは、COVID-19下で盛り上がりつつある反グローバリズムに対して警鐘を鳴らすようなメッセージを発していました。しかし、この状況下で境界線が見直され、「あいだ」のありようが問われていくということ自体は、単に人間社会の政治的なレベルを超えて、必要なことではないかと思います。もちろん、それがレイシズムやマイノリティの排除に短絡するようなことがあってはならないわけですが。そこで思ったのは、語られるべき距離には二種類あるのではないか、ということです。今、近藤さんがご紹介してくださったアラスカの事例などにおける物理的な距離をとっていくという時の距離がまず一つ。もう一つは、奥野さんが紹介してくださったケックのインタビューにおける、コウモリと人間との関係に目を向けていく態度のような、存在論的な距離です。森林破壊、過剰な人の行き交いなどによる物理的な距離の縮小は控えつつ、一方で存在論的には距離を縮小していく。遠ざかりつつ近づきながら、ワンヘルスを目指していく。そういう態度が求められているのではないかと感じます。

奥野　先ほども述べましたが、人獣共通感染症に関しては、まず一つ、人間と動物の「あいだ」というのが非常に重要になってくると思うんですね。人間がそれまで住んでなかった場所に入りこむようになり、自然を開発して、森林を破壊して、そこに住むようになることで、野生動物との距離が縮まる。それだけじゃなく、野生動物もまた住むところがなくなって人間が住んでいる場所に出てくる。それによって動物にとっては共生可能だったウイルスが、人に感染して猛威を振るう状況が生まれている。

言うならば、感染症の脅威というのは、人間のエゴによって作り出されているということになります。冒頭の話に戻れば、そうであるにもかかわらず、我々はウイルスを敵であるとか、脅威であるとか、呼んでいるわけです。もしそうだとすると、非常に滑稽だと思います。人獣共通感染症というのは、ヘーゲルの主奴の弁証法、つまり、主人である人間が、奴隷である自然を、弁証法的に、支配、コントロールしていこうとした中で、生まれてきたものであるわけですから。

それに関して、こういう本があります。『ウイルスは悪者か――お侍先生のウイルス学講義』(髙田礼人著、萱原正嗣文、亜紀書房、二〇一八年)。端的に言うと、このタイトルは反語で、ウイルスは悪者ではないということが言いたいわけで、北海道大学の人獣共通感染症リサーチセンターの髙田礼人さんが書いた本です。安倍首相(当時)にせよ、小池都知事にせよ、ウイルスを敵だという風に言っていますが、髙田さんはそうではない。そういう風に見なすのは行き過ぎだ、と言っています。私も、それは大事な視点ではないかと思います。つまり、ウイルスを敵だとか脅威と見なさないというのは、人間だけを例外視するのではなく、人間、動物、病原体を同列に考えるということであり、それはすなわちワンヘルスの見方にも繋がるんです。その観点から、病原体を含むあらゆる存在者の動きを、善悪以前、脅威とか悪者とか敵とかの判断以前の次元で、生と死が絡まり合った生命現象として描きだすことが、とりわけ、マルチスピーシーズの観点からは大切なんじゃないかと思っています。

そこに「あいだ」の問題が重要になってくる。つまり、ウイルスのような微小な存在が人間と野生動物の「あいだ」に生成してくると考えたほうが分かりやすいんじゃないか。実際、人獣共通感染症における病原体は、野生動物から人間に、関係性を通じて移される。「あいだ」が十分にある時には転移しない、縮まることによって、病原体が転移する確率が高まるわけです。精神科医の木村敏は、「あいだ」というのは単に「あいだ」じゃないんだ、と言っています。「あいだ」を、表面に出ている人やモノ・現象に、裏面から作用を及ぼす力の場として捉えています。この見通しを踏まえて、最後に環境哲学者のヴァン・ドゥーレンのマルチスピーシーズ研究の『Flight Ways』という本の内容に触れておきたいと思います。

炭疽菌と狂犬病ウイルス

奥野　『Flight Ways』の一章は、インドのハゲワシについて書かれたものですが、そこにはハゲワシだけではなく、人間、牛、犬、それから病原体、具体的には炭疽菌と狂犬病ウイルスが登場します。少し概要を説明します。

インドにはかつてハゲワシがたくさんいました。川岸に放置された動物の死体や人間の死体にたかり、その屍肉を食べていたんです。ところが、そのハゲワシが今日いなくなってしまった。

ベンガルハゲワシはこの数十年で九九パーセントが死滅したと言われています。なぜ死滅してしまったのか。かつて、インドでは牛が耕作や搾乳、重労働のために使役される存在であって、肉として人に食べられることはなかったんです。そのため牛の死骸は捨てられるだけで、その死骸を食べるハゲワシにとっては、インドはまさに理想の生息環境だったんです。毎年五〇〇〇万から一〇〇〇万頭の牛、ラクダ、水牛が、ハゲワシの世話になっていたと言われています。百羽くらいのハゲワシが一頭の牛の死骸を三〇分ほどで綺麗に片づけていたようです。

近藤さんの話にも出てきましたが、炭疽菌は主に草食動物に感染し、それによって動物は死に至るんですけれど、通常、その死骸において炭疽菌は増殖するんです。インドの牛も炭疽に感染していましたが、ハゲワシは三〇分くらいで死体を片付けてしまうので、炭疽菌の芽胞が形成される前に全て組織を取り除いてしまうんです。これによって、炭疽菌の拡大が食い止められていました。

もう一つ、インドのハゲワシは人間の死体も食べていました。ムンバイのパルシー教徒にはかつて鳥葬の風習がありました。彼らは、ハゲワシに死体をついばませていたんです。パルシーの人たちは自分たちの生の中にハゲワシの居場所を作っていたとも言えます。このように、かつてのインドではハゲワシ、牛、炭疽

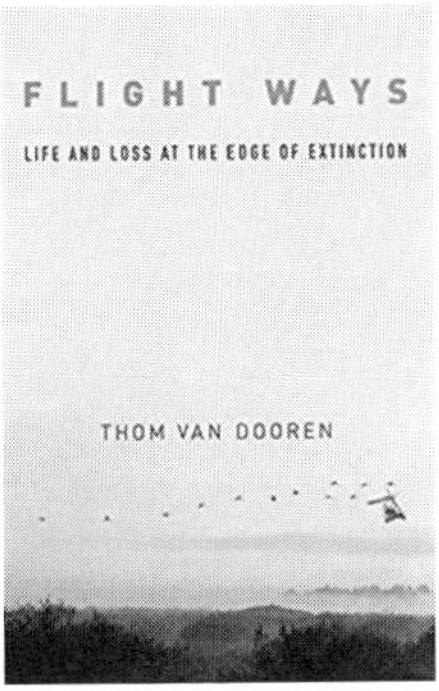

Thom van Dooren. *Flight Ways: Life and Loss at the Edge of Extinction*. Columbia University Press, 2014.

菌、人が相互に絡まり合って、ある種のバランスを形成していたんです。

ではなぜハゲワシが絶滅してしまう方向に進んでしまったのか。抗炎症薬のジクロフェナクという薬が原因だと考えられます。ジクロフェナクは一九六〇年代から人間に対して使われていたんですが、次第に貧困層の飼っている牛にも使われるようになったんです。歩行困難、乳腺炎や出産困難の際に、ジクロフェナクを牛に投与して、強引に働かせ続けた。人々は貧しく他に方法がなかったために、そうせざるを得なかったんです。すると、牛の体内にジクロフェナクの成分が蓄積されて残る。そして、その成分が牛の屍肉を食べるハゲワシに腎炎をもたらすことになり、バタバタとハゲワシが死んでいったんです。

こうしてハゲワシがいなくなってしまったことでまず問題になったのは炭疽菌です。さっき説明したように、ハゲワシが炭疽菌の拡大をそれまで防いでいたのに、いなくなってしまった。これによって、炭疽菌が蔓延するようになりました。もう一つ、ハゲワシの減少に反比例するように野良犬が増えたんです。これは牛の死骸がハゲワシによって解体されなくなり、野良犬の食料となったことが原因です。犬も牛の死骸を片づけはするものの、片づけのスピードはそんなに速くない。犬では炭疽菌の拡散を封じ込めることができないのです。

さらに犬の増加はまた別の問題も引き起こしました。町中を野良犬がウロついて、人間、あるいは他の哺乳類に狂犬病ウイルスを撒き散らすようになったんです。統計によれば、インドでは年間一七〇〇万人が犬に噛まれて、そのうちの七五パーセントが貧困層、さらに狂犬病にかかるのはそのうちの九六パーセントだとされます。世界で起きている狂犬病による死のうちの約六割がインドで起きていて、年間二万五〇〇〇人から三万人が死亡しているようです。死者のうち九〇パーセントが貧困層で、ほとんどが成人男性であることから、遺族の経済的な貧困の度合いはさらに高まります。このように、牛へのジクロフェナクの投与が、めぐりめぐって、ハゲワシを死滅させ、さらには人々に貧困と痛みと死をもたらすようになったんです。

この事例は、人間と動物、あるいは菌やウイルスは、それぞれ別個に生きているのではなく、食べ食べられ、使役し使役され、影響を与え与えられ、相依相関しながら、絡まり合って生きているという、流転する世界のありようを示しています。牛の死、ハゲワシの死が病原体を広く解き放ち、人間への狂犬病ウイルスの感染を引き起こしたのです。病原体というのは、まさに人間と、人間と共にある動物の「あいだ」に生じるんです。その「あいだ」とは異なるものたちが出会う空間であり、その空間というのは常に動因を持った力の場としてある。「あいだ」に現れた病原体は転移された個体の中で増殖し、やがて個体に死をもたらし得る。我々の住まう世界は、ヴァン・ドゥーレンが描き出したような、人間や動物たち、あるいは動物たちが保有する病原体が、生まれ生き死にそしてまた生まれる世界なんですね。ヴァン・ドゥーレンはこういう風に言っています。

生と死というのは、こうした関係性の内側で起きている。

これは冒頭で紹介した禅師・内山興正が「生命的地盤」という言葉で言おうとしていたこととも繋がります。つまり、我々が生きている世界というのは、人間、動物、病原体が絡まり合い、入り乱れ、死が生を支え、さらには生がいつの間にか死を産むという、常ならざる剝き出しの「モア・ザン・ヒューマン」の世界です。そうした世界の根源的な探求こそが、私たちの前にある問いの本質なのではないか。病原体、人間、動物の相互作用を、生と死を丸ごと含めて探ること、つまり生死の問題こそ、私たちが取り組まなければならない課題ではないのか。

こういう風に言い換えることもできます。我々が今問題にしているのは、病原体が人間の世界に侵入してきて「以降」の話ばかりなんです。そして、ある意味で、得体のしれない力を持つ目に見えない存在の襲来にうろたえている。右往左往するだけでなく、我々は事の本質を遡って考えなければならないと思うんです。モア・ザン・ヒューマンの世界で、病原体、人間、動物たちが絡まり合って生き死んでいく姿を真正面からつかみとって、そして諸存在を気遣うべきではないのか。私からは以上です。

次に、近藤さんからお話を伺えればと思います。

近藤　私からは最後に、辻さんが指摘されていた、反グローバリズムに対する懸念が起こっていることに関して、二つの側面からお話ししたいと思います。

まず一つの側面として、社会的距離化によって連想されるのは孤立かもしれませんが、私は必ずしもそうではないと思っています。この状況下においても、デジタル技術を介した新しい繋がりが生まれ得ると思うんです。それこそ、この研究会自体が、このようにZoomを利用してオンラインで行われているように。社会的距離化の時代に、デジタル技術を介した新しい繋がりをどう考えるのか。そして、それは人間同士の関係でもあるし、人間と情報技術、機械との関係でもある。その両面から考えなくてはいけないと思っています。人間と動物との関係だけではなく、人間と機械との関係というのも、マルチスピーシーズ人類学が扱うべきテーマですから。

まず人間同士の関係について言うと、たとえばカナダ先住民の人たちが最近になって盛んにビデオ会議をやるようになっているんです。カナダでは先住民運動がとても盛んなのですが、COVID-19の感染拡大下における今日ではカナダ内の違う地域に住む人々がビデオ会議で互いを繋ぎ、この事態を先住民コミュニティでいかに受け止めていくのかが活発に議論されていたりします。私が関心を持っているのが食文化の話なので、こういう状況下で村からもう一度野営地に戻って、たくさん狩猟して食料を確保しなければいけないということを言う人が出てきていることを面白く感じるんですが、一方で、そうした伝統を強く意識して生きている先住民族が、そのまさに伝統の受け継ぎ方をめぐる議論をデジタル技術の媒介の中で話している。そのことが、とても現代的だなと感じています。デジタル技術に媒介されるような形で伝統が再定義され再文脈化されているのは、非常に興味深い現象です。

最近、先住民学の中では「トラデジタル」（tra-digital）という言葉も使われています。つまり、トラディショナルであり、かつデジタルであるということです。デジタル技術によって媒介されるような伝統のあり方、これは新型コロナによって社会的距離化をしなければならないという事態においても、単なる孤立とは異なる、新しい繋がり方の一つとして、個人的に関心を持っていることです。

もう一つの側面、これは外出自粛の流れと関係しますが、今、生活空間である家や部屋を考えた時、そこにも新しい「あいだ」が生まれているのではないかと感じるんです。個人的にはICTつまり情報技術と人々の相互ドメスティケーションが起きているんではないかと見立てています。この時のドメスティケーションとはどういうものか。情報技術は「動物」ではないので厳密に飼育しているというわけではないと思うんですが、しかし、私は今、パソコンを始めとする情報技術に取り囲まれて暮らしながら、実際にそれらに飼育されているような気分を感じています。ここで私が前提としているのは、デイヴィッド・アンダーソンらの人類学者が提起している「ドムス化」としての「ドメスティケーション」論[9]です。

もともとラテン語において、ドメスティケーションの語源となった「ドムス」とは家屋や家庭のことなんですね。ですので、ドメスティケーションとは、もともとは家内経済に動物とか植物とかを招き入れるという意味だったんです。アンダーソンらはそこに着目し、ドメスティケーションというのは、自分たちのドムス、つまり住まい、生活圏内の中に動植物を組み込み、組織化することだと語っています。この話がどのように革新的かというと、これまでドメスティケーションの話は、人間と動物の関係という二者関係として考えられていたのに対して、そもそも人間と動物の飼育関係を可能にするような媒介、インフラストラクチャーに着目しなければいけないんだ、ということを指摘した点です。この研究を踏まえて、インフラストラクチャーとしての情報技術と、人がどのような相互ドメスティケーションの関係にあるのかについて考えてみたいと思っています。

実際、私の家は今急にデジタル化が進んでいまして、これまでがアナログすぎただけというのもあるんですが、いきなりビデオ会議を介して日常的に人々とやりとりするようになりましたし、プリンターも新しく買いましたし、スマホとラップトップと大きなデスクトップパソコンでフェイスブックをチェックしたりしながら暮らすようになってしまったわけです(笑)。このように私のドムス、つまり自宅が再組織化されていっているわけですが、その新しい情報環境の中で仕事と生活をしなければいけないという事態に、私自身が直面している。これを一体どう考えるべきなのか。これもまた、社会的距離化時代において考えなければならないことなのではないかと感じているんです。

人獣共通感染症を考える上では人間と動物の「あいだ」を考えなければいけないし、人同士の社会的距離についても考えなければならないんですが、もう一つ考えなければならないこととして、在宅時間が増えることで存在感を増しているICTと私たち人間との「あいだ」もあるのではないか。私からは以上になります。

辻　ありがとうございます。ICTに関して、僕は時々、スマートフォンが僕の拡張身体なのではなく、僕がスマートフォンの拡張身体なのではないか、と感じることがあります。それと同様に、ウイルスに関しても、生物をウイルスの拡張身体として想像することもできるかもしれないと思ったりもします。実際に最近では、ウイルスとウイルス粒子を分けて考え、ウイルス粒子が寄生した細胞をウイルス本体として考える「ヴァイロセル仮説」という考えもあるようです。この時、細胞はウイルスが効率的に増殖するための装置のようなものとして考えられるわけですが、すると、その細胞の寄せ集めからなる人間である自分とは一体、どういう存在なのか。あるいは自分の身体もまた常に再組織化されつつあるドムスのようなものなのかもしれない、そんなことを思いました。

では最後になりますが、改めて本日の対談を個人的に振り返ってみると、後半で奥野さんがヴァン・ドゥーレンを介してご説明くださったインドのハゲワシの事例に、本日の論点が集約されているのではないかと思いました。あのお話から何か教訓らしきものを探るのだとしたら、今日、マイクロバイオポリティクスのような目に見えない小さな世界の政治をも含めた「モア・ザン・ヒューマン」な視点に立つということは、単に絵空事、綺麗事として奨励されているわけではないのだ、ということだと思います。僕たちが常にすでに複数のものたちと絡まり合いながら生きているという事実と向き合うことは、たとえばCOVID-19のような人獣共通感染症と実際的に向き合い、対峙していく上でも欠かすことができません。

しかし一方で、そこで言う対峙とは、何かをシミュレーションして統御することを目指すような「対策」とはまた異なるものになるのだろうとも思います。なぜなら、複雑な絡まり合いにおいては、ある一種との関係がそこで完結する閉じたものであることはあり得ず、直ちに他の種をも巻き込んでいってしまうからです。しかも、それは直線的なドミノ効果のような形ではなく、変数に満ちたバタフライ効果のように、思わぬ仕方で波及していく。まさに牛へのジクロフェナク投与がまわりめぐって狂犬病ウイルスとして人間を襲ってきたようにです。「モア・ザン・ヒューマン」な視点に立つということは、こうした予測不可能性に向き合うことでもあるのではないかと思います。

そうしたことを踏まえてみると、近藤さんがご紹介してくださったアラスカ先住民たちの「二重の社会的距離化」のお話もまた、シミュレーションを前提とした「対策」やケックの言う生権力や司牧権力を通じた「管理」とも異なる感染症への「対峙」の仕方の事例として、改めて興味深く感じられてきます。相依しながら、絡まり合って、しかし「距離」をとって生きていくとは、どういうことなのか。今後の対談シリーズの中で引き続き考えていきたい問いです。今日はありがとうございました。

1 生権力、生政治とはフランスの哲学者であるミシェル・フーコーの概念であり、死に対する権利（殺す権利）を一つの特徴とする古い君主制の主権に対し、生を標的として管理・統制を及ぼす近代的な権力の様態、またそうした権力の行使を特徴とする政治の様態を指す。

2 「疫病と権力の仲　新型コロナ　金沢大学法学類教授・仲正昌樹さん」（朝日新聞、二〇二〇年四月二日）

3 Porter, Natalie. Bird flu biopower: Strategies for multispecies coexistence in Việt Nam. *American Ethnologist*. 40(1):132–148, 2013

4 Lowe, Celia. Viral Clouds: Becoming H5N1 in Indonesia. *Cultural Anthropology*. 25(4): 625–649, 2010

5 Lowe, Celia and Ursula Münster. The Viral Creep: Elephants and Herpes in Times of Extinction. *Enviromental Humanities*. 8(1): 118–142, 2016

6 Singer, Merrill. Zoonotic Ecosyndemics and Multispecies Ethnography, *Anthropological Quarterly*. 87(4):1279–1309, 2014

7 永久凍土の融解と炭疽菌の感染拡大については以下の記事を参照。"Experts warn of threat of born-again smallpox from old Siberian graveyards"（The Siberian Times https://siberiantimes.com/science/opinion/features/f0249-experts-warn-of-threat-of-born-again-smallpox-from-old-siberian-graveyards/ 二〇一六年八月十二日閲覧）／「解ける永久凍土と目覚める病原体、ロシア北部の炭疽集団発生」（AFP BB NEWS 二〇一六年八月十五日 https://www.afpbb.com/articles/-/3097505 二〇二〇年十二月二十一日閲覧）

8 "When Animal Diseases Spread to Humans, Dr. Frédéric Keck"（AXA https://www.axa-research.org/en/news/frederic-keck 二〇二〇年十二月十八日閲覧）

9 Anderson, David G., Jan Peter Laurens Loovers, Sara Asu Schroer and Robert P. Wishart. Architectures of domestication: On emplacing human-animal relations in the North. *Journal of the Royal Anthropological Institute*. 23(2):398–416, 2017

奥野克巳（おくの・かつみ）

一九六二年生まれ。立教大学異文化コミュニケーション学部教授。主な著書として、単著に『ありがとうもごめんなさいもいらない森の民と暮らして人類学者が考えたこと』『モノも石も死者も生きている世界の民から人類学者が教わったこと』（共に亜紀書房）、共著に『マンガ人類学講義』（日本実業出版社）など。共訳書にエドゥアルド・コーン『森は考える――人間的なるものを超えた人類学』、レーン・ウィラースレフ『ソウル・ハンターズ――シベリア・ユカギールのアニミズムの人類学』、ティム・インゴルド『人類学とは何か』（以上、亜紀書房）。

近藤祉秋（こんどう・しあき）

一九八六年生まれ。神戸大学大学院国際文化学研究科講師。共編著に『犬からみた人類史』（勉誠出版）、論文に「ボブ老師はこう言った――内陸アラスカ・ニコライ村におけるキリスト教・信念・生存」（『社会人類学年報』四三号所収）、「赤肉団上に無量無辺の異人あり――デネの共異身体論」（『たぐい vol.2』所収）、"On Serving Salmon: Hyperkeystone Interactions in Interior Alaska"（*The Routledge Handbook of Indigenous Environmental Knowledge* に所収）、「悩める現代哺乳類のためのマルチスピーシーズ小説――多和田葉子『雪の練習生』を読む」（『たぐい vol.3』所収、近刊）などがある。

［司会］辻陽介（つじ・ようすけ）

一九八三年、東京生まれ。編集者、文筆家。早稲田大学政治経済学部中退。大学在学中より出版社に勤務し、二〇一一年に性と文化の総合研究ウェブマガジン「ＶＯＢＯ」を開設（現在は更新停止）。二〇一七年からはフリーランスとなり、『STUDIO VOICE』（ＩＮＦＡＳパブリケーションズ）、『ヴァイナル文學選書』（東京キララ社）などの編集に携わる。現在、ウェブメディア「HAGAZINE」の編集人を務める。

April 17th, 2020

TALK 02

接触と隔離の「あいだ」を考える

逆巻しとね
学術運動家
×
尾崎日菜子
小説家

コロナの時代の愛をめぐって

SAKAMAKI Shitone x OZAKI Hinako

緊急事態宣言下に入って行われた第二回の対談の時点（二〇二〇年四月十七日）では、世界の感染者が爆発的に増加し、二五万人超、死者一四万人超となっていた。対談の最初に、一方では人と人の日常的な接触があり、他方新型コロナ状況下で、政府は接触を忌避し、隔離を命じるという事態が進行しているように見える点が指摘された。そしてこの状況下では、リスクがコロナだけに限定して語られる点で、様々な綻びが出てきていた。接触をともなう仕事に就いている人たちに対する差別や生の不安定性の問題は、もともとあったものがコロナによって可視化・加速化されているのだと言えよう。しかし、恋人や夫婦、家族同士の接触については語られない傾向がある。だが、こうした人と人の間の関係こそが、私たちが日常的に自分自身を深く委ねている「愛」の在り処なのではなかったか。接触が難しいコロナの時代に、この水平的な関係性の中で、どのように愛のかたちを作っていくのかが、重要だという見通しが語られる。

アクターとしてのコロナは、人が平等に傷つき得ることを示したのだと言えよう。そして、その被傷性は、コロナが長期化し、共生することが模索される時点では、忘れ去られてしまう危うさを孕んでいる。それは、築かれる関係が遠隔的だからであり、根源的な不安定性は忘却され、現実における被傷性の分配の不平等だけが残される傾向にあるのだとされる。

「接触」とは偶然性に開かれた実践である

辻　第二回目のテーマは「接触と隔離のあいだ」、あるいは、この事態の下で顕在化している「生の不安定性（プレカリティ）」です。このテーマについて、逆巻しとねさん、尾崎日菜子さんのお二人に語っていただこうというわけですが、まず簡単に、本日の対談の趣旨について、説明させていただきたいと思います。

今日、COVID-19の感染拡大下において、人々の移動を制限し、行動変容を促すソーシャル・ディスタンスという概念が注目を集めています。この言葉で推奨されているのは、人と人とが距離を図ること、すなわち各自による各自の「隔離」です。では、そこで忌避されているものとはなんでしょうか。他でもない、人と人との、街と街との、国と国との、つまり、私とあなたとの「接触」です。

たしかに、過去の感染症の悲惨な歴史、たとえばサントドミンゴ島（エスパニョーラ島）の悲劇などを踏まえるなら、人々が他者、他生との過剰で不用意な接触を控えていく、少なくとも接触の仕方を再考していくということは、非常に重要なことであると言えます。あるいは、COVID-19のさらなる感染拡大を防ぐ上では、外出自粛、テレワーク、リモートワークの推奨などを含む

「ステイホーム」のスローガンには、一定の合理性があるでしょう。

しかし、終息への道のりの長期化が予測されている中で、その日々を現実に生きていかねばならない私たちは、いかに「接触」が忌避され、あるいは自らで「接触」を忌避していようとも、直接的にせよ間接的にせよ、人と「接触」せざるを得ません。また、私たちは「接触」による命の危険を感じ、そこに伴うリスクを認識しながらも、同時に、性や食を通じた「接触」を望まずにもいられません。そもそも、私たちが「生きている」ということそれ自体が外界との「接触」に他ならず、すると、ウイルスという「見えないもの」をめぐる不安の蔓延によってにわかに市民権を得たかのように見える「接触忌避」とは、畢竟、「生」そのものの忌避であるとも言えます。

さらに、そうした市民感情と併走、あるいはそこに便乗するかのように、今日では政治レベルで「命の選別」とも言い得る新しい排除も進んでいるように思います。そうした新しい排除は同時に、私たちの「生の不安定性」をも浮き彫りにしつつあります。

こうした局面において重要なことは、「接触か隔離か」という二極論にとどまらないこと、「接触」の持つ暴力性を真摯に認識しつつも、「接触と隔離のあいだ」を、差別や排除によってではなく、豊かなケアの実践、愛の実践によって満たしていくこと、そして、その方法を模索すること、ではないでしょうか。

そこで本日は、学術運動家として「文芸共和国の会」を主宰し、主にダナ・ハラウェイの研究・翻訳を在野で行っている逆巻しとねさん、トランスジェンダーの当事者であり、ジュディス・バトラーに私淑するフェミニズム活動家であり小説家の尾崎日菜子さん、共に「思索」と「実践」の「あいだ」を生きる二人の対話から、「接触と隔離のあいだ」の倫理、「コロナの時代の愛」の在り様を考えてみたいと思います。

それでは対談にうつっていきたいと思います。まず、最初のテーマ「接触と隔離」について、お二人が今考えていること、感じていることをお聞きしたいです。

逆巻しとね（以下、逆巻）　はじめまして、逆巻しとねと申します。ご紹介いただいたように、文芸共和国の会という出会い系のような会をやっています（笑）。どんな会かと言いますと、世間のいろんな方々、それこそ研究者でもなんでもない人からガチガチの研究者までを集め、あるテーマに関して三名ですね、三者三様の発表をしていただき、その後、三時間ほど、参加者みんなであーでもないこうでもないと言い合い、いかに我々は分かり合えないか、ということを確認するという、カオスのような会で、僕はその場を作る活動をしています（笑）。その活動の延長線上で、マルチスピーシーズ研究会の奥野（克巳）さんとも出会い、今日の司会の辻さんとも出会い、こうして尾崎さんとも出会い、というように、常に外に外に、出会いが広がっている感じです。

今日のテーマは「接触」なんですが、今お話ししたような「出会い」とも親和的な「接触」は偶然性の度合いが強い実践であると僕は考えているんですね。たとえば「コンタクト（contact）」という言葉があります。これは「接触」の意ですね。それから昨今、今日の事態を予言していたとして話題の映画『コンテイジョン（Contagion）』（スティーブン・ソダーバーグ監督、アメリカ、二〇一一年）のタイトル、これは「接触感染」を意味する言葉です。注目すべきはこのふたつの用語、接触と接触感染の語源が英語ではコンティンジェント（contingent）という「偶然に」を意味する言葉と同じだということです。つまりみっつとも「共にタッチする」（contingere）というラテン語に由来する【1】。そういうところから考えても、「接触」というのはそもそも、自分の知らないものや未知のもの、楽しいことも怖いことも驚きも危機も同時に常に含み持つ、偶然性に開かれた実践であると言えると思うんです。

現在、「接触」という偶然に開かれた行為があたかも急にリスクのあるものになったかのように語られ始めている。実際、「ステイホーム」とか「社会的距離を取れ」とか「八割の接触を減らせ」といったお上からの号令ばかりが目立っていますよね。そればかりか、この新型コロナ感染の恐怖が嵩じるあまり、緊急事態宣言を政府に自ら要望するという、権力をこちらから肥大化させる動きさえ目につきます。お上は、そうした世間における「接触忌避」の空気を吸い上げて、強い統制をかけるためのお墨つきを得る、という循環が出来上がりつつある。そのように感じるわけです。

けれども、専門家会議の「接触を八割減らせ」という要請にも表れているように、実際のところ、暮らしから接触を十割、完全になくすのは不可能なんですね。それに、専門家会議で言われているのは、あくまでも「人との接触を減らせ」ということですけど、我々が生きていく上では普通に空気から酸素を吸入しているわけですし、引きこもっていても物質には触れているわけですし、対象を人間に限らなければ常に接触は起こっているわけです。もちろん、人間のいないところにだってウイルスはいるかもしれない。そう考えていくと、生きているということ自体が、常に接触の偶然性にとり囲まれている、そこから逃げられない状況にある、ということが分かるんです。それなのに、今日、初めてその偶然性に気づいたかのごとく、世の中の空気が隔離一辺倒に進んでいき、さらに、自分たちで試行錯誤をする前に、政府・行政に隔離・接触忌避を命令する権限を委ねていくというのは、どうもおかしいんじゃないかと感じるわけです。

つまり、いくら隔離だと騒いだところで、絶対的な隔離は原理上存在せず、相対的な隔離しかあり得ない。これを踏まえ、より実践的なレベルで今日の状況を考えていくにあたって、接触か隔離かという二極論で考えるのではなく、誰と、どういうタイミングで、どのような状況で、どの程度の接触を行うのかよく考える、つまり接触をグラデーション状の実践として捉え直すほうが、はるかに建設的だろうと僕は考えています。とりあえず、最初の挨拶としてはここら辺でしょうか。尾崎さん、いかがでしょう。

尾崎日菜子（以下、尾崎）　じゃあ、私からもご挨拶を。皆さん、はじめまして、尾崎日菜子と申します。私自身のアイデンティティ……というか、いろんな背景を紹介しようとしてしまうと時間があれなんで（笑）、ここでは必要なことだけ語ります。私はトランスジェンダーで、自分のアイデンティティとしてはジェンダークィア、で、元セックスワーカーです。それ以外で最初にお伝えしておくこととしては、現在、母の秘書兼、励まし要員のようなことをやっています。というのは、母が今年の一月に脳梗塞で倒れまして、その後、緊急手術をうけて一命はとりとめたのですが、寝たきりで話すこともできない状態になってしまったんです。その母は今、病院の医療と介護に依存してなんとか暮らしています。そんなわけで、現在私は、母のケアマネージャーさんや私の友人たちの力を借りつつ、入院手続きなどの諸々の書類作成や、病院内での持ち物や母の預金の管理なんかをやったり、母のベッドサイドでいい加減な話をしたりしています。

で、私のほうから「接触と隔離」の問題について思うことなんですけど、私としては、実践的なところからこの話はしたいなというのがあります。というのも、今お話しした母の状況がですね、新型コロナウイルスの感染拡大をきっかけに、大きく変わってきてるんです。具体的には、母が誰と会うか、どれくらいの時間会うか、ということが限定されるようになった。もともとコロナ騒ぎが起こる以前は、病院の面会時間内の朝から夕方までであれば、誰が来ても何時間いてもよかって、むしろ、面会する人大歓迎という感じだったんです。それがだんだんとコロナが問題化していく中で、最初はまず親族しか面会できないというように限定され、次いで親族は五分までなら面会できるという風になって、最終的に、母は誰とも会えないという状態になってしまって、現在、母は病院外部からは完全にシャットダウンされてしまいました。

そういう状況において、しとねさんが先ほどおっしゃっていたようなことを、私も今感じています。つまり、母がいくら病院外部からシャットダウンされても、たとえば看護師さん、介護士さん、医師の方には接触しているわけで、その隔離はどこまでも相対的な隔離でしかないんですよね。そうした人たちとの接触がないと、寝たきり状態で口から栄養を摂れない母は、その命自体が存続できない。母はそういう依存状態にあります。母は、ですから、医療者以外との接触は厳しく制限されているにもかかわらず、病院の誰かとはずっと接触しているんです。こんな、ちょっと妙なことが母に起きているんです。妙だとは思うけど、病院閉鎖それ自体は私も、ある程度は仕方のないことだとは思っているんです。でも、これってなんなんやろう、この線引きってどういうことなんやろうって思うのはあるんです。

こうした接触の制限って、端的に言えば、接触にふさわしくない人をでっち上げているようにも思えるんですよね。たとえば、最初の段階、親族以外は会うなという状況においては、母の友人がリスク要因とされていたわけですよね。で、次の段階では私なんかの親族がリスク要因とされることになった。こうして、だんだんと排除されていく人が増えていく、というような状況が起きました。比喩的に言えば、「死神」とされる人がどんどん増えていってるんです。最初はなんてことのない普通の人間が突然、あの人は実は死神なんじゃないか、あいつも死神や、こいつも死神かもって、次々に人間の「死神性」みたいなものが発見されていっている状況のように感じています。

ただ、もちろん、私としても理屈として、会えばリスクがあるというのは分かるんですよ。母や他の患者さん、医療スタッフの方にウイルスを持っていってしまう、病原体を持っていってしまうというリスクは理解してるし、母をあえて感染症に感染させたいかといえばそうではないんです。ただ、自分がもし仮に「死神」やと言われたとしても、あるいはほんまに自分が「死神」やったとしても、やっぱり会いたいという気持ちはあるんですよね。っていうのは、ちょっとエゴイスティックな思考実験かもしれませんが、仮に私が母の立場だとして、面会に来てくれる母や友人や恋人が死神やったとして、幽霊やったとして、悪魔やったとして、それでもやっぱり誰かに会いたいと思うと思うんですよね。たとえ、医療者や政府関係者からみた場合にその接触がふさわしいものでなくてもです。そうした接触についての判断と、私や母にとっての接触の必要性とは、なにか違ったもののように感じてしまうことがあるんです。

そういう意味で、私たちの「生」、生きるということを考える上では、寂しさという感情を切って捨てることはできない。だから私としては、そういう接触が制限されることで失われていく個別の「生」の断片というものも踏まえて、隔離ということがどういうレベルで不可能であり、そしてそれが不可能なんやとしたら、どういうレベルで繋がりうるのか、ということを今日は考えていきたいなと思ってます。

半径一〇メートルの「接触」の倫理

逆巻　実は事前に、日菜子さんとは三〇分くらいお話ししたんです。その時に今のお母さんのお話は伺いました。あの後、病院の面会が再開するという趣旨のツイートを日菜子さんがされてるのを見かけたんですけど、それはどうなったんですか？

尾崎　あ、それなんですが。面会が再開するという話になって、つい先日病院に行ってみたんですけど、うーん、私が向かったタイミングにはもうシャットダウンになってですね、母の病棟の四階までは行ってみたものの、看護師さんから「これ以上は入れません」と説明されてしまいました。というわけで、母のベッドサイドまではあと一歩のところで辿り着けなかったんです。今の状況はこんな感じですね。

逆巻　そうだったんですね。お母さんに面会されている時はいつもどんな感じのやりとりをされていたんですか？

尾崎　寝たきりの母は喋ることも、文字盤を目で追って視線入力によって話したりということも今のところはできないので、私のほうから一方的に話すっていうことがほとんどっていうか、いつもですね。まあ、もう母の機能は回復しないだろうというのは医師から告知もされているので、あんまり病気のこととかは話さないというか……。だから、なるべくくだらんことをというか、母の飼ってたロボットのアイボが私の言うことを全く聞いてくれないとか、そういうしょうもないことをなるべく話すようにしています。

　こういう時こそユーモアって必要で、笑かしにかかっていかなやってられへんような状況ってあると思うんです。あと、もう一つ母と話す際に気を付けていることとしては、コミュニケーションを私と母の関係だけに閉じないようにはしてますね。母の友人のAさんが絵手紙くれたよとか、Bさんが来週来たいって言ってるけど面会に来てもらってもいいかなみたいな、なるべく関係を複合的にするというか、その場にいるのは一対一だとしても、関係性を一対一にしてしまわないようにするというのは、心掛けて話していますね。

逆巻　関係性の多様化はとても大事なことだと思いますね。社会全体の話に戻りますけど、今の状況って政府なり自治体なりを介しての関係があまりに肥大化していると思うんですよ。なんでみんなが政府とか自治体に「緊急事態宣言をもっと厳しくしろ」みたいなことを言うのかといったら、おそらく「自分は大丈夫だ」と、思っているんです。つまり、自分は大丈夫なんだけど他人のことが信用ならん、と。他の人は飲み屋に行くかもしれない、風俗にも行くかもしれない、いろんなところに好き勝手に行くかもしれない、って思いがある。今はやたらと夜系ばかりが標的にされていて、その割に満員電車にはみんな乗ってるじゃんとか色々とおかしいなとも思うんですけど、いずれにしても、そうした不信をベースに権力をお上に委譲するという流れになんの疑問も抱かずに乗っていく現状は危ない気がします。政府や自治体って抽象的な存在で、顔も浮かばないし、友達でもなんでもない。そういう抽象的なものを介して、他人をコントロールしようとしている。他人は信用できないけど、政府は信頼できるというのはどういう理路なのか。さっき尾崎さんが言っていたミニマルな一対一の関係性に閉じさせないという話もそうだけど、そういう形で自分の半径一〇メートルくらいのところから接触の倫理を実践的に積み上げていくほうが、はるかに建設的だと僕は思うんです。

というのも、大前提として、やはり個々人、状況が全然違うわけですよね。同じ自治体に暮らしていてもそう。僕は福岡県に暮らしていますが、福岡県の中でも過疎地域もあるし、博多みたいに人が密集しているところもある。お家におじいちゃんがいるだとか、子供がいるだとか、友人関係でこういう人がいるだとか、ああいう人がいるだとか、状況は本当にバラバラなわけですよ。それを一元的に、具体的な関係性のない自治体を介して無関係の他人までコントロールしようという状況はいびつだし、もっと自分の身の回りから自発的に接触の関係、これはケアの関係とも愛の関係とも言えると思うんですが、そういうものをちょっとずつ積み上げていき、この人なら信頼できる、という具体的な関係性を構築していくことが大事だと思うんです。もちろん、信頼は不確定性を含んだ状況があるからこそ必要になるものですよね。絶対的な信頼が置けないにもかかわらずその複雑な状況を少しでも緩和するために信頼は必要となる、という再帰的な概念だとは思うんですけど。とはいえ、信頼の実践が個人レベルで必要ですよね。

尾崎　そうですね。さっきしとねさんがおっしゃっていた、お上を介した自分と他人みたいな関係じゃない、もうちょっと複合的で豊かな関係を形成する必要があるというのは、母と接していて強く感じるところです。やっぱり病院なんかに入ると、医者とか看護師という「お上」が政府とか自治体のように特別なポジションを占めて、この人とは接触してもいい、あの人とはダメという風にふるまうんですよね。その結果として、接触を許される特別な人としての親族と、母の友人なんかの接触を許されないその他諸々という分類ができてしまうんです。でも、私からしても母からしても、母をとりまく関係というのは病院側が想定しているほど明瞭な線引きが可能なものではなくて、もうちょっとそこはあいまいなんです。つまり、信頼関係というのは、入れ子状でもあるし、グラデーション状でもあるんです。つまり、この人は母のことを金のなる木やとしか思ってへんのやろうなっていう身内もいれば、この人は私よりも母のことを知っているな、そういう母の一面を知っているというのは、きっと母もこの人のことを信頼していたんやろうなっていう他人も当然いるんです。ある部分では私のほうがよく知っている母の一面もあれば、私がほとんど知らない母の一面を知っている親友もいるって意味では、愛の関係とかケアの関係というものは、最初から家族を超えたネットワークだったんじゃないかと、こうなってみると思うんですよ。

でも、この新型コロナ騒動によって、あたかもその豊かなグラデーションを含んだネットワークがないかのようになってしまってる気がする。というか、突然、線が引かれた感じがするんです。特権的に接触が許されて、他の人に母との接触の許可を与えることもできる医療者と、接触可能なギリギリの線上にいる家族と、全ての接触が許されなくなってしまった赤の他人という感じで、もともとグラデーション状になっていた人間関係が分けられてしまった、みたいな感じです。母と誰との関係も変化していないのに、私と母の友人たちが馴染みのあるものと、全く馴染みのないものとに、分けられてしまったのは、どうもしっくりこないんですよね。

逆巻　そうですね。実際、給付金にしても「世帯単位」でという話が上がっているわけですよ。でも世帯って言ったって、その世帯の内情はさっきも言ったように本当にそれぞれです。最近はDVがひどくなったとか、コロナ離婚したとか色々聞きますよね。普遍的に「世帯とはこういうもの」みたいな共通認識が得られるものでは本来ないのに、人間関係が一律に世帯単位に限定されてしまっている。僕もそうだったんですけど、たとえば親よりも家庭の外の人により近しさを感じてきたし、実際に生きていく上で重要なことは、部活や新聞配達のような外との関係の中で学んできたという自負もある。「社会的接触を断て」というのが、イコール「家庭に閉じこもれ」という話に短絡すると非常に暴力的ですよね。

そこでいうと、日菜子さんの場合は、母親と日菜子さんの関係は親子関係なので、世帯の範囲内からスタートしてきているとは思うんですけど、でも母親が持っている関係はそれだけじゃないし、日菜子さんの関係も当然、母親に限定されるわけじゃないですよね。そこをいかに、信頼なり、ケアなり、愛なりで繋ぎ直していくかということが、今問われてるんだと思います。

差別構造と生の不安定性

尾崎　私の関心は、ヒトと他の種との関係というよりも、人間と人間との関係についての関心が非常に強いんですけど、あえてしとねさん的な関心、つまり、ヒトと他の種との関係という点から母の話を考えてみると、母は新型コロナの問題が起こる前からすでにいろんなリスクがあると医師から説明されていたんですよ。他の細菌性の肺炎になるかもしれないし、脳梗塞の再発もあるかもしれないから覚悟はするようにだのなんだのと、以前は言われていたんです。つまり、新型コロナが問題化する以前から、母は自分の生存を危うくする他の種と、いいか悪いかは別にして、共存というか、関係していたんだと思います。ところが、新型コロナが流行って、病院がシャットダウンするかしないかの場面になるや、病院としても「リスクはウイルスや、COVID-19なんや」となって、「とにかく手を洗え」みたいになってきた。

急にリスクがコロナだけに限定されて語られ始めたんです。今まで他のリスクをさんざん説明されてきた私としては、違和感しかないんですよね。他の感染症とか誤嚥性肺炎とか、脳梗塞の再発のリスクはどうなってしまったんや、と。それは家族と家族じゃないもの、馴染みのあるものと馴染みじゃないものっていう風に線引きがなされたのと似ていて、COVID-19とそれ以外みたいな、変な線引きがなされてる気がするんです。たとえば、母の便の中にいて長い時間お尻の皮膚に触れているとトラブルを起こすような細菌とか、母の肺へ入ると危険だと言われていたようなCOVID-19以外のウイルスとかのリスクは今、誰も声高に注意喚起しないんです。急にCOVID-19だけがめちゃくちゃ馴染みのあるものになって、他のものはどうでもいいということになっている感じというのは、認識としてもアンバランスだなと思うんです。

逆巻　いや、本当にそう思います。いまや我々はコロナを中心に生きている。みんなコロナの動向、と言っても見えはしないんだけど、とにかくコロナを避けろ、そのために人を避けろ、といった感じだし、行動変容って言っても、一様に変えることが求められているだけで、そこには全く可塑性もなければ遊びの余地もない。本当にそれでいいのかと思います。

たしかに、新型コロナは感染力が強い。人間がまだ免疫を獲得していないウイルスなのでそれは当然なんですけど。ただ、日菜子さんがおっしゃったように他の病気、事故も今日だって起こっていて、それで死ぬこともあるわけです【2】。あるいはこの状況で、本当に飲食店を畳んで自殺した人もいる。僕の高校時代の友達は宮崎県で畜産業をやっていたんですが、口蹄疫の問題があった時に、原因はよく分からないですが、自殺してしまいました。ウイルスに感染しなくてもそれが遠因となって死ぬこともあるし、なんだったらコロナのことを一生懸命気にしていたら階段から転げ落ちて死んでしまうことだってありうる。リスクを極力排除しようという時、コロナのリスクだけを気にして生活を組み立てていくということには、どうしても危なっかしさを感じざるを得ない。それこそ一番リスクがあるのは、首相とその周辺なんじゃないかという気もしますし（笑）。

尾崎　他にもリスクがあるということでいえば、元セックスワーカーとして感じるのは、性感染症の文脈でさえもコロナ一色になっていることです。他の性感染症のリスクがこうした事態下においては急に語られなくなっているように感じます。セックスを介して都合の悪いウイルスに感染するのは、当然、COVID-19で大騒ぎする以前からありました。セックスワーカーたちはそうしたリスクに気を使いながら、客と関係を取り結んできました。今回コロナが問題になるなかで、感染リスクが少しでもある行為は控えましょう、「夜の街」で不特定多数とセックスするなんてもってのほかだ、となっていますよね。私からしたら「今まで夫婦間でセックスをしまくって、風邪をうつしあっていたのは、どこのどいつだ」とは思ってしまうんですけど、そういう皮肉はともかく、コロナにさえならなければいいという文脈で、性感染症を含めた感染症が語られるようになってしまっているように感じます。そうしたことを背景に、「夜の街クラスタ」だなんだと、性に関係している特定の業種や、その仕事をしている人たちを過剰にフォーカスするという、とても恐ろしいことが起こっているようにも思えます。

こうして考えていくと、今日のもう一つのテーマである「生の不安定性」というのもまた顕在化してくるように思うんです。たとえば、性感染症になった時に検査に行けるか、病院に行けるか、きちんと治療を受けられるのか、というのはワーカーとしては切実な問題です。感染症についての問題の切実さや、病気になった時の苦しさはどのワーカーでも同じくらいなのだけど、その時に休業補償があるかどうかとか、どれくらい売れっ子でどれくらい預貯金があるか、家賃がどれくらいの家に住んでるかとか、そういう差異が感染症の流行をきっかけに露わになる場面があるように思います。生活費が安くて、ケアの人的ネットワークが充実していて、貯蓄がたくさんある人のほうが、やっぱり治療しやすいし、仕事も休みやすいんです。逆を言えば、治療を受けたくても受けられない、仕事を休みたくても休めないという人たちがいる。こうした既存の不平等な差別構造を前提に「生の不安定性」の新たな形式での再生産が、今回のCOVID-19において起こっている気がするんですよね。

コロナをきっかけに露出した「生の不安定性」ということでいうと、他の例もあります。学校一斉休校時のシングルマザーへの支給金の話がされる時に、セックスワーカーやナイトワーカー、あとは他の風営法関連の仕事をしている人、そういう人が支給の対象から外されました[3]。他にもさいたま市がマスクを無料配布しようとした時に、朝鮮学校だけが配布対象の学校から排除されたかたちで計画された[4]ということもありました。さらにはBuzzFeedの記事[5]で、厚生労働省のクラスター対策班の西浦博さんがインタビューに答えているものがあって、その中に性的に男性同士の接触のある人などでは感染が起こってはいるけど一般の人にはまだ広がっていない、というような表現があったりしました。男性同性愛者を一般の人ではない存在に特殊化して、彼らについてのリスクだけを語るのは、エイズの時代からずっと存続している差別的な認識の反復だと思うんです。差別意識というのは、手を変え品を変えいろんな状況に現れてきますが、コロナをきっかけに既存の差別が再表象されてしまっているのではないかと恐ろしく感じています。とはいえ、こうした差別意識の表象の問題は単に言葉の問題、表現の問題というよりは、所得の格差や政治への関与など構造的な別の不平等の問題でもあるのでしょうからそうしたことが、もう一回ここで可視化されてしまったというほうが正確かもしれません。こうした緊急事態下で露わになる差別構造や生の不安定性という問題は、ウイルスそのものの病原性の高さや、ウイルスと人間との問題というより、人と人との関係の問題なんじゃないかっていう気がしています。私は社会的な関係にこだわりすぎてるのかもしれませんが。

逆巻　いや、それでいいと思うんですよ。「生の不安定性」は新型コロナ以前からあったということですよね。そもそも、不安定性（プレカリティ）は人間の条件でもある。ジュディス・バトラーの『アセンブリ――行為遂行性・複数性・政治』（佐藤嘉幸、清水知子訳、青土社、二〇一八年）における議論でも、不安定性、プレカリティは、生きていく上で当然みんなが共有しているものとされていて、不安定だからこそ相互依存が必要なんだ、不安定だからこそ人と人とは繋がってしまうんだ両義性が前景化されていました。このように我々の生は根源的には脆弱で不安定なので相互依存して支え合っていかなきゃいけない。ただ一方で、不安定性が可傷性（ヴァルネラビリティ）として現実化するとき、その配分が不平等だということもバトラーは議論していました。可傷性の不平等な配分に対して抗議する集まりは、困っている人だけのものではなく、みんなが共有している不安定性という根源に訴えかける、それ自体生の相互依存を体現す

『アセンブリ』

る行為だというわけです。コロナ以前からずっと存在していた根源的な不安定さとそれが現実化される時に露わになる不平等の様態が、コロナという見えない存在によって可視化されている、というのが今日の状況だと思うんですよ。

ただ、これは単に貧富の差だけに還元できるものでもなさそうな気が僕はしています。それこそ今回のテーマである接触ですよね。今、特に困っていたり差別されたりしている人は、この接触を生業としている人たちなんですよ。実際に最近では、配達員の人に消毒のスプレーを吹きかけるとか、その人たちが持っていたペンを持ちたがらないとか、そういう、そもそもお前注文するなよ、とツッコミを入れたくなる事態が実際に起こっている。接触を生業にしている人たち、もともと世間からよく思われていなかったセックスワーカーや夜の商売をされてる人たちに運送業者や医療関係者などを加えたあらたな「接触する階級」が今日、炙り出されている気が僕はするんです。

尾崎　そうですね。ただ、最初のしとねさんの話にあったように、リスクを伴う接触の中でも語られている接触と語られていない接触があって、私がやはりこだわってしまうのは、そこにおいて語られていない側の、恋人間とか夫婦間とか家族間とかの接触なんです。夫婦間や恋人間のセックスはなぜか語られていなくて、たとえばセクキャバに行ったらやばいとか、風俗に行ったらやばいとか、配達員はやばいとか、スーパーのレジでのやりとりはやばいとか、要するに、血縁関係や家族関係の外側の接触だけが、危険なものとして饒舌に語られている状況があるんだと思います。そういう接触だけが危険なものだと認識される一方で、親密圏の内側の語られていない接触については何もリスクがないかのように扱われている。

これも最初にしとねさんが言っていたことですが、とはいえ、私たちは接触ということをもうすでにしている、語られない、意識されないレベルで、常に接触は起こっているわけです。たとえば、私が使っているこのコンピューターのネジだって、誰かが触った結果、作られ、組み立てられ、運ばれている。私たちにはあたかも目の前のパソコンが自分自身の力で組みあがってこの部屋にやってきているかのように見えるかもしれへんけど、それは誰かの接触によってそうなってるんですよね。それにもかかわらず、誰か別の人が接触を続けた具体的な過程がなかったかのようになってしまっていて、分かりやすく目に見える接触、特に、普段からスティグマタイズされている人との接触の過程というか、みんなから「えっ⁉　その人は……」って思われるような、低俗だとか猥雑だとか思われている人との接触の過程だけが、過剰に抜き出されて、悪いもの・危険なものとして語られてしまっているのは、正直、強い違和感を覚えているところです。

逆巻　僕はそれをエンドユーザー例外主義と呼びたいですね。この隔離政策下において自宅に「ステイホーム」してみたとしても、日菜子さんが言ったようにパソコンのネジは誰かが「ステイホーム」せずに作っているわけです。テレワークで使う電子機器は、「ホーム」では作られていないですよね。エンドユーザーという末端においてのみ隔離が成立しているということ、エンドに届くまでの過程に実はたくさん接触を伴う労働が存在しているという事実がすっかり視界の外に追いやられてしまっていて、ただただエンドユーザーの隔離生活のしんどさが前景化して語られるというのは、やっぱりちょっとおかしい気がします。

ただ、これは今に始まった話ではないと僕は思っています。スプレーで除菌とか、脱臭剤で臭いを消すだとか、そういうある種の潔癖症を是とする流れの中で、化学物質過敏症の顕在化と共に社会的距離化はすでに始まっていたと感じるんです。つまり、僕たちはパンデミック以前からそういう生き方をしようとしていた。接触の連鎖から距離をとって、エンドユーザーとしての自分にとどまり、エンドユーザーとしての生を支えている相互依存の関係は全く顧みない。これは新型コロナ以前からずっと起こっていたことで、それが今、分かりやすく噴出しているだけというような気もしますね。

尾崎　エンドユーザーのお話に引きつけて、もう一度、私と母の問題という具体的な話に戻すと、母が入院している病院にいる医師とか看護師で、たまに私と話すことをすごく警戒する人がいるんですよ。病院では何かにつけて同意書を取ろうとしてくるんですけど、やっぱりそこで感じるのは相手が私をクレーマーとして恐れているんだなということです。でも、私が望んでいるのは、何かが起こった結果について責任を取って欲しいとか、母の治療に高価で先進的な装置を使って欲しいとか、そういうことじゃなくて、母が今置かれている状況をよく知った上で、もっと良い状況はないかということを医療者たちと一緒に考えたいって、それだけなんです。そういうことをきちんと伝えると、向こうの態度もちょっと変わったりするんですけど。

結局、同意書をベースとしたような、責任の所在だけを逐一はっきりさせていくというようなコミュニケーションにおいては、過程における納得があまり大切にされてへんと思うんです。たとえば、こちらは母が栄養を摂る際にどんな方法があって、どれが一番苦痛が少ないのか協議したくても、母の鼻に管を入れるか入れないかというような、二者択一の話にしかならない。そうした過程を省略して、医療のエンドユーザーにとどまってしまうと、話し合いの過程は充実しませんし、合意できる内容も豊かにならないし、なにより、母を取り巻く様々な関係性がスカスカになっていくように思うんですよね。

逆巻　そして、そのエンドユーザー同士の協働性が、世帯や家族に縮減されたものとしてイメージされてしまう。でも、それって戸籍制度のただの反復じゃん、と思うわけです。新型コロナによって再浮上する戸籍制度、家父長制の反復。だから、エンドユーザーが考えなきゃいけないことは、君はもっと別の協働性を持って生きてきたじゃん、ということ。すでに色々なものと繋がってきたよね、ということ。そういうところをもう一回思い出していくことが、このプレカリティのポジティブな面をベースに、相互依存による協働性や繋がりを作り直していく一つの契機になりうるんじゃないか。もちろん、それはいつどうなるか分からないという不安とも紙一重ではあるんだけど、不安定性を共有し、傷つきやすさの配分の不平等に注視していくためには、エンドにとどまらず接触者たちのプロセスを見ていかなきゃいけないんだと思います。

尾崎　やっぱり、誰もがみんな傷つき得る存在ですからね。生産者や運搬者、医療関係者もそれぞれの不安定性を生きる傷つき得る存在で、もちろん末端にいる自分も傷つき得る存在っていうことを、認識し直していく必要があると思うんです。傷つきやすさが不平等に分配されて、それが周縁的な人の生の中で具体化してしまっているという問題はあるにせよ、自分にものやサービスを提供してくれている人も傷つくことから自由じゃないんやっていうのは、改めてゆっくりと考えるべきでしょうね。

あと、さっきのしとねさんの話に別の観点から話を加えると、協働性というものも、今のような接触の形が唯一の形ではないと思うんですよ。たとえばエイズパニックが起きた時、つけるのが面倒だとかなんだとか文句を言いながらも、コンドームの装着の仕方を多くの人が会得したように、パニックを契機にして、人の行動は変わるし、愛の表現も変わる。だから、この家父長的な愛の伝え方が未来永劫続くみたいな形で考えるのは適切でなくて、これからのような接触が難しい時代にどうやって新しい接触の形、愛の形を作っていくのか、その変化をどう楽しんでいくのかっていう話をしないといけないように思います。

逆巻　そうですね。今は、こうしたら新型コロナに感染する可能性を最小化できる、という結論だけを押し付けられていて、僕ら自身で考えて新しい関係性を作っていくというフェイズが削ぎ落とされているんですよね。全てが上から降ってくる感じ。でも、上からの結論にしたって、こうじゃないかという仮説に過ぎないわけですよ。あるいは、そうした仮説を引き受けつつその内側で色々と工夫の仕方はあるはずなんだけど、ひたすら家にいろみたいな結論ばかりを押し付けられてるような感じがして、そこを突き崩していくようなトライが必要だと僕も思います。

愛の接触には始まりも終わりもない

逆巻　ところで、不安定性の話にもう一度話を戻すと、新型コロナがもたらしたのは、日菜子さんが先ほど言ったように「みんなが傷つき得る」ということ、金持ちだろうが、貧乏人だろうが、どんな職業だろうが、みんな傷つき得る、みんな病気にかかり得る、みんな死に得るということだと思うんです。新型コロナ感染症は、そうしたある種の平等性に直面するよう人間に迫ってくるアクターなのかなという気もするんですよね。つまり、人間の生の原理的な部分、根源としての不安定性に働きかけているアクターではないかとも言えると思うんです。原理的にはみんな死にうる、ということは、新型コロナの問題を考える時には結構大事なことなのかなと思います。

尾崎　それは私も同意です。ただ、私自身のルサンチマンを含めて、しとねさんがおっしゃった死は平等に訪れるという話をひっくり返すと、そもそもなんでこうした契機がないとみんな不安定性に気づかなかったんだろう、自分自身も死に得るっていうある意味では平等に分配された人間の傷つきやすさになんでこうもみんな鈍感だったんだろうっていう、嫌味を言いたいところもあるんですよね（笑）。これまでだって、みんな失業し得たし、みんな家を失い得たし、みんな貧しくなり得たし、みんな経済的・社会的に追い詰められて自死し得たじゃないですか。そういう状況が、二〇〇〇年代以降の小さな政府化、社会保障費削減などのプロセスの中で、どんどん露わになっていたというのは、誰しも知っていたはずなんです。でも、どこか他人事だった。年越し派遣村みたいに、一時的にメディアで取り上げられて、これはまずいって話題になるんだけど、喉元過ぎればばってやつで、しばらくすると何事もなかったかのようにされてしまう。何か象徴的な出来事があるたび、マスメディアが分かりやすい誰かの傷を剥き出しにして、傷つきやすさについての気づきの触媒みたいになることがありますよね。名前も知らないその人の傷に触発されて、みんなの意識の上っ面に、私たちが普遍的に抱え込んでしまっている傷つきやすさのぼんやりした像が、ブワっと一瞬だけ広がるという形で。でも、逆を言えば、そうした触媒がなければほとんど誰も認識できない。新型コロナもまさに今、そういう触媒になってますよね。

なんでこの話をするかっていうと、この新型コロナの問題がいつか長期化していって、緩く広く蔓延し、人々がCOVID-19と共生するような道を選んでいった時に、今ビビッドに見えている傷や、周縁的なところで生きる人の不安定な生が、たとえばスーパーのおばちゃんのパートの賃金はこんなに安くて、休みたくてもなんの補償もない危うさを生きているんやってことが、やっぱり忘れられていくんだとも思ってしまうんですよね。しとねさんがおっしゃったみたいに、原理的には全ての人間が晒されつつ我々の生の根源をなしているはずの生の不安定性や、自分ではない誰かが実際に経験してしまっている可傷性というものが、浮かび上がっては、すぐに忘れられて消え去ってしまう。こういう難しさ、自分も含めた人間の想像力についての難しさというのはなんなんやろうと歯がゆくもなるんです。

逆巻　スパンの長さというのは重要な問題だと思います。要は継続性の問題です。ツイッターとかを見ていてもそうだけど、何かが瞬間的にバーっと炎上してバーって消費されて、そしてサーっと消えていく。ツイッターだけじゃなく、そういう短期的な忘却のサイクルが常態化していて、何が起きてもみんなすぐに忘れてしまうわけです。ちょっとした災害によって、万人の不安定性が顕在化する瞬間というのは定期的にあるんですが、でも、その意識が継続しない。震災の時とかもそうですよね。直後は、みんな注目してて、ボランティアに参加したり、物資提供したりとかするんだけど、時間が経ったらほとんどの人が自分も不安定性の当事者であることを忘れてしまった。なぜそうなるのかと言ったら、やっぱり関係が遠隔的だからだと思うんです。遠隔的であり、かつ抽象的だから。寄付金も団体を通しての関係性に留まり、直接的な関わりが一切ない。ほとんどの人は何が起きてもエンドユーザーによる遠隔的な関係、接触のない関係を維持するから、根源的な不安定性は忘却され、現実における被傷性の分配の不平等だけが残される。これは非常に問題だと僕は思ってます。

尾崎　消費っていうタームが出ましたけど、実際、不安定性から生じる悲劇とか、ある特定の傷のようなものが、すぐに物語化されて消費されてしまうんですよね。ニュース番組は、それが商品となってるのだから、ある程度は仕方がないのかもしれませんが……。とはいえ、しとねさんの寄付金や支援物資の話は私も耳が痛いところで、私もテレビで埋め立て工事が始まるなどの象徴的な出来事がある度に騒がれる辺野古の基地問題については、そういう関わりになってしまっているような気がしています。でも、だからこそ、騒がれた後も出来事は続いているし、遠い場所との接触は続いてしまっているという認識はそれでも重要である気はします。逆説的ではありますが、実際に接触のある場所から問題を考えていくことが重要なのかもって、しとねさんのお話を聞いていて感じました。

身近に引き寄せすぎかもしれませんが、私がよく散歩するコースには、夏になるとハマヒルガオが咲くんですね。そのハマヒルガオはどうやら私の住んでいる場所の砂浜保全運動が部分的に成功した恩恵をうけて咲いているみたいなんですが、そうした細かいヒトと他の種との繋がりや開発に抵抗する力が、関西から遠く離れた沖縄の環境保全にも繋がっているかもしれへんなあって、ふと散歩中に感じることがあるんです。そういう意味では、たしかに事実をマスメディアが報道するのは遠くで起きている問題を知る上では大切だとしても、実際の接触とか愛というものを考えるには、そして、手近なところから遠くのものへ愛が波及されていく可能性を考えるには、もっと別の具体的で手のひらサイズの回路が必要なんやろうなあとは思います。物語化して消費して、視聴者が一時的なカタルシスを得るだけでは、報道されたその次の瞬間にも接触は続いているこの現実にアクセスできないような気はしますし。

これはいいたとえかは分からないですけど、そういうスパンの短い関わりというものには、男性がセックスしてる時に腰を振りまくって、射精したらそれで全部終わりみたいなノリと近しいものを感じます。インサートしてる一瞬だけが愛で、他の時間はもう知らん、みたいな、。つまり、一緒にラブホテルを選んだり、ローションを使うかどうかで喧嘩したりするような、インサート中以外の愛の時間はカウントしませんみたいな、前戯の時間は愛の「ホンバン」でないから割り引いてカウントしますみたいな、そういう感じに似てると思うんです。それはペニス中心主義的な愛に関する問題なんでしょうね。ただ、本来、愛っていうのはずっと続いてるものだし、人と人との関係も、人と他の種との関係も、ずっと続いてるものですよね。セックスの場面の外側でも、愛の接触はずっとあって、一緒に歩くだったり、一緒に食べる料理の献立を考えるだったりが続いていたわけですよね。でも、そういう微細で豊かな接触の連続は忘れ去られてしまいやすい。そういうところとも似ている気がします。

逆巻　よくセックスを回数で数えるじゃないですか。一回、二回、三回と。でも、それって射精の回数に過ぎなくて、実は女性の側からしたら一回もないよ、という話だったりするわけでしょ。そもそもセックスが数えられるものかどうかも分からない。セックスっていつから始まってるの？　もしかしたらこの会話もセックスの一部かもしれないし、あるいは会ってない時にその人のことを思い出したりするのもセックスの一部かもしれない。これもプロセスの話になってくるのかもしれないけど、愛やケアというのは始まりと終わりを恣意的に区切って「はい、エンド」と片づけられるものではないと思うんですよ。

尾崎　そう思います。あとセックスってどこか垂直的に捉えられやすいというか、親が子に、子が孫にみたいな直線的で垂直的な生殖の関係で考えられがちだけど、さっきしとねさんがおっしゃったような前後の会話もセックスの一部なのだとすれば、ラブホテルに入る時の受付のおばちゃんと気まずい接触をしていたり、ホテルを出る時に掃除のあんちゃんと遭遇してしまって二人で苦笑いするみたいなことを私たちは当たり前にしていて、そういう水平的な愛の繋がりというのもあると思うんです。ケアにしても、家族というユニットだけでケアを考えると、どうしても親と子の垂直的な関係にしかならないけど、そこの枠組みを破ってしまって、もうちょっと豊かな人間の関わり合いを見ていけば、もっと横に向かってケアの輪が広がっていくんじゃないかとも思うんです。もっと言うと、実際に介護を家族だけに限定するのは現実的にも不可能とちゃうかなって感じもあるんです。だからこそ接触というものを、血縁を超えて横にも広がるような広いものとして考えていきたいっていうのはあります。

逆巻　ダナ・ハラウェイは、ネオダーウィニズムの柱である遺伝子の垂直伝播、種の再生産に対して、それはまあ一応あるにしても、それだけじゃないということをずっと言い続けてきた人なんですよね。一昨年に熊本県で開催されたマルチスピーシーズ人類学研究会でも話したことですけど、遺伝子には水平伝播というのがあるんです。垂直伝播が生殖の関係だとすれば、水平伝播は横の繋がり、横に向かう遺伝子の交換、それも種を超えた交換で、それはたとえば食や感染からもたらされるものなんです［6］。

人間は今七〇億人以上いて、地球上でさも唯一のアクターであるかのように振舞っているじゃないですか。でも、人間がこれだけ繁栄できているのはウイルスと共生しているからだという説もあるわけですよね。ウイルスによって遺伝的多様性がもたらされたという話もある。そういう風に人はウイルスと共生してきている。新型コロナは人類にとって未知のウイルスで、まだ出会ったことがなかったからこそ、致死性はエボラ出血熱や狂犬病、SARS（重症急性呼吸器症候群、二〇〇二〜二〇〇三年）やＭＥＲＳ（中東呼吸器症候群、二〇一二年〜現在）ほどは高くないけど感染力（伝播力）が強い。感染者の母数が多いから死者も多くなるタイプのウイルスであるように、僕は今のところ感じている。ただ、既存のインフルエンザにはみんなかかったことがある。生きているあいだに一回もインフルエンザにかからない人はいないとも言われているんですよね。たとえ、その人に感染した記憶がなかったとしても、実は軽い風邪だと思っていたものがインフルエンザの無症状パターンだったりするらしい。そういう風に考えていくと感染ってずっとこれまでも日常的に起こってきたわけですよね。今回は初めてのウイルスで伝播力が強く死亡者も多いので問題になってるけど、もともと我々は感染しながら生きている。それこそ全然知らん通りすがりのおっさんが持っていたウイルスに感染したり、あるいは感染させたりしながら生きてるんです［7］。

僕はケアのクラスターを作ったらいいんじゃないかなと思いますけどね。今クラスター対策であれこれ言われていますけど、やっぱり愛もケアも水平の関係における根源的には不確かな信頼をベースにしたものだと思う。さっき日菜子さんがコンドームの話をしていたけど、同じ濃厚接触をするにしても、いろんなレイヤーが細かくあるわけだから、手探りで心地よい形を模索していくしかないんじゃないかな［8］。

尾崎　ケアが水平的というのは実感としてもよく分かります。なんでかというと、さっきも言いましたが、母と娘のように垂直的なケアの関係を作ってしまうと、実務的にもすごい大変なんですよ。それは制度上においてもそうで、たとえば日本の法制度上では母のケアをする責任というのが、私に集約されているみたいなんです。つまり、私が何もしないでいると、虐待だ、ネグレクトだというような話になってしまうんです。こういう責任を分散できない状況は、ほんとにストレスフルなんです。たとえて言うと、母から預かったたくさんの卵を一人で抱え込んでいるような感覚です。そういう垂直的なケアしかない状態は、だから、生存戦略としてもあまり現実的じゃない気がするんです。偶然、家族に恵まれていて、預かった卵を家族の誰かが全部持てる条件が偶然整っている人なら可能かもしれへんけど、多くの場合、ケアっていうのは横に関係性を開いていかんと、つまり、卵を家族以外の誰かと分けてバスケットに入れとかんともたへんっていう状況がやっぱりある。だけど、今の政府がやってる感染症対策は、「家族で家にいろ」みたいな、家族の内外における人間関係の複雑さを無視した、すごく単純化された話になってますよね。たしかに今の状況的にはそれしかないのかもしらんけど、家族というのは実際のところ、政府が想定しているほどには安全でもないし、全てのケアの体制を備えたような万能の方舟でもないだろうって、私なんかは思うんですよ。

逆巻　親とか家族とか関係なく、手探りで「こいつは信頼できる」「こいつはもうちょっとだ」と確認しながら人間は生きていると思うんです。だから、今の状況はとても居心地が悪い。おそらく、家族や肉親との関係にしたって、常に組み直されているものでもあると思う。日菜子さんのお母さんとのケアの関係にしても、おそらく、ケアの実践のなかで母子関係に一般化できないレベルで関係性が組み直されていく経験なんだとも思う。もちろん、親や家族と一緒にいるのがダメだというのでは全然ないんです。家族関係、母子関係からはみ出してしまう関係性が作られていく可能性の話ですね。

尾崎　その実感は強くありますね。なんでかっていうと、寝たきりの母に喋りかけ続けるという関係が、どこか母娘というより恋人関係のように感じる瞬間もあるんです。これってフロイト的で気持ち悪いんですけど、やっぱりなんか、単なる遺伝子を引き継いだ子供としての目線じゃない目線がそこにはあって、今日は首動くかなとか、私を眼差す今日の目の感じは可愛いなとか、そういうことを色々と思うんですよね。母を性的に欲望すると言ってしまうとさすがに抵抗があるんですけど、いわゆる母が子供をケアする、子供が年老いた母をケアするみたいな物語に収斂されない余剰みたいなものを感じてしまう瞬間が、ケアの実践の中にはやっぱりある。そういう関係の組み直しは実際に起こっているし、非常に面白いなと感じているところです。接触がどういう風に関係性を組み直せるかという大きな問いに答えることは難しいですけど、そういうことを語っていかないと組み直しも起こらないので、積極的に語っていったほうがいいと感じますね。

お仕着せの「行為変容」とは別の方法で

辻　残り時間も少なくなってきましたので、ちょっとここで、改めて話を振り返っておきつつ、僕からの感想、質問を述べてみたいと思います。まず最初に、逆巻さんから接触という行為は常に偶然性を孕んだものなのだという指摘がありました。そして、今日においてはおそらく、新型コロナに対する不安が蔓延する中で、接触の中にあるそうした偶然性が避けるべきリスクとしてばかり捉えられてしまっていて、接触のネガティブな部分ばかりに人々の意識が向いてしまっている、という状況についての確認がありました。

その上で尾崎さんから家族主義の強固さについての問題が提示されました。家族関係とそれ以外の人間関係との間にはっきりとした境界線が設けられ、家族がサンクチュアリ化する一方で、その外部がリスク化するという単純化が起こっている、と。本来は、そこはグラデーション状になっているはずなのに、そうしたことがすっかり忘れられてしまっているのではないか、その上で、具体的な人間関係の調整についてを考えることもなく、政府や自治体による一元的な「社会的距離化戦略」や「ステイホーム」の奨励に同調し、またより強い政策を期待するような流れは不健全なのではないか、そういう問題提起でした。

ただ、逆巻さんも指摘されていたように、こうした、本来ならグラデーション状に広がっているはずの関係性を無視するような家族主義であったり、エンドユーザー例外主義であったりというのは、兼ねてよりあった傾向でもあって、それがCOVID-19が問題化する中で顕在化しているだけだとも言えます。それこそ二〇〇〇年代以降、特に支配的になった新自由主義的な市場が、そうした関係性のミニマム化を要請しているという側面もあると僕は思います。少なくとも日本の都市部で定着しているような核家族主義、個人主義というライフスタイルは、マーケットとの関係性抜きには語れません。

そうした中、この緊急事態下において人々が積極的に一元的なコントロールを政府に期待していくというのは、確かに不健全だなと感じますし、そうした一元的な行動変容、社会的距離化には、はっきりと違和感を感じます。ただ一方で、新自由主義をベースとするような、共同体が分断された匿名的な都市における集住を旨とするライフスタイル、そこにおける日常的な振る舞いそのものについては、根本的なところで行動変容を考えるタイミングなのかもしれないとも感じるんです。隣人の存在がリスクでしかない、あるいはリスクとしてしか感じられないような社会では、接触がきわめて危険な行為だと感じられても当然と言えば当然だし、そういう意味で、特に都市部に生きる人たちというのは、新型コロナ以前からすでに隔離されていたと言えるのかもしれないとさえ思います。

ですので、政府や自治体が一元的に奨励するような「行動変容」は批判しつつも、そういったものが望まれてしまう今日の状況をボトムアップに変えていくという意味での「行動変容」というものは積極的に考えられていくべきだとも思うんです。あるいは「社会的距離」についても同様で、いわゆる僕らが暮らしている日常の範囲内における人々との交流という意味での社会的距離と、もう少しマクロなレベルにおけるグローバルな人の行き交いや他生との関わりを意味するような社会的距離という、二つの社会的距離があるという考え方もでき、その場合、それぞれの社会的距離に対する評価は異なってくるようにも感じます。

また、対談の中でバトラーの相互依存についてもお話に上がりましたが、この相互依存に関しても、二つの軸があるように感じました。というのも、今日、マーケットにおいては未だかつてなかったほどに相互依存が進行しているわけです。もはやネーションの単位で何かを決めることが難しく、ありていに言えば、国境を越えて絡み合うマーケットのほうが強くなっている。しかし一方で、そうした相互依存的にグローバル化したマーケットが要請する新自由主義的な経済政策は、暮らしのレベルにおいては逆に、人々の相互依存的な関係性を解体しようとしている。ジエントリフィケーションに伴う商店街の壊滅などは、その分かりやすい例ですよね。もちろん、お二人の議論においては、こうしたことも折り込まれていたわけですが、「相互依存」が素晴らしく「社会的距離」がまずい、というような単純な理解を避けるために、一応、そうした複数の軸があるということをここで確認しておけたらと思います。

その上で僕からお二人への質問なんですが、尾崎さんからは、なぜこれまでプレカリティに人々は気づいていなかったのかという指摘があり、逆巻さんからは今日における人々のある種の健忘症的な継続性のなさについての指摘がありました。そうした健忘症に陥らず、継続的な行為変容、愛やケアの実践をしていく上では、遠隔的な関係に満足することなく、エンドユーザー例外主義批判において語られていたようなプロセスへの想像力を逞しくしていくことが大事になってくるんだとは思います。ただ一方で、想像力だけでは、やはり不十分な気もするんです。想像力によって、一時的に不安定性やプロセスに思いを馳せてみても、それこそ目の前の仕事に忙殺されていく日々の中においては、たちまち忘却されてしまうようにも思う。だから、より具体的なレベルで、なんらかのアクション、行動変容を起こさないといけないとも感じているのですが、そうした具体的なレベルにおいてはどういう実践が可能なのか。お二人のお考えをお聞きしたいんです。

尾崎　では、先に私から。このコロナ騒動でセックスワーカーの多くは仕事を失っているわけですけど、仕事が減ったことでできた暇な時間を利用してユーチューバーを始めたワーカーを一人私は知っていまして、ものすごく現代的な商売のやり方やなあと感心していたりします。他にも、コロナがきっかけで新たに整備された家賃補助なんかの行政による支援へのアクセスを支援する市民団体の情報がツイッターを通じて拡散されて、困っているナイトワーカーが情報を手にいれたり、ナイトワーカー間で彼女たちの生存に欠かせない情報がやり取りされている光景も目にします。こうした光景というのは、辻さんがおっしゃるようなマーケットレベルで人々が簡単に繋がれるようになってきた現象の一部でもあり、同時に、ご指摘のようなグローバル資本主義の拡大が人々の生存可能性を脅かすようになってきた現象の一部やと感じています。

というのは、新しくユーチューバーになったセックスワーカーはたしかに技術革新の恩恵をうけて簡単に他者にアクセスできるようにはなってはいますが、その裏側では彼女の生存の一部はグーグル社という私企業のさじ加減に支配されていると言えなくはないと思います。また、生活支援の情報が欲しいナイトワーカーたちの生存も、ツイッター社という私企業にがっちり握られてしまっているのは事実でしょう。また、COVID-19の出現によってウェブを通じて情報を漁らないといけないというのは、新自由主義的な政策によって過度に競争的になった彼女たちの身近な関係が、信頼感や安心感の持てないものになったからかもしれません。そういう意味では、辻さんのおっしゃるように地球規模に広がった市場が、人々の生存可能性や、相互に絡み合う生の豊かさを私たちから奪い去っている可能性は大いに考える必要があると思います。

ただ、このように発達した資本主義の結果として張りめぐらされたある種の抑圧の網の目を使って、単に想像の中での甘やかな連帯のような形ではない、この不条理な網の目で実際に生き延びる実践が起こってしまうということがあるのは、とても重要やと考えています。できてしまった不愉快な構造物を利用して多様な人がスケボーで遊んでトリックを競い合ったりしながら、たまにスケボー同士がぶつかるような、そんな生の豊かさがあればええなあと勝手に思っています。そうした実際の動きをのんきなまでに肯定的に評価していいのかという議論はもちろんあるとは思いますが、私からはそういう現状をとりあえずはお伝えしたいと思います。

逆巻　質問に回答するにあたって、まず僕が文芸共和国の会を始めた理由を話そうと思います。実は日本ってコミュニティはいっぱいあるんです。ただ、異なるコミュニティ同士は交わらないな、と感じていた。だから、既存のコミュニティをガラガラポンする、カオスの場を作ってみようというのがあったんです。最近、やたらと使われているクラスターって言葉も、当初は趣味や関心を同じくするオタクの集団みたいな感じで使われていましたよね。歴史クラスターとかガンダムクラスターみたいな感じです。まあ、それくらい共同体がセグメント化されていたんです。それは消費に応じてかもしれないし、企業のマーケティングによって分断されていたのかもしれないけど、ただコミュニティ自体はいっぱいあるのに、それらが交わらずに、問題意識を一部でも共有したりするきっかけがないな、と感じていたので、そういう場のひとつとして文芸共和国の会を立ち上げたんです。だから僕とそこに集まった人たちが作ろうとしたのは共同体ではない。出会いの場を瞬間的に立ち上げて、あとは若い人たち皆さんどうぞみたいな感じ。そこで信頼関係だったり愛だったり色々生まれたりするかもしれない。そういう可能性を持った場を作ってみたかったんですね。実践レベルにおいては、すでにあるコミュニティを混ぜる場を作るということが非常に重要だと感じているというのがまず一点です。

あとグローバル化についてですけど、多分、グローバルと言ってみても全部が全部、同じように繋がっているわけじゃないと思うんですね。たとえ同じソフトを使っていても、そこで行われているコミュニケーションのあり方は多様で、金融経済と同じように均質に回っているわけじゃないと思うんですよ。たとえば、最近はZoom飲みとか、テレ飲み会とかが流行っているみたいですけど、使い方としては割と凡庸というか、始まりと終わりがあって、そんなに面白いものじゃない。他方、回線をただ繋ぎっぱなしにしているだけで、言語的なコミュニケーションは特にはしないという人が結構いるみたいなんですよ。Zoomに繋ぐんだけど、することはただ生活するだけ。片方は掃除していて、もう片方はご飯を食べていて。時々、「元気?」みたいに声をかける程度の繋がり方がある[9]。それってうっすらした情動的な紐帯というか、雰囲気の共有ですよね。今、世の中的には空気の支配が徹底されていますけど、これだけ恐怖で満たされている世の中にあっても、穏やかな雰囲気の共有が行われていたりする。Zoomやスカイプは基本的には通話のためのサービスですが、「別に喋らなくたっていいんじゃない」という、独自の使い方を発見している人たちはいて、そういうところにヒントがあるんじゃないかなという気がしています。

辻　ありがとうございます。まず尾崎さんが紹介してくださった話は、とても元気が出ますね。たしかに、それはＩＣＴへの依存であるとも言えるし、テックジャイアントによる新しい管理支配のようなものも連想してしまわなくもないですが、とはいえ、すごく強かだし、アナーキーでもあって、そういうボトムアップの狡知によって、この分断された状況下をサバイブしていこうという、そういう動きには非常に共感を覚えます。そうした動きが複層的に折り重なって広がっていく中で、隔離の時代の新しい繋がりが発見されていくんじゃないかという気がします。

逆巻さんのお話も非常に興味深かったです。出会いの場を立ち上げるということの重要性、「グローバルな均質化」という紋切り型が取りこぼしている差異、ＩＣＴを使用した情動的紐帯の可能性、などいずれも重要なポイントだと感じます。今日、支配的に存在しているツールをあえて用いることで、偶発的な情動の「出会い」を引き起こし、均質的な空間を攪乱していくようなイメージでしょうか。たしかにそうした自前の知や実践がもつ力を信じることそのものが、パフォーマティブに状況をトランスフォームさせていくのかもしれません。

ただ一方で、趣味のクラスターであったり、寂しさを癒す上での情動的な紐帯であったりというものが、リアルな暮らしにおける相互扶助へとなかなか結びついていかないことに、個人的には現状の難しさも感じています。たしかに仲間と話したり話さなかったりして群れることで、心のケアというものはできると思うんですが、今日起こっているような「今月の家賃が払えない」

というリアルに差し迫った状況においては、少しその繋がりでは弱いのではないか、という気もしてしまう。今は国がどれくらい補償するかが議論されているところですが、それがイマイチあてにならんぞって時に一体どうすればいいのか。経済単位としての家族主義、世帯主義をどう組み直していけるのか。そうした暮らしのレベルにおける相互扶助の関係性というものもまた、今後、問われていくことになるのかもしれません。今日はどうもありがとうございました。

1　contingere は、「共に、一緒に」(with, together) を意味する接頭辞 com- (con-) と、「触れること」(to touch) を意味する tangere の合成語。たとえば、Online Etymology Dictionary (https://www.etymonline.com/ 二〇二〇年四月二十八日閲覧) を参照。

2　二〇二〇年四月二十三日二二時三〇分の時点で、新型コロナウイルス感染症による国内の死者数は三二八人(朝日新聞デジタル https://www.asahi.com/articles/ASN4S03VRN4RUTIL02K.html)、二〇二〇年二月の月間交通事故死者数は五〇九人(警察庁・交通事故統計月報 https://www.npa.go.jp/news/release/2020/20200313001jiko0202.html 二〇二〇年四月二十八日閲覧)、同年三月末までの自殺者数は四八四九人である(警察庁・自殺者数 令和二年の月別自殺者数について[三月末の速報値] https://www.npa.go.jp/safetylife/seianki/jisatsu/R02/202003jisatusokuhouti5.pdf 二〇二〇年四月二十八日閲覧)

3　「休校支援、風俗従事者にも支給へ 菅氏『要領を見直す』」(共同通信 二〇二〇年四月六日配信 https://news.yahoo.co.jp/articles/0ea771335dae1a135e3ab25dfacd616dfb4495f3 二〇二〇年四月二十八日閲覧)

4 「さいたま市、朝鮮学校幼稚部にもマスク配布へ『確保できたので』対象拡大」（毎日新聞、二〇二〇年三月十三日）

5 「『このままでは8割減できない』『8割おじさん』こと西浦博教授が、コロナ拡大阻止でこの数字にこだわる理由」（BuzzFeedNews 二〇二〇年四月十一日 https://www.buzzfeed.com/jp/naokoiwanaga/covid-19-nishiura 二〇二〇年四月二十八日閲覧）

6 遺伝子の水平伝播と共生については、拙稿「喰らって喰らわれて消化不良のままの「わたしたち」——ダナ・ハラウェイと共生の思想」（『たぐい』vol. 1、亜紀書房、二〇一九年、五五—六七ページ）と「未来による搾取に抗し、今ここを育むあやとりを学ぶ——ダナ・ハラウェイと再生産概念の更新」（『現代思想』二〇一九年十一月号、青土社、二〇九—二二一ページ）を参照。

7 ウイルスについては、たとえば河岡義裕、堀本研子『インフルエンザ パンデミック——新型ウイルスの謎に迫る』（講談社ブルーバックス、二〇〇九年）、武村政春『生物はウイルスが進化させた——巨大ウイルスが語る新たな生命像』（講談社ブルーバックス、二〇一七年）、山内一也『ウイルスの意味論——生命の定義を超えた存在』（みすず書房、二〇一八年）を参照。

8 アネマリー・モル『ケアのロジック——選択は患者のためになるか』（田口陽子、浜田明範訳、水声社、二〇二〇年）や浜田明範「新型コロナ「感染者を道徳的に責める」ことが、危機を長期化させる理由 必要とされる「ペイシャンティズム」」（『現代ビジネス』https://gendai.ismedia.jp/articles/-/71660 二〇二〇年四月二十八日閲覧）、及び人間世界にとどまらないケアの問題について論じたPuig de la Bellacasa, María. *Matters of Care: Speculative Ethics in More than Human Worlds*, University of Minnesota Press, 2017を参照。

9 遠隔ビデオ通話の例証は、斎藤帆奈から遠隔通話を介して得た。

写真© 山本ぽてと

逆巻しとね（さかまき・しとね）

学術運動家・野良研究者。専門はダナ・ハラウェイの思考実践。「喰らって喰らわれて消化不良のままの『わたしたち』――ダナ・ハラウェイと共生の思想」（『たぐい vol.1』亜紀書房）、Webあかし連載「ウゾウムゾウのためのインフラ論」、HAGAZINE対談連載「ガイアの子どもたち」。その他荒木優太編著『在野研究ビギナーズ――勝手にはじめる研究生活』（明石書店）、ウェブ版「美術手帖」、『現代思想』、『ユリイカ』、『アーギュメンツ #3』に寄稿。

尾崎日菜子（おざき・ひなこ）

フェミニズム実践家、小説家。ジェンダークィア。小説作品「蜂蜜の海を泳ぐ――地上の小魚」を『吟醸掌篇 vol.3』（けいこう舎、二〇一九年）に寄稿（雑誌は以下のURLより購入可能 https://nohoshobo.stores.jp/items/5dbe52e2220e75763138acad）。

April 24th, 2020

TALK 03

都市を彷徨える狩猟民に〈知恵〉はあるのか

吉村萬壱 小説家 × 上妻世海 キュレーター／文筆家

私と国の「あいだ」を／で問い直す

YOSHIMURA Man-ichi x KOZUMA Sekai

続く第三回対談（吉村萬壱×上妻世海）の時点（二〇二〇年四月二十四日）では、新型コロナウイルス感染拡大の状況としては、世界の感染者二七〇万人超、死者一九万人超となっていた。対談は、コロナ状況下の日常で感じられる恐怖や不安からスタートする。今私たちはそれらに、ハイデガーの言う「ダス・マン（世人）」的な道具としてではなく、かつての天狗や妖怪のような、分かり得ない他者として向き合わねばならないのではないか。言い換えれば、物質でもあり情報でもあるウイルスという他者に向き合っていかなければならない。大事なのは、他者との交感の技術なのである。

「ダス・マン」的な生を生きる人間を考える時、有用性という問題に関して思い出されるのが、相模原障害者殺傷事件の犯人である植松聖のことである。植松の人間中心主義的な有用性に囚われた思考は、コロナを、国によって排除されるべき悪であると捉えることに通じる。その意味で、近代人はみな小さな植松聖でもあるのだと言えよう。身体をつうじたコミュニケーションがコロナ状況下では難しくなっているというのは、まさに私たちが有用性に囚われているからなのではないか。じっくりと交感の技術を磨き上げ、取り戻さねばならない。それは、スポーツクラブや教会などの、具体的な親密な人間の関係性が担保されている、私と社会のあいだの中間共同体の中に見い出されるはずだ。

自分以外の周りの人間が「化け物」に見える

辻　今回は第三回目の対談となりますが、まずは本日のスピーカーの紹介をしたいと思います。

一人目のスピーカーは、これまで一貫して人間性の暗部を抉り出し、暴力とセックスに向き合い続けてきた小説家の吉村萬壱さんです。たとえば、吉村さんの小説『ボラード病』（文藝春秋、二〇一四年）では、ある種のノスタルジアによって現実が否認、歪曲されていった果てのディストピアが非常に生々しく描き出されており、二〇一四年の作品でありながら、COVID-19に動揺し、それ以前の世界の回復を願う声でひしめく今日読み直してみると、どこか予言書のようでもあり、えもしれぬ不気味さを感じます。

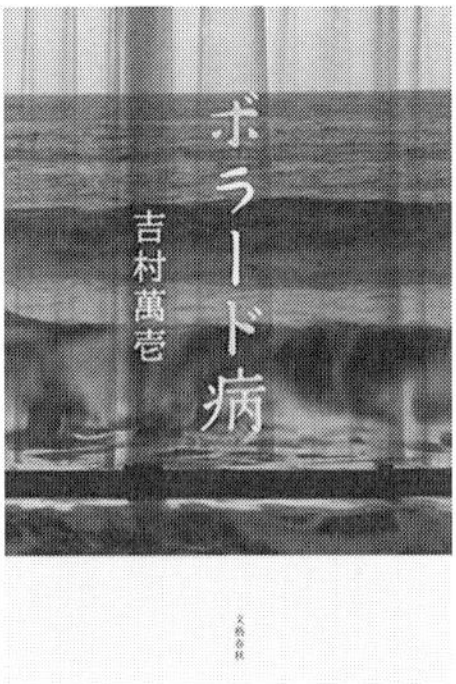

『ボラード病』

二人目のスピーカーは、アートキュレーターで文筆家の上妻世海さんです。著書『制作へ』（オーバーキャスト エクリ編集部、二〇一八年）においては、文化人類学における「存在論的転回」を大胆に援用し、人とオブジェの「あいだ」、そのコンタクトゾーンにおける「制作」を、ミメティックな出会いの場として再定義していた上妻さんですが、一方、ツイッター上では、「暴力性や野蛮さを感じない知性など害悪でしかない」など、日々、挑発的な言葉を発されています。
　果たして、COVID-19をめぐって、この二人の話がどのように展開するのか。たとえば、前回の逆巻しとねさんと尾崎日菜子さんの対談では、接触と隔離の「あいだ」、その「あいだ」における「愛」がテーマとなっていましたが、今回はそのコインのちょうど裏側、パンデミックによって顕在化した「暴力性」というものが、一つの重要なテーマになってくるのではないか、個人的にはそんな風に想像しています。

『制作へ』

　では、早速、対談にうつっていきたいのですが、実は吉村さんは二日前（四月二十二日）の朝日新聞に「コロナを生きる『おびえた狩猟民』」【1】というタイトルの文章を寄稿されています。そこでまずは取っ掛かりとして、最初に吉村さんのほうから、その寄稿文に吉村さんが書かれたこと、あるいはそこから派生して、このコロナパニックに吉村さんが感じていることをお聞かせいただき、その流れで対談に入っていけましたらと思います。

吉村萬壱（以下、吉村）　はい。小説家の吉村です。よろしくお願いします。あんまり自分の書いたものは頭に残らないんですけど……、思い出しながら話しますね（笑）。まず、そこに書いたことというのは、僕は非常にビビリだということなんですよ。ちょっと過剰なくらいいろんなことに敏感に反応してしまうところがある。たとえば、夜寝てるでしょ。僕は普段、仕事場で寝てるんだけど、そこが古民家なんですよね。で、その古民家で寝てると、その古民家の外壁をですね、何かがこう、体を擦り付けながら這っているような雰囲気、そんな不気味な雰囲気を感じるということが以前からあったんです。ただ、最近、それがすごく激しくなってるんですよ。

これはなんだろうっていう風に考えて、色々とものの本を読んでみたわけですが、すると、ある種の精神病の人の特徴として、こうした感覚を得る場合があるらしいことが分かりました。たとえば、渡辺哲夫さんの『知覚の呪縛――病理学的考察』（ちくま学芸文庫、二〇〇二年）という本によれば、僕が感じているこの異様な感覚というのは「実体的意識性」というものらしいんです。それは分裂病（統合失調症）の急性期によく出現する現象らしく、「病者は自分の背後、窓の外、ものかげなどに、知覚することは決してできないが実にものものしい存在感をもった他者の存在を感じる」（同書、七三ページ）と、そういう風に書かれてる。まあ、僕の場合はね、その感覚に対し、たとえば、今回の雇い止めとかで生活に困った人が強盗に入ってきたのではないかとか、そういう具体的なことを思い浮かべることもあるんですけど、一方で、具体性を持たない雰囲気だけで迫害を受けそうな恐怖、不安を感じるということもある。これはあくまで個人的な話ではあるんですけど、ただ、そんな現象が、実は今回の新型コロナの問題で、以前より一般化しているんじゃないかという予感があるんです。そういう恐怖、不安を感じてる人は、決して精神病者と診断されてる方だけじゃなく、おそらく今、たくさんおるんじゃないかなという気がしてて、それであのエッセイを書きました。

最近、僕は寝床に入っていると突然泣き出してしまうようなこともあるんです。そのことをツイッターでつぶやくと「それは鬱の初期症状だから心療内科に行ったほうがいいですよ」みたいに言われるんだけど、まあそうなのかなとも思う反面、身近な人間に聞いてみると「自分にもそういうことはある」という人が割といたりする。すると、ある程度、こういう現象が一般化してるとも考えられる。じゃあなんでそうなってしまってんのかと考えてみたら、いろいろと思い当たる節も見えてきたんです。

たとえばスーパーマーケットで買い物をしてる時に、遠くのほうで誰かが咳をしたとするでしょ。以前ならそんなの気にもならないし、気づきもしなかったんだろうけど、今だとその咳の音にすごい敏感になってて、かなり離れた場所の小さな咳の音でも知覚してしまい、パッと身構えるみたいな、そういう状況が日常的に起こってるんですよ。そして、そういう日常を送ってる人はたくさんいる。するとね、だんだんと、自分以外の周りの人間が化け物に見えてくる。化け物に感じられるようになってくるんですよね。

僕は以前、『行列』（吉村萬壱『虚ろまんてぃっく』〔文藝春秋、二〇一五年〕所収）という小説を書いたことがあるんですけど、それは人類っていうのは狭い平均台の上を行列を作って歩いてるようなもんで、ちょっと油断してると谷底に落ちてしまうみたいな、そういうことを書いた小説なんです。その小説に引き寄せて言うと、普段、何もない日常においては平均台の幅ってすごい広いんです。ただ、今回みたいな新型コロナみたいなもんが流行すると、その平均台の幅がものすごく狭くなってきて、すると、その上を歩いてる人が一様に態度決定を迫られるようになる。たとえば、おっさんとすれ違った時にそのおっさんがくしゃみをした、咳をしたとして、そういう時に否応無しに覚えてしまう殺意みたいなもの、お前のせいで俺の人生は終わるかもしれんぞっていう怒りのようなもの、そういう殺意や怒りに対して自分がどう向き合うかというような、そういう態度決定みたいなものを求められるというのかな。まあ、結局、保留にすればいいんで僕は保留にしているんだけど、みんながそういう態度決定を迫られてしまうと、中にはその緊張に耐えられないような人も出てきて、釣り銭を手渡しされたことに激昂して店員を殴ったりしてしまうようなことが、もうすでに起こってるわけですよね。そんな感じで、不安に怯えている僕らのことを、エッセイでは「怯えた狩猟民」という風に書いたんです。

ただ、一方で、実は自分のほうが感染者かもしれない。うつされることばかり考えているけど、本当はうつす側かもしれない。すると、人と自分との区別はもはやなくなってしまうわけで、そのエッセイの締めとしては、自分は絶対に他人からうつされないぞと思うんじゃなくて、自分は絶対に他人にうつさないぞと考えたほうが、ちょっとは状況がマシになるんちゃうかということを結論として書いた感じですね。

他者性は〈壊れたとき〉にこそ立ち現れる

上妻世海（以下、上妻） なるほど。とても面白いですね。吉村さんの今のお話への反応も兼ねて、次は僕が今日の状況をどう考えてるかについて話したいと思います。

まず最初に前提にしておかなければいけないのは、今がどういう状況なのかという状況論の話と、その状況をどう捉え、どう評価するのかという価値論の話と、その評価を踏まえ今後どうしていくべきなのかという展望論の話は、三つに分けて考えなければいけないということです。そこを踏まえ、まず状況論について考えるなら、自分は、今、吉村さんがおっしゃっていたような現状認識にほとんど同意します。自分としても今吉村さんがおっしゃったのと同様の認識を持っている。

ただ、こうした状況自体をもう少し俯瞰的に、歴史の中で捉え直していくと、単に恐ろしい、不安だというのとは違った捉え方も見えてきます。そうした俯瞰した視点から、端的に結論から言うと、今日の状況とは、「他者」というものをどういう風に考えるのかということについて僕たちが改めて迫られている、ということだと思うんです。

どういうことか。ここで一旦迂回し、ハイデガーの話をしたいと思います。ハイデガーは再帰的に自己認識を持てるという意味合いを込めて、人間のことを「現存在」と呼んでいます。「現存在」である私たちは日常性の中では「道具連関」、つまり道具の連なりの中で生きていると言っています。人間は必然的に死ぬ生き物であると自覚し生きることもできるわけですが、社会の中ではついつい他者や動植物や無機物に対して、道具的にしか接することができません。「道具的」というのはお互いにお互いの便益だけを考え、有用性として他者と接しているという意味です。彼は、口が悪いので、そういう「道具連関」の中にいる、交換可能な「生」を頽落《たいらく》と呼び、そういう人たちのことをダス・マン（世人）と言っていたわけですが、これはつまり、僕たちは日常性の中に埋没していて、本来的な生を送っていないということです。

ただ、それは特殊な指摘であるかと言われれば、そうでもなくて、たとえば、僕は原稿をコンピューターを使って書きますが、その時にコンピューターのキーボードのどこに「Q」があるのか「S」があるのかといったことを意識することは全くなく、書くという行為とコンピューターが一体化した状態でパパパパっと打っているわけです。おそらく、皆さんもそうだとは思うんですが、日常性の中に埋没しているとはこういうことで、それはつまりコンピューターのことを改めて考えなくてもいい状態にあるということなんです。人類学者レーン・ウィラースレフは、このようにコンピューターの他者性について考えなくてもうまく作動している状態のことを、「日常性」と呼び、「実践的関わりの態度」と呼んでいます。

では一方で、ハイデガーの考える本来的な状態、あるいはさっきの文脈においてはコンピューターの他者性というものがどういう時に現れるのかというと、それが「壊れた時」なんですね。ハイデガーによれば、「実践的関わり」から「観照的な態度」に切り替わるにはショックが必要だと言います。たとえば、コンピューターの「Q」を押してもなかなか反応しないとか、「A」を一回しか押してないのに二度押しした形になってしまっているとか、そういう状況になると、「あれ、コンピューターが壊れているな」となる。そこで初めて「実践的な関わり」から離れ、人はコンピューターのキーボードについて思考するようになるわけです。現代社会であれば、たいていの人は、そこでコンピューターの修理会社に連絡したり、すぐにインターネットで調べたりするわけで、この場合、「道具連関」へと直ちに戻っていくことになるとは思うんですが、人によってはそこで立ち止まり、そもそも「コンピューターのキーボードってなんで叩くと文字が出るんだろうか？」とか「このキーボードとは一体どういう構造になっているのだろうか？」みたいなことを考えてしまう。そこにおいて初めて、コンピューターのコンピューター性がありありと、他者として我々の前に立ち現れるわけです。要するに、「実践的関わりの中でパチパチ打ってればなぜか文字が出るけれど、そもそもコンピューターって何？」と思考し始めるわけです。ここにおいて初めて「コンピューターとは何か？」という問いがその人に襲ってくるわけです。

まず、ハイデガーはそのようなことを考えていたわけですが、こうしたハイデガーの考察を踏まえ、次はカール・ポランニーという経済人類学者の「統合形態」についての話をしたいと思います。彼は経済の統合機能というものは三種あるということを言っているんですが、この三種というのは、「互酬／再分配／交換経済」のことです。

一つ目の互酬、これは、最も古くからある形態とされています。たとえば僕が漁師だとして、魚がたくさん獲れたので、隣の農家をやっている人に少しあげるとする。すると、その農家はお礼に翌日に畑で採れたキャベツを僕にくれる。まあ、そういう関係です。この互酬は過去においてだけではなく、現在の僕たちも普通に行っていることです。これが交換経済と異なる点は、市場という第三項が挟まっていない点です。市場による需要と供給の価格調整を受けずに、おばちゃんから飴ちゃんもらったからポケットに入ってるガムを渡すといったものです。これは一人称－二人称の関係における交換であって、市場という三人称を介していません。

二つ目は再分配。これは狩猟採集民のような互酬だけだった時代よりも時代が経て生まれた形態ですが、人々が直接、互酬的な関係を結ぶのではなく、王制なり民主制なりの中央集権的な存在が生じている社会で、その存在に税なり年貢なりを納めて、それが人々に再分配されるという形のことです。これも今でも普通に行われていますね。我々が国に税を納め、国がその税によって社会福祉、公共サービスなどの形で、集められた富を分配する。これが再分配です。

そして、三つ目が交換経済です。これは何かを渡したらそれと等価のものを返してもらうという形態です。たとえばコンビニに行ったとして、一〇〇円と値付けされたコーヒーが欲しくなったら、一〇〇円を払うことでそのコーヒーが得られる。この時、コーヒーと一〇〇円は等価とされている。それが等価交換による交換経済で、今日最も僕たちが日常的に慣れ親しんでいる形です。ポランニーはこのように、経済の統合形態には、「互酬／再分配／交換経済」の三種があると言っています。

しかし、そもそも、僕たちが最も慣れ親しんでいる交換経済はいつから始まったのか。先ほど、狩猟採集民は互酬しかなかったかのように語りましたが、これについては古代ギリシアのヘロドトスの『歴史』（紀元前五世紀）という本にも書かれており、実は非常に長い歴史を持つわけです。ただ、先ほどの三つの統合形態のうち、交換経済が社会において全面化・中心化されるようになったのは十九世紀くらいからだろうと言われています。それ以前はどうだったかというと、一つ目と二つ目の経済の統合機能、互酬や再分配が、今よりも大きな規模で機能していたと言われている。つまり、十九世紀以前においては、交換経済はきわめて限定的な場でしか行われていなかったとされているんです。ではその当時、交換経済はどこで行われていたのかというと、ある場所とある場所のあいだ、異なる人たちが出会う〈あいだ〉に開かれた市場、あるいは祭りなどの特殊な状況下において行われていたそうなんです。

最も古い交換経済の一つとして、先ほど例に挙げたヘロドトス『歴史』で記されているものがあります。それは、リディアの黒人と古代ギリシア人の交易で、言葉を介さず、お互いを見ない仕方で行ったり来たりする方法であったとのことです。それは現在では沈黙交易と呼ばれており、経済人類学者・栗本慎一郎はこの沈黙交易を原初の交換経済であると定義しています（参照：栗本慎一郎『経済人類学』講談社学術文庫、二〇一三年）。栗本は、沈黙交易の現代的事例として西アフリカのフェルナンド・ポー島の事例を引きます。そこでの交易は砂浜に線を引いて行われるものなんですが、たとえば、僕がその線上に鉄を一〇個持っていき置いたとします。その後、僕は線の場所から離れていくのですが、すると、もう一方にいた別の人が線に近づいてきて、たとえば銅を一三個置くわけです。その後、僕がまた線のところに近づいていき、確認します。仮に一三の銅で納得できなかったら、また離れていきます。すると、もう一方は、一四にしよう、一五にしようと銅を増やしていき、僕が納得できたら、ようやくその銅を持って帰っていくわけです。そして、それを見た相手も僕が引いたら鉄を持って帰っていく。どうやら、そういう形で行われていたらしいんですね。

これは今の僕たちからすると、随分と不合理で回りくどい感じがするわけです。では、なぜ彼らがそんな変なことをしていたかというと、当時は現代社会のように法が一元的に人々に膾炙していたり、警察組織が暮らしを管理していたりしたわけではないので、他人同士が何かを交換するとなった時に、相手が銅をいっぱい持ってきている以上、その相手を殺して、全部の銅を奪い取ることもできなくはなかったんです。あるいは、逆に相手がそういうことをしてくる可能性も常にあったわけです。つまり何が言いたいかというと、かつて他者というのは、そういう分かり得ないものとして、リスクを秘めたものとして存在していたということです。もちろん、交易が可能ということは完全に分かり得ないわけではなく、分かり得る側面と分かり得ない側面があったということであって、僕はこれを「併存的な二重性」と呼んでいますが、他者というものはまさに良くもあり、悪くもあるという二重性の中にあり、だからこそ、そうした特殊な交換のシステムが必要だった。ハイデガーの言う「道具連関」から離れ、他者にアプローチするためには、本来、そうした命がけの跳躍が必要とされていたということです。

翻って、現代を生きる僕たちについて考えてみると、僕たちはコンビニやスーパーマーケットなどで普段からご飯や日用品などを買ったりしているわけですけど、その際、ある意味で、他者の他者性、分かり得なさというものが、一切、顧みられてはいないとも言えると思います。あるいは、一切、顧みなくてもよいように現代社会は設計されているとも言える。要するに、お金さえ払っていればどんな人であっても、期待通りのサービスが基本的には提供される。実際、僕たちはレジの前で命がけの跳躍をする必要はないわけですよね。今日では「多様性」という言葉が、社会的にもすごくいい言葉、素晴らしい理念のように掲げられることがありますが、今話したようなことを踏まえると、本当に僕たちは多様な他者と向き合ってきたのか、本当に僕たちは他者の他者性を感じてきたのか、甚だ疑問です。こう言ってよければ、僕たちは一元的な法の支配のもと行われる交換経済に慣れ親しむ中で、他者の他者性と対峙するためにかつてあった技術を失ってしまっている、とも言えると思うんです。

さて、この新型コロナウイルスが問題化されてからというもの、僕はまず感染症についての世界史を改めて振り返りました。すると、すぐに分かることは、僕たち人類がこれまで新型コロナウイルス以上の感染症を乗り越えてきたということです。僕はさらにそこから直観が働き、日本の中世史なども学び直すようになったんですが、その中で、僕が関心を持ったのは、日本の歴史における妖怪だったり鬼だったり河童だったり天狗だったり、そういった人非ざるものたちの表象についてでした。というのは、そもそも、そうした妖怪や天狗、河童といった存在は、異なる共同体の人々を表象する方法、つまり異人表象として存在していたという研究がかなりあるんですね。実際、剣道や柔道などの武道の起源を歴史的に遡っていくと、開祖が天狗から習ったというような話が非常に多い。あるいは、かつての為政者や芸能民の記述には血筋の原型に異類婚があったというようなことが、つまり、自分の父親は河童だったとか、自分の母親は妖狐であったとか。そういった話が多数記されてるんです。

なぜ感染症に関する勉強が異人表象に繋がるのか。これはさっきお話ししたような他者の他者性と対峙するための技術に関わることなんです。今日のような状況、吉村さんが語られたような他者への不安や恐怖が露わになった状況、言い換えれば、僕たちが他者と道具的にではなくその他者の他者性と向き合わなくてはならなくなった時、かつての日本人であれば、天狗だったり妖怪だったり河童だったりといった異人表象を通じて、コミュニケーションを取ろうとしていたということです。そこには他者への恐れや差別意識だけでなく尊敬もあった。他者の併存的な二重性が活き活きとリアリティを持っていた。だからこそ、武道の開祖が天狗に技を習ったり、安倍晴明の母親が狐だったりする(笑)。もちろん、日本だけではなく、過去には世界各地にそうした知恵がたくさんありました。すると、その一方で、この事態にここまで狼狽えざるを得ない現代の僕たちとはなんなのか、そういう問いが生まれる。今、僕たちはこの問いを真剣に考えていかなくてはいけないと思うんです。

あと一つ、最初に言っておくと、今、新型コロナをウイルスとして大したことがないといった意見も散見されます。たしかに物質的な効力とか強さを見た時には、新型コロナよりも致死性の高い強力な感染症は歴史的に存在したと言うことはできる。ただ、さっきお話ししたような併存的な二重性というのはあらゆるものに存在してるわけです。ウイルスもまた、物質でもあり、情報でもあるという二重性がある。すると、過去において物質的にもっと強いものがあったからといって、新型コロナウイルスは大したことがないとは言えない。一方の情報という側面で考えれば、こんなにもウイルスをめぐる情報が世界中同時に拡散していく状態は初めての事態なんです。不安や恐怖を増長させる情報環境という意味で言えば、歴史上初めての事態であり、その意味で言えば、新型コロナウイルスは歴史上、最も人々に不安と恐怖を与えるウイルスであって、また僕たちの社会がそういう情報環境になっているということは間違いないと言えるんです。

長くなりましたが、そういった形で自分としては、一方で世界史を振り返るということをしつつ、もう一方では他者と交感する技術、僕はそれを知恵と呼びたいんですが、そういった知恵が様々なところに残っているので、そういったものを改めて学び直しているところです。

ゼクレータへの恐怖

吉村　なんかすごい勉強になりました。これまで考えたこともなかったようなこともあった気がします。ええっと、どういう風に応答していったらいいのか分からんのですけど……、たとえば、僕はさっき言ったエッセイの中でもう一つのことも書いてましてね。まあ他者を化け物だと感じる人が増えてるんじゃないかって話だったわけですけれど、これはね、今に始まった話でも実はないと思うんです。新型コロナが来る前から、他人を化け物だと感じ、生存の危機に晒されていた人たちはおそらくいただろう、と。これまでのその人たちは、いわゆる水が首元まで来ていて苦しんでいた状態だった。ただ、今回のパンデミックで、その水がもっと、顔の半分くらいまできちゃった状態、そういう状態が、一般化したということだと思うんです。

だから、上妻さんは他者との交感の技術を考えなきゃいけないと言われていると思うんですけど、まあ他者って難しいですよね。基本的には自分以外の人ってことになるんだろうけど、でも、それは要するに自分だとも思うんです。相手から見たら僕が他者なわけですから。で、そうした他者と交感するにはどうすればいいか。さっきの西アフリカの例なんかが、一つの技術ということなんだと思いますけど、ただね、僕の場合、交感っていう言葉からすぐに思い浮かべるのは、もうちょっとこう粘液的なことなんです。たとえば、僕は今回のパンデミックを受けて一つ小説を書いたんですよ。「ゼクレータ」というタイトルで『徳島文學』(2020 Volume 3)に寄稿しました。内容はさておくとして、この題名の「ゼクレータ」というのはラテン語で「分泌物」という意味なんです。で、なおかつ、これは英語のシークレット(secret)の語源でもあるらしいんですよ。だから、シークレットというのは、元を辿れば、分泌物をお互いに交換しあえる間柄みたいな意味合いらしいんです。

ただ、今日、その「ゼクレータ」が最も危険なものとされている。当然、キスもできないし、セックスもできないし、もしそういうことをすれば病気がうつるよということで、だからソーシャルディスタンスを取ろうってなっているわけです。じゃあ、そこで交感の技術とはどういうものなんか。僕にとって他者との交感は、上妻さんが言ってたような、線の向こうにいて、ものを置きあったりして、いつでも逃げられるような状態で関わるというようなことじゃないんです。やっぱり手を繋ぎたいというのがある。皮膚と皮膚とで繋がりたい。もっと言えば粘液的にも繋がりたい。それに僕、湿ったものがすごい好きで、湿り気がないとダメな古いタイプなんです。そうすると、他者との交感の技術というものをどう考えればいいか、ものすごい難しいなって感じがしたんです。

上妻　今のお話は、一般的な他者というものと親密圏における他者というものとを分けずに考えた場合の話だと思うんです。つまり、僕たちは誰と彼とでもキスしたいわけじゃないじゃないですか。

吉村　いや、それがねえ！　……あ、まあ、いいです。

上妻　(笑)。まあ、それは吉村さんの個人的な嗜好としてはあれなんですけど。それで言うと、今まで社会学などの歴史を振り返ってみると、戦後民主主義の中で知識人が言っていることというのは、言葉を変えながらも実は非常に似通っていて、要は、現在は中間共同体が失われている、欠落している、機能していない、ということなんです。それこそ丸山眞男の時代からそう言われているし、もちろん、今になっても言われている。これはどういうことなのかというと、要するに社会、ここで言う社会というのは制度的なものだったりとか政府であったりとか資本主義的な市場のようなものだったりの三人称としての集合体を考えて欲しいんですけど、そういう社会と「私」というもののあいだに、かつては具体的な中間共同体がいくつか存在していたわけだけど、今の日本ではそこが非常に弱くなっていて、機能していないということなんです。

たとえばヨーロッパであれば、スポーツクラブであったり、キリスト教の教会であったり、家庭と学校と会社以外の、私と社会とのあいだにある具体的で親密な人間の関係性が担保されている場所が存在し、そうした場に基づいて、政治的な熟議などが行われ、デモクラシーの前提をなしているんです。さっきの吉村さんの話に引きつけて考えると、たとえば僕らは見知らぬ他人とは普通、いきなりキスしたりセックスしたりしないわけですけど、ただそれは、実は政治の話や宗教の話も同様なんです。日本人がよく勘違いしていると思うのは、しばしば日本人は欧米人と比較して「政治の話をしない」とか「宗教の話をしない」とか言いますよね。しかし、これはアメリカでも同様で、パブリックな場における宗教と政治の話は基本的にタブーなんですね。本来、そうした話はおおっぴらにすべきでないとされている。では、なぜ彼らがそういう話をしているかのように見えるか。彼らは中間共同体、つまり親密圏の中でそういう話をしているんです。つまり、すでに仲が良く、一定の信頼関係があるから、相手の政治的な主張に同意したり批判したりといった話ができるんであって、いきなり出会った見知らぬ他人にそんな議論をふっかけているわけではないんです。それはアメリカでもヨーロッパでも、もっと言えば、人という種全般に関して、言えることだと思います。

つまり、何が言いたいのかと言うと、自分の希望的な観測としては、他者というものの併存的な二重性に関して、おそらく、新型コロナ以降、多くの人が自覚することになるだろうと思うんです。その上で、抽象的な他者というものと親密な他者というものの区分が改めて問われることになる。すると当然、そうした中間共同体が僕たちには必要なんだという意識も生まれていく。個人的には、それが実践レベルで動いていけばいいな、と思っています。それは何らかのテックを利用したり、何らかの国家からの支援なりを得つつ行うといったように、併行的な戦略が必要だとは思いますが。

さっきの話で言うと、やはり、そもそも赤の他人とセックスするということには命がけの飛躍があるものだと思う。そもそもが危険なことなんです。そして危険だからこそ魅力的ということもある。その二重性を安全かつ魅力的なものとできたのは、それらがあくまで「商品」のように道具的に扱われていたからであって、僕は「危険だから何？　当たり前じゃん」としか思えないところがある。僕は新型コロナの流行以降も全然セックスはしてるんですけど、それはなぜできるかというと自分の恋人としてるから。そこには覚悟もあるわけで、仮にそれで罹ったとしても仕方がないと思えるからなんです。

吉村　そうですね。それは僕も全然大丈夫です。ただ僕が言いたいのはね、街ですれ違う男性も女性も含めて、その人と実際にセックスをするということが大事なんやなくて、なんらかの偶然によって彼らとすごい親密になる可能性、その可能性が僕にとっては大事ということなんですよ。もうそろそろ還暦なんで、実際の行為はそもそもあれなんですが(笑)。今回の新型コロナの特徴的なところは、その可能性を奪っているということ。つまり、偶然に出会った人、まあ、完全な偶然でなくとも、中間共同体みたいな、そういう場で出会ったとしてもいいんです。そこで出会った女の子と気が合って、デートして、お茶飲んで、じゃあちょっとそこらで休憩していこうかって展開というのが、今はない。今はそういうことが基本的にできない。この状態が長期化したとして、その中で人は、どのように人と関わっていくかということが気になるし、実際にそれは難しいことなんだと思う。

たとえばデフォーの『ペスト』(一七二二年)にもカミュの『ペスト』(一九四七年)にも似たようなエピソードが書かれているんですけど、突然、おっさんが女の人に抱きつくんですよ。街中の人がお互いを恐れて、接触を忌避している状況の中で、ある瞬間、我慢の線が切れて、一挙に距離を縮め、そして互いの感染そっちのけになって密着してしまう。そういうことは、日本では今のところまだ報告はされていないと思うけど、今後、出てくるんじゃないかと想像するんです。すると、やっぱり、そういう事故が起こらないようにするためには、互いの距離を含めた関わり合いの技術、上妻さんが言うような他者との交感の技術がすごく大事になってくると思うんですけど、果たしてそれがどんな技術なのか、まるで分からない。

上妻　具体的な技術はこれだ、という話は今の時点ではできないですよね。僕ができることは限られてて、たとえば、この話を聞いてくれてる皆さんや、記事になった時に読んでくださる人たちが、他者との、それも妖怪的な他者との交感の技術という、今まで考えてこなかったかもしれないことについて少しでも考えてくれるようになったなら、それで十分だし、それだけでもプラスになることはたくさんあると思ってます。お金を払えばこんなことができる、こういう喋り方をしたらモテる、こういう振る舞いをしたらできる人間だと思われる、みたいなコミュニケーションにおいては、そもそも他者性が隠蔽されてしまうと思う。ある意味で、僕たちは他者の他者性をこれまで隠蔽し続けてきた。そのツケが回ってきている。その意味で、僕は新型コロナの問題をポジティブに捉え、他者の併存的な二重性に向き合うきっかけとして考えることもできると思っている。

ただ、実を言えば僕は、数日前の打ち合わせで吉村さんがこの状況下で恐怖に囚われていると聞いて、頭を抱えてしまったんです。というのも、僕は吉村さんの小説を読んでいて、この人は本当に人間を描ける人なんだな、と僭越ながらも感心していて。人間を描くためには、色々な人の視点に立てなければならず、それこそ他者の併存的な二重性に敏感でなければならない。日常性に埋没した視点で描いてしまっては、登場人物が記号的になってしまうんです。しかし、これほど人間の機微を描くことができる吉村さんが話してみたら非常な不安に駆られている。これはどうしたものかと（笑）。

吉村　僕は臆病ですからね。ただ、そんな僕ですが、僕は全ての人間を書けるとも思ってるんです。なぜかと言うと、全ての人間はウンコするからです。ウンコをしている総理大臣、ウンコをしている娼婦、ウンコをしている聖人、それなら僕は誰でも書ける。その確信はある。ただ、たとえば聖人の最も偉大なところとかは僕には書けないと思う。

上妻　それも他者との交感の技術ですよね。今の話を聞いて、納得しました。面白いです。ただ、今話したことに関して一方で僕は吉村さんを臆病だなと感じてしまった自分を恥ずかしいとも感じたんです。自分自身、不遜になってるところがあるな、と。そこで、僕は今日、マスクをして、ソーシャルディスタンスを保ちながらですが、緊急事態宣言以降、初めて電車に乗ってみたんですよ。感想としては、やっぱり電車、怖かったですわ。僕も不安を感じました（笑）。

神経症的な不安と生政治

辻　今ちょうど「不安」というキーワードが再び出てきましたので、改めて話を振り返りつつお二人に質問させてください。最初、吉村さんから、この事態下で非常に強い不安を感じている、妄想のようなものにも駆られているという話がありました。朝日新聞に寄稿された文章の中では、その意識状態を「狩猟民」と表現されています。あるいはさっきもお話しされていたように、それは分裂病の症状のようなものとも似ていて、さらに、今日ではそうした状態に近い人が増えているかもしれない。そういうお話でした。

そのお話を聞いていて、ジュリアン・ジェインズという心理学者の『神々の沈黙――意識の誕生と文明の興亡』(柴田裕之訳、紀伊國屋書店、二〇〇五年)という本を思い出しました。この本でジェインズはある大胆な仮説を展開しているのですが、それは「古代の人間には意識がなかった」というものなんです。ここで言う意識というのは、おそらく主体的な意思のようなもののことで、ジェインズは古代人、つまり無文字社会の人々は、文字社会以降の人々が持っているような「私」という意識を持っていなかっただろうと言っています。さらにジェインズは、そうした人たちは、現代における分裂病の人と同じような意識状態だったのではないか、ということも同時に言っているんです。

先ほど、吉村さんが「実体的意識性」という言葉を紹介してくださいましたが、統合失調症患者や鬱病患者がしばしば体験すると言われている症状の一つに「世界没落体験」というものもありますよね。主体にとってそれまでは秩序立っていたはずの世界がいきなり違う顔を見せ始め、これまでは気にも留めなかったあらゆるものが不気味に、何か意味ありげに感じられる、そうした体験だとされています。中でもよく聞くのは「まなざし」の知覚です。町中の人に見られている、空の鳥にも見られている、地を這う虫にも見られている、あるいは取り囲む壁にさえ見られている、そのような知覚です。お二人のお話を聞いていて、今まさに僕たちが体験しているのは、薄められた「世界没落体験」なのかもしれない、と感じました。その体験内において僕たちも「まなざし」に晒されている。あるいはそれをCOVID-19の「まなざし」と言ってみてもいいのかもしれません。

というのも、僕は新型コロナウイルスが流行する中で、あることを妄想したんです。それは、この新型コロナウイルスを利用して、殺人を意図する人間が出てくるはずだ、というものです。たとえば、それは年老いた両親の遺産を狙った殺人かもしれないし、介護に疲弊しきった介護者の絶望的な殺人かもしれません。いずれにせよ、自らの身体を媒介に、誰かにウイルスを運ぼうとする人間が、水面下で大量に現れるんじゃないか、そんなことを思ったんです。

もちろん現代社会はパンデミック下においても法治社会であることに揺らぎはありません。ただ、このウイルスというものは、ある種、法の目をかいくぐった殺人を可能にするものでもあるとも言える。すると、法治社会であるにもかかわらず法に触れることなく殺人が可能であるという、準－無法状態のような状況が生じているとも言え、だからこそ他者が化け物のように感じられてしまうというようなことが起こっているのではないかとも思えるんです。

ただ、このように言ってしまうと、直ちにこの状態を治療しなければならないと考えてしまいがちですが、吉村さんが感じられているような「不安」、他者が化け物のように感じられるという感覚自体は、必ずしも間違っているもの、的外れなものではないんですよね。お二人が指摘されていたように、この現代的な都市空間の中で、いきなり狩猟民的な意識になってしまったことで、赤の他人と至近距離で空間を共にすること、それこそ知らないおっさんのくしゃみを浴びながら生きるということの異様さに、いきなり気づいてしまった。それで、みんなビビっているという状況だと思うんです。

つまり、今日、COVID-19によって僕たち自身の異常性が暴かれているのだとも言えるように思います。自分たちがこれまで自明としてきたライフスタイル、他者との関わり方のいびつさが明るみに出てしまった。上妻さんがおっしゃる通り、するとこの状況は、これまで暴力的に疎外してきた他者というものともう一度向き合う、あるいは法やシステムによって省略してきた関係性というものをもう一度問い直す契機になりえるかもしれない。僕もその通りだと感じます。たとえば、ダンバー数という言葉もあるように、集団の規模は本来、一五〇人程度がちょうどいいとも言われていて、その規模の集団であれば、法システムによるような抽象的な統治を経ずとも、具体的な関係性の中で安定した秩序を維持することができる、と考えられています。アマゾンのヤノマミの集落で、人口数が一定数に達すると集落を分離するみたいな話が、まさにその実例ですね。そうした交感のための知恵は、都市的で匿名的な集住を行う僕たちの暮らしを再検討する上でも、少なくないヒントを与えてくれるだろうと感じます。

ただ、一方で、今、実際に起きつつあるのは逆のことのようにも思います。僕たちが感じている「不安」、いわゆる他者への「恐怖」を前にした人々が、これまで他者性と向き合うことを僕たちに免除させていた法とシステムを再強化する方向に向かいつつあるように見える。つまりは政府にこの事態へのより強い介入を望み始めている。これはこの対談シリーズで、これまでも指摘されてきたことですが、他者が怖い、接触が怖い、だから一元的に管理してくれ、とそういう期待が高まってしまっている。他者の他者性が顕在化したことによって生じた不安が、改めて他者との交感の技術を探る契機としてではなく、その逆方向へと向かう契機となってしまっているような状況があるように思うのですが、これについてお二人はどうお考えかということを聞きたいです。

上妻　ありがとうございます。一点、補足すると、ジェインズは古代人の意識を分裂病的だと指摘するのと同時に、近現代人の意識を神経症的であるとも指摘していますよね。決して、現代を生きる僕たちが正気で、古代を生きていた人たちが狂気であるという話ではない。ここはご質問に答える上でも重要なポイントだと思います。なぜかと言うと、近代人が神経症的であるということはジェインズのみならず、フロイトやラカン、多くの精神分析家が言っていることでもありますよね。そして、神経症とは、三人称的な秩序のために、他者の他者性を排除する思考システムを前提としているわけです。秩序を維持するためには「正常」と「異常」の線引きがどこかに必要になる。そして、「正常」な振る舞いをすることが人々に強く要請される。言うなれば、社会とは「正常」という括りの中で「正常」に振る舞える人たちのことであり、神経症的な秩序とは無自覚に他者の排除を前提としており、その意味では、今辻さんが言ったような人々の動きというのは、不安に対する、きわめて神経症的なアプローチなのだと言えると思います。

一方、ジェインズが分裂病的だとした狩猟採集民社会などにも秩序はあったでしょう。ただ、その秩序は、ある意味で不安や恐怖と共にあった。人々は不安を感じながら、他者との関わりを行っていた。ただ、だからこそ、そこには複数の知恵が存在していたんです。そういった知恵は先ほども言ったように多様に存在していて、いろんな神話や物語などにも記されています。

辻さんがおっしゃったように、しかし、僕たちはそういう知恵が全く失われた状態で、もう一度、狩猟採集民のように森に戻れと言われている状態なわけです。その時に、人々がとる反応にはおそらく何種類かあって、たとえば吉村さんの反応などは、言葉を選ばずに言うと、非常に本来的だと思うんです。ただ、一方で、吉村さんのように不安に向き合おうとはせず、神経症のまま神経症的に反応している人も多い。つまり、一瞬、立ち現れた他者性を、すぐさまなかったことにして、以前の秩序を回復しようとする方向です。これまでの秩序の延長線上で他者性と向き合わなくて済む状態に固執する場合、そのためにはこれまで以上に国民国家による制限を強めていく必要がある。新型コロナウイルスの感染拡大下でこの秩序を維持するためには、一人一人が気にするだけではもはや不可能だからです。無自覚な症状というものがある以上、全ての人間がいかに意識的に感染を防止しようとしたとしても防ぎきることはできない。すると自分でできることはもう何もないんだから国に任せようという話になってしまうわけです。今日の事態では人権の制限がある程度は必要だとはいえ、こうした生政治の問題について、日本人の多くはあまりに無自覚だと思っています。

というのも、ロックダウンのような人権の抑圧は、今、世界中で起こっているわけですが、たとえばドイツにおいては、ロックダウンと同時に、メルケル首相がとても素晴らしい演説もしています。国民の活動を国家が制限すること、それは人類がこれまで戦って獲得してきた自由、平等、友愛の理念に反することであり、非常に申し訳ないことである。しかし、今はどうしてもそうせざるを得ないから、制限させてほしい。そういう話を演説でしたわけです。こうした演説は、政府がそうした歴史的背景を国民が理解しているということを分かっているからなされるし、意味もある。しかし、仮に日本で同じような演説をしたところで、同じような伝わり方をするのかというのは甚だ疑問です。僕としては、ドイツ国民の人権や生政治に対する理解の深さ、それに対してレスポンスするメルケル首相の誠実さに感動しました。しかし同時に、日本ではこうならないということに落胆もしました。

ヨーロッパには「一人称－二人称」的な自治の水準において自由、平等、友愛が保たれてきたという意識があるからこそ、「一人称－三人称」的な権力の経路を用いた抑圧には危機感があります。たしかに、欧米では法的な効力のあるロックダウンが行われ、日本では緊急事態宣言がなされただけであるという事実があります。しかし、こう見てみると、実は意識の上では真逆だという事が分かります。一方では「一人称－三人称」的な権力への危機感があり、他方では「一人称－三人称」的な権力への希求がある。これでは日本の意識は戦前のままだと言えます。

つまり質問の回答としては、本来、僕はこの問題を新しい交感の技術を発見する契機にしたいと考えていますが、日本全体としては難しいところもあるのかなというのが、正直なところです。僕に伝えられる範囲では伝えていきたいですが、僕には国民全員に伝える力がないので、地道にやるしかないというのが現状の感想です。

吉村　いや大変面白い話ですね。聞いていて思い出した話がありました。我々の脳についての話です。たとえば、ここにお茶の缶がありますよね。このお茶の缶というのは、ちょっと角度を変えただけで、実は全く別の情報として脳に入ってこなきゃおかしいんですよね。しかし、僕たちの認識においてはすごい恒常性を保っている。どんな風に、どんな角度から見てもお茶の缶はお茶の缶なんです。なぜこういうことが起こるのかというと、我々の脳は視覚情報の三パーセントしか実は受け取ってなくて、残りの九七パーセントは脳の中で勝手に作り上げているからだ、という説があるんです【2】。つまり、我々が見ている現実は大部分が脳内で作り上げられてきたものなんだ、と。ただ、その制限がたまに外れる時がある。たとえば、覚せい剤を摂取した時だったり、重篤な精神の病に侵されてしまった時などがそうです。そういう場合、三パーセントの制限が外され、たとえば一〇〇パーセント入ってきてしまったりすることがある。すると、その情報を脳がコントロールできなくなり、パニックになってしまう。だから、我々の脳は通常時においては情報を濾過し、理解可能なところまで縮約できるような形で進化したんだ。脳とはつまり濾過装置なのだ。そういう考え方ですね。

この考え方をベースに現在の我々が置かれている状況を見ると、この濾過装置が外圧によってちょっと外れてしまったような状態だと思うんですよ。ものすごく感受性のボルテージが上がっている。ただ、考えようによっては、それはいわゆるアーティストの感性でもあると思うんですね。だから、決して悪いことばかりじゃないような気が僕もする。たとえば、自分の周りの全ての人間は化け物だと感じているような人が現れているのと同時に、「今日のこの花びらの上の一滴の雫に世界の全てが入っているんだわ」みたいな、そんなツイートも最近はたくさん見ます。要するに、みんなすごくセンシティブに、感じやすくなってるんですよね。

ただ、感じやすいということは忍耐もいるんです。その忍耐ができない人たちの一部が暴走したり、国家に極端な権力移譲をしようとしている。それこそ「あらかじめオール背番号制にしていたらすぐに十万円だって配れたのに」みたいな話をし始めるわけです。国家に権力を移譲して、プライバシーは捨ててでも安全性を取りたいという人たちがそのようにいる一方で、いやいや、それは思う壺なんだ、国家に一切の権限を与えるべきじゃないんだという、これまた極端な意見もある。平均台の幅が狭くなりすぎてて、そのどっちかに進まなきゃいけないという圧が強いから、平均台の上でじーっと足を震わせて立ち尽くすというようなことが難しい状況になってるんだなと感じます。

ただ、古代人には「私」の意識がなかったという話は面白いですね。僕、ウサギを飼ってるんですけど、ウサギってものすごく小さな自我しかないように見えるんです。物音がするとすごい敏感に反応するんですけど、次の瞬間には、何事もなかったように藁を食べてる。つまり、記憶力が悪いということなんだろうけど、「私」が最小だから、その時々の反応に合わせるだけで済んでるんですよ。ただ、一方の我々は大きな自我を持っている。それは記憶の蓄積やとも思うんですけど、観念とかを組み立てて、何かものすごい世界を自分の中に作り出して、なんとかやっているような状態ですよね。だからものすごくものも考えるし、何かを組み立ててはまた組み直していくというようなことをしていかないといけない。ただ、それは現代人の話であって、古代ではそうじゃなかったかもしれないと。なるほど、そうだったのかもしれません。そして、古代の意識が今この現代に放り出されて大変なことになってる、そういう話だったと思いますが、たしかにそういう状況なんだと思う。

おそらく、意識というものは、外部環境に合わせてずっと変化を続けてきたものやないかと思うんですけど、今日では技術が日進月歩じゃないですか。インターネットとかはつい何十年か前にはなかったわけだけど、今じゃ当たり前になってる。その技術的進歩に合わせて、我々の意識もものすごい組み直しが必要になってる。で、今回、全世界的にものすごいパンデミックが起こって、世界中の人間が新型コロナという共通のことを考えているという、多分、歴史的にもそうはなかっただろうことが起こってる。おそらく、今、僕らの意識はまた変化を迫られてるんだと思う。ただ、僕はね、ずっと宇宙人が外から攻めてきたら地球人は団結すると思ってたんですけど、それは間違いやと気づきましたね。新型コロナが攻めてきても、全然団結しないし、局所的に利権を貪っているような連中がたくさんいる状態でしょう。何言ってるかよく分からなくなってきたんですけど（笑）、話聞いててそんなことを思いましたね。

植松聖は遍在している

上妻　ところで一つ、このテーマに関連してお話ししておきたいことがあります。「一人称－三人称」的な統治のシステム、言い換えれば、神経症的なシステムの中で神経症的に生きざるをえない人は、別の表現で形容すれば、「道具連関」、あるいは有用性の中に囚われている生き方であると言えます。この有用性に関して僕がまず思い出すのは、相模原障害者殺傷事件の犯人であり、先だって死刑判決が確定した植松聖【3】なんです。

僕は植松にずっと関心がありました。彼の起こした事件は、過去の様々な事件とどこか違う感じがしたからです。たとえば、一九六〇年代から七〇年代にかけて反社会性の事件というのがたくさんありましたね。右も左も含めて、既存の社会に対して別の原理を掲げて反抗する、そうした犯罪というのがたくさんあった。その臨界点と言えるのが、市ケ谷駐屯地での三島事件とあさま山荘事件です。それが九〇年代になると非社会的な事件が話題になるようになります。象徴的なのは酒鬼薔薇聖斗の事件です。実際、酒鬼薔薇の更生プロジェクトの記録を読むと、子供の頃にアダルトビデオでマスターベーションができなかったと書かれている。彼は女性や生きた人間に興奮を感じなくて、ホラー映画や動物や人間の残忍な虐待画像や殺人妄想を用いてマスターベーションしていたらしいです。彼はそもそもこの社会に「正常」にコミットできずにいたわけです。ゆえに酒鬼薔薇の事件は非社会的であると呼ぶ事ができます。

その点、植松の事件を見たとき、すごい特殊だなと感じたんです。これまでの事件とは明らかに違うと感じた。というのも、彼は「役に立つ」／「役に立たない」ということに非常に強いこだわりを持っていて、それが殺人の動機にもなっているんですね。それはこれまでのような反社会性の事件とも明らかに違うし、社会に対してのコミットがない非社会性の事件とも違う。じゃあなんなのかと言えば、僕は植松の事件は過剰社会性の事件だと思うんです。たとえば、社会に貢献しよう、みんなの利益に貢献しよう、人のために役立とうという考えを持っていることは、一般に社会性が高いと言われますよね。ただ、そうした社会性の極北に植松聖がいるんだと感じたんです。

これは先ほど話した神経症的なシステムの話とも近い。結局、植松が求めていたのは内的な秩序だと言うことができます。「役に立つ／立たない」の秩序が彼には強烈なリアリティとしてあった。そして、神経症的に秩序を求めると、常に排除が必要になる。その排除の対象は、植松にとっては、植松の目に「役に立たない」と映った障害者たちだったわけです。その排除をすることで彼の設定した秩序の中で「役に立つ」人間として存在できたわけです。彼は彼の妄想を実行線引きは植松聖が異常だから行われていた訳ではありません。それは常に今だって誰だって行っていて、たとえば感染症のパンデミックは「役に立つ」／「役に立たない」を別の仕方で先鋭化させているとも言える。「役に立たない」人は「役に立たない」だけでなく「危険」であり、国によって「排除」されるべきであると。

あるいは交換経済の全面化、それに伴う都市化は動物や植物や自然を人間が排除してきたことが根本にある。僕たち人類は六〇〇万年とも言える長い歴史の中で、常に動植物と共に生きてきたわけですが、近代化、つまりここでは工業化と資本主義化によって都市化が進み、僕たちは人間だけの異常な空間を作り上げました。「Forbes」の記事【4】によると、コロナウイルスの影響で企業活動が止まり、数十億人が自宅待機した結果、中国の湖北省からイタリア北部の工業地帯まで、世界各地の大気汚染レベルが急激に低下したという報告があるそうです。他にも、イギリスでは山から下りてきたヤギの群れがコンクリートの道路を闊歩し、アメリカ・コロラド州ボルダーの街路ではマウンテンライオンが歩いているそうです。それはすなわち、人間のこれまでの秩序が、それらの排除の下に神経症的に成り立ってきたということです。

言い換えれば、僕は新型コロナについても、それがすなわち「悪」だという風には見れないのです。コロナを悪とする視線は、まさに併存的な二重性を無視した、神経症的な見方であって、人間中心主義的な有用性に囚われた思考です。その極北に植松聖がいる。そして、今、コロナを悪だとしている数多くの人たちの中にも小さい植松が存在していると僕は感じるんです。いや、僕を含めて、今の近代社会に生きている人たちは、おそらくみんな、小さい植松聖なんだとも思う。

吉村　植松的な犯罪っていうのはおっしゃったように極北だと思いますわ。上妻さんの言うように我々が薄まった植松だとすれば、植松本人は、我々を入れる容れ物みたいなものだと思うんです。植松っていうのは集塵機みたいなもので、我々をバーって吸い込んで固めた、そういう存在だと感じる。もし植松が十分な身体性を持っていて、一個の「個」として生きていることができていたとしたら、あそこまで我々を集塵できなかったと思うんですよね。彼はある意味、身体が空っぽやからできた。空っぽやから死も怖くない。そんな気がする。

以前、僕は十七年間くらい知的障害の支援学校で勤務してたんです。中学部を教えたんですけど、まあ毎日、植松と同じように、僕も彼らと接していたわけです。そしたら、やっぱりね、僕も専門外やったんで戸惑うことも多かった。たとえば、ある自閉症の子がいたんですけど、その子とは毎日過ごしてはいるものの、全然目が合わないんです。その子は僕だけじゃなく、他の子とも全く交流を持てなくて、ずっと気になってたんですが、ただ、その自閉症の子には一つすごい好きな遊びがあって、それが水遊びだったんです。水遊びと言っても、水道の水をずっと流しっぱにして、そこに手を出し入れしながらじーっと見てるだけ。おそらく、水しぶきに当たった光の反射とかを楽しんでる感じやった。で、僕は一応ね、立場上、この水は大阪府の税金から支払われてて、我々の血税の無駄遣いになってしまうからやめてね、と止めてはいたんですけど、まあ、言っても言っても止めないんです。

ただ、ある時、ちょっと待てよ、となった。彼は本当にその遊びを夢中になって、それこそ放っておいたら一日中でもそれをやり続けるくらいに好きなわけで、そんなに面白いなら、僕もやってみようと思ったんです。で、その子がその遊びをしている時に、その子の横の蛇口で、僕も同じように水遊びをしてみたんです。流れてくる水を手に受けて、その反射、飛び跳ねる様子を見るだけの行為なんですけど……、それがね、めっちゃくちゃ面白いんですよ。しかもね、その子は向かい合うとね、必ず目をそらしちゃうんですけど、隣で同じことをやるっていうのが実はものすごく重要だったみたいで、その子がね、直接目が合ったわけじゃないけど、横から視線を送ってきてるのを感じて、その時、あ、初めてこの子と通じ合えたわって思ったんですよね。そういう経験は、こちらにきちんとした身体がなければ生じないような気がするんですよね。植松がああいうことを起こせたというのは、植松には身体がなかったんじゃないかと、そう感じるんですよ。

彼は論理的にものを考えることができる人間ですよね。あの事件も彼なりの論理に基づいて、その結論として行われてる。まあ、普通の会社とかでも無能な同僚に対し、なんであいつと同じ給料やねん、みたいな陰口って多いですけど、そういうのは煮詰めていくと、役に立たない奴は価値がないという植松と同じ発想なんですよね。

上妻　素晴らしいお話ですね。今、吉村さんが話されたことがまさに交感の技術なんですよ。それは一人一人違うんです。僕はみんなが同じ「正しい」コミュニケーションの仕方をしたらいいという発想自体が危険だと思ってて、今、吉村さんがおっしゃったようなコミュニケーションこそが、本来的なんだと思う。なんで目を合わせてくれないんだろう、いや、違う、そもそも簡単に目を合わせてくれるということがおかしいんじゃないかと思ったほうがいい。その人それぞれに合わせ方というのがあって、今まさに吉村さんはその一つのケースを語られたわけです。そして、それはまさに今日僕が言いたかったことなんです。

結局、今のこの状況をどうにかするための普遍的な解決策はない。あるいは他者の他者性と向き合う上での普遍的な技術もない。そうやって実際に関わっていく中でしか見つけられない。吉村さんが最初のほうで他者との可能性がなくなってることがつらいということを言われましたけど、それは吉村さんが自閉症の子と行ったような身体を通じたコミュニケーション、他者との交感が身体を近づけることができないコロナ下の状況では難しいということだと思うんです。ただ、まだこういう状態になってから数ヶ月、日本では緊急事態宣言から一ヶ月経ってません。その状態で、新型コロナウイルスとの付き合い方の答えが出せないのは、当然だとも思うんです。とにかくすぐに結論を出そうとするのは、それこそ有用性に囚われた考え方であって、短期的な収益性に囚われたものの見方です。

もちろん僕だって不安だし、恐怖もある。だけど、そんな中で、どうやったらあの子が振り向いてくれるかな、どうやったら少し歩み寄ってくれるかな、どうやったら一緒に楽しめるかな、と考えていくということにしか、希望はないと思う。もしかしたら、頭のいい人は「こういう時はこうすればいいんだ」とすぐに答えを出せるのかもしれない。ただ、多分それは一人一人じっくりやっていかなきゃいけないことで、もちろん、その際に求められる緊張に耐えられない人もいると思うから、それはそれでケアしていかなければならない。そして、そのケアは行政に頼るばかりじゃなく、自分の仲間にそういう人がいるんだとしたら、僕だったらなるべく今日したような話をして、少しでも気持ちが楽になってもらえたらいいなって思うし、あるいはそれでダメなら他の方法を模索する。一人一人の他者と向き合っていく技術を培うには時間が必要なんです。色々と試して、失敗しながら、学んでいくしかない。

それは自然も一緒です。昔は、自然と向き合うための技術を持っていたと思うんです。ある動物を乱獲しないとか、一定期間でその場所を移動するとか、そういう技術があった。それはある意味、神話的な知恵でもあり、他者とどうすれば共生できるかという知恵でもあった。しかし、近代になるほど、獲物は獲れれば獲れるほどいい、早く理解できるなら早く理解できたほうがいい、みたいなコスパ重視の発想に偏っていって、すると当然、他者と共生はできなくなる。自然も人間的他者も同じです。だから、繰り返しになりますが、ここからもう一度、時間をかけてじっくりと、交感の技術を見つけていけたらいいな、と思うんです。

辻　ありがとうございます。つまり、その交感の技術は「普遍化できない」のだ、と。ここは非常に重要なポイントだと思います。今日、繰り返し語られてきたように、パンデミックの不安の中で、かつてあった秩序を取り戻そうと神経症的にふるまわざるを得ない人たちがいるわけですが、ただその一方で、最近ではメディアでも「ニューノーマル」なんて言葉が喧伝されていたりもする。そして、その新しいノーマル下での「生」についてグローバルに啓蒙していこうという、つまらない流れもある（笑）。そうではないだろう、と。

上妻　そうですね（笑）。もちろん、一方でシステムはシステムで必要なんだろうから、そういう大きなシステムについて考える必要もあるんだろうけど、おそらくそういう方向性だけでは、つまり全体的な方向性だけでは、救えない人たちも当然いる。そういう人たちには新しい知恵を醸成するだけの時間がまず必要だし、僕としては仲間同士で助け合っていけるような中間共同体を形成するという方向性を示していきたい。いずれにせよ、両輪でやっていかないといけないと思いますね。

辻　そして、なぜ時間をかけなければいけないのかというと、それはまさに、その知恵が土地や身体というマテリアルな次元に関わるものであるからだと思いました。その知恵を得るためには、深くその土地に関わり、身体で学んでいく必要がある。だから、その習得には時間がかかる。また、その知恵が、ある土地、ある風土、ある身体に根ざしている以上、普遍化はできない。今日、求められているのは、そうした決して普遍化できない、特殊で、個別的な知恵や技術、あるいは関係性の実践なのだ――そのように今日のお話を受け止めました。そう考えると、今日、吉村さんが感じられているような「不安」は過渡期的な不安であり、また、まさにそうした「不安」があるからこそ、人は関係性についてこれまでも思考してきたし、これからも思考していくのだろうと思います。「ゼクレータ」を交換するための「交換不可能」な技術を吉村さんが再び習得された時は、是非こっそり教えてください（笑）。今日はどうもありがとうございました。

1　「吉村萬壱　コロナを生きる『おびえた狩猟民』」（朝日新聞、二〇二〇年四月二十二日）

2　池谷裕二『進化しすぎた脳――中高生と語る「大脳生理学」の最前線』（講談社ブルーバックス、二〇〇七年）

3　二〇一六年七月二十六日未明に神奈川県立の知的障害者福祉施設「津久井やまゆり園」にて元施設職員の植松聖が施設に侵入し、所持していた刃物で入所者一九人を刺殺、入所者・職員計二六人に重軽傷を負わせた。植松は、二〇二〇年三月に横浜地方裁判所における裁判員裁判で死刑判決を言い渡され、自ら控訴を取り下げたことで死刑が確定している。

4　「中国の大気汚染が劇的に改善、『死亡率が大幅に低下』との試算」（Forbes　https://forbesjapan.com/articles/detail/33056　二〇二〇年五月七日閲覧）

吉村萬壱（よしむら・まんいち）

一九六一年生まれ。小説家。愛媛県出身。二〇〇一年、「クチュクチュバーン」で第九二回文學界新人賞を受賞。二〇〇三年、「ハリガネムシ」で第一二九回芥川賞受賞。その他、『バースト・ゾーン――爆裂地区』（早川書房）、『独居45』『ボラード病』（共に文藝春秋）、『臣女』（徳間書店）、『出来事』（鳥影社）、『流卵』（河出書房新社）など作品多数。

上妻世海（こうづま・せかい）

一九八九年生まれ。文筆家、キュレーター。おもなキュレーションに「Malformed Objects―無数の異なる身体のためのブリコラージュ」（山本現代）、「時間の形式、その制作と方法―田中功起作品とテキストから考える」（青山目黒）。著作に『制作へ』（オーバーキャスト エクリ編集部）、共著に『脱近代宣言』（水声社）など。

April 25th, 2020

TALK 04

我々は対象世界を《御すること》はできない

既知と未知の「あいだ」の政治

清水高志
哲学者

×

甲田烈
比較思想家

SHIMIZU Takashi x KOUDA Retsu

二〇二〇年四月二十五日に行われた第四回対談（清水高志×甲田烈）が開かれた時点では、世界の感染者約二八〇万人、死者一九万人超であった。ラトゥールのアクターネットワーク論を基軸に、水木しげる、デュメジルの神話学、仏教思想にまで話が及んだ対談では、人間が対象世界をコントロールしている（できる）という発想を抜け出て、モノが媒介となって人間集団の「クラスター」が生じるような有様に光を当てることの重要性が指摘された。人間本位の認識に基づく「人間社会とウイルス」という二分法では、現状を理解できないという。そのような考え方を離れるためには、妖怪のような「異者」に対する「畏怖」や「驚き」をめぐる作法、「分からなさ」を解釈によって分かったことにしてしまわないような身体知が求められる。

現在の世界は、効率が良いが一度転ぶと甚大な影響を与える大型タンカーや原子力発電のような「オブジェモンド文明」化している。二十一世紀の哲学にはリヴァイアサン的な統合体を回避しながら、「モノ」も加わったネットワークの中で「ガイア」に至る道筋を探る思索が求められている。COVID-19は改めて人間中心主義的な発想では世界を理解できない二十一世紀の到来を告げるメルクマールであると言える。

「コロナ」とは一体どのようなアクターなのか

辻　第四回目となる今回は、哲学者の清水高志さんと、比較思想家の甲田烈さんの対談になります。清水さんと言えば、人類学の存在論的転回を自家薬籠中のものとし、哲学と人類学を撚り合わせて探究の手を拡げながら、人間の理性を超えたモノに関して二十一世紀の思想を切り拓いてきた人です。果たして、このCOVID-19というアクタント（中心的媒体）、そしてその存在が露わにしつつあるネットワークについて、清水さんが今どのようにお考えなのか、個人的にも大変気になるところです。

一方の甲田さんは、トランスパーソナル心理学を出発点に、その後、妖怪研究に入り、人間の存在論の深淵を剔抉《てっけつ》する独創的な思索を行われている方です。妖怪が仮にマージナルな存在、「あいだ」の存在なのだとしたら、ウイルスもまた、人と人、人と動物、人と物質、物質と動物との「あいだ」を蠢く存在です。果たして、甲田さんがこのCOVID-19という現代の「妖怪」に何を見据えているのか、こちらについても非常に興味があります。

それでは早速ですが、対談のほうにうつっていきたいと思います。

甲田烈（以下、甲田）　よろしくお願いします。清水さんと対談させていただくのは初めてですが、二年ほど前にマルチスピーシーズ人類学研究会で行われた清水さんの著書『実在への殺到』(清水高志著、水声社、二〇一七年)をめぐるシンポジウムに、一般聴衆の一人として参加させていただいたことがあり、その後も清水さんの他の著作などについては、色々と読ませていただいております。少し自己紹介をさせていただくと、私を紹介いただく際に「比較思想」という言葉が出てきました。これは一般的に東洋と西洋という分け方ですとか、最近ですと南北という分け方などもありますけど、つまり世界中の思想の共通点や相違点というものを探り当てていく、そういった学問です。僕自身はもともと仏教学という分野に所属していたのですが、それこそ仏教学においては古典文献のテクスト解釈が中心軸であるために、この「比較思想」というものがマージナルな位置に、言ってしまえば辺境に置かれていました。

さらに、その辺境の中でも、「比較思想」に通じる動向として、東西の思想の対話や統合というものを心理学の分野で展開させていこうとしている「トランスパーソナル心理学」という流れがあり、私はこのトランスパーソナル心理学に元から関心を持っていました。先日も『入門 インテグラル理論――人・組織・社会の可能性を最大化するメタ・アプローチ』(鈴木規夫、久保隆司、甲田烈著、日本能率協会マネジメントセンター、二〇二〇年)という、トランスパーソナル心理学から批判的に展開したケン・ウィルバーが提唱している「インテグラル理論」に関する本を共著で出したところです。また、言及くださった「妖怪」に関しても小さい時からものすごく興味はありました。

ただ、私は身体に障害を持っていて、もともと身体が弱かったということがあり、フィールドワークなどを行うのは無理だと思っておりましたので、民俗学だとかそういう方向には進まず、思想の世界の中で妖怪の研究をできないかなと思い、これまで研究を続けてきた感じです。こんな具合で、僕は東西の比較思想の中で共通して言われているような宇宙的なもの、これは「いのち」と言ってもいいのですけど、そうした地域を超えたモノの重なりにずっと関心があり、そこから、清水さんが研究なさっているようなモノの哲学へも関心が向かっていった感じです。

さて、今回のテーマであるCOVID-19の話に入っていきますけど、おそらくは後ほど清水さんのほうからもお話があると思いますが、ブルーノ・ラトゥールという科学人類学者の概念に「アクター」というものがあります。たとえば、ラトゥールは『科学論の実在――パンドラの希望』(川崎勝、平川秀幸訳、産業図書、二〇〇七年)の中で、細菌学者のパスツールが乳酸酵母を発見したことに触れつつ、初めからそういう存在があったわけではないのだと、そういうことを言っているんですね(同書、一八五―二二二ページ)。最初、実験していた中では、その存在はフラスコの中の何か点のようなものだった。だけど、色々な実験器具を使ってみたりだとか、科学雑誌にその点についての発見を出していったりだとか、それによって他の科学者から起こ

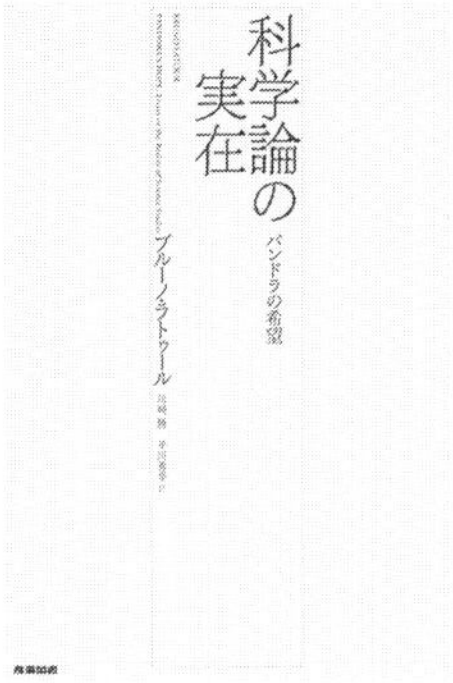

『科学論の実在』

る様々な反応だとか、そうした様々なアクターの動きが絡まって、だんだんと形作られていった。乳酸酵母とはそういうアクターなんだというんです。その点、COVID-19というのもまた、まさにそういうアクターだという認識を僕は持っているんです。

というのも、たとえば「COVID-19」とインターネット検索すると、割と疫学的な知見に基づいたはっきりした情報、あるいは「医者はこうは言っているが自分の考え方としてはこうである」といったような、エビデンスベースで語られている情報がまず出てきます。一方、「新型コロナウイルス」と検索すると、こちらはマスコミ的な情報が多く出てくる。「感染を防ぐ上で一般的にはこういうことに気をつけましょう」とか、そういった情報ですね。さらに、今度は「武漢ウイルス」と検索してみると、「中国の研究所からの流出が発祥だ」といったような情報であったり、やや陰謀論的な情報が多く出てきます。また、「コロナ」だけで調べると、スピリチュアル業界では「コロナをカタカナで組み合わせると『君』という字になる」とか、「古神道では、コロナを数字表記した567とは五六億七〇〇〇万年後に人類を救いに来る弥勒菩薩のことである」とか、ややオカルトめいた考え方とかが出てきたりもする。すると一体、このCOVID-19、新型コロナの正体はなんなんじゃとなってくるわけですよね。そういう意味でのアクター性というものが、COVID-19にはすごくあるなという風に感じているんです。話が長くなるので、この辺にしておきますが、ひとまず、僕はCOVID-19をラトゥールの言うアクターのようなものとして捉えている。そこを言っておきたいと思います。

清水高志（以下、清水）　実はCOVID-19に関して、僕には少しばかり当事者性があるんです。大学の春休みの時期、僕は毎年、実家にこもって原稿を書くというのを習慣にしていて、今年もずっとこもっていたんですが、三月二十三日に研究会のため東京に行きまして、二日ほど、関係者と会ったり、渋谷で食事をしたりということがあったんです。その後、実家に帰って一週間くらいした頃に、急に微熱が出ました。それで、微熱が出ているということをツイッターで呟いたら、大学に問い合わせが殺到してしまい、その後は絶対安静にして自宅隔離の日々を過ごしていたんです。結局、十日以上ずっと三七・一度の熱があり、それが十二日目に三六・八度になり、それから四日間三六・八度が続き、その後は熱が下がって三五・七度くらいになりました。検査を受けられなかったため確たることは言えないし、PCR検査で陰性と出たとしても偽陰性の可能性もあるので、隔離時間そのものを非常に長くとることが重要だと思うんだけど、つい先日まで、僕は新型コロナに感染したと思しき状況で恐怖の中で過ごしていたわけです。そうした僕の視点から現状で起こっているCOVID-19関連の議論を見ていると、まだまだみんな当事者性がないのかなと感じています。

その上で、このウイルスに関して言うと、まさに不可視のものが突然この世界に登場したわけですよね。それで誰もが大慌てして、このウイルスをなんとかしようとしているのですが、この時見落とされてしまいがちなこと、あるいは新たに気づかされることがある。我々は従来、対象世界というものをかなり《御している》というイメージで生きている。少なくとも近代人はそうしたイメージを持って生きています。だから、新型コロナに関しても、有効な治療薬があるといった話が出てくるや、「市販の保険適用の薬として使えるのか」といったように、たちまちそれが完全に《御せる》ものであるかのような意見が殺到してくる。ただ実際はそうではないし、対象世界そのものがそんな生易しいものではないということが今回よく分かった。

モノの次元というのは、まずもって不可視なものであり、先ほど甲田さんもラトゥールについて触れていましたが、新しい科学上の発見がなされるような場合に、不意に立ち現れてくるものだと思うんです。そうなった時、つまり新しくモノが立ち現れてきた時、何が起こるかというと、むしろ人間主体のアプローチや社会が変わるんです。社会の離合集散のあり方が変わっていく。それも一挙に変わるのではなく、社会的アクターが複数いる中で、その複数のアクターの各々がそのモノに対して色んなアプローチを行うことで、それらが徐々に変化していく。また、それぞれのアクターのアプローチとコロナとの関係、アプローチするアクターどうしの関係の中で、当のコロナ自体もやっとその姿が見えてくる。まさに人間集団と不可分な、ハイブリッドなものとして出現するわけです。COVID-19はその典型的な例を私たちに示している。ですから新型コロナが生じて以降、知識人や批評家たちがたとえば「新型コロナとこれまでの社会とのどちらを取るか」とか、あるいは「これはウイルスとの戦いである」とか、様々な発言をしていたんだけど、そうした二分法はこの場合むしろ、全く成立しないんですよ。

　また一方では、今回のパンデミックによって、社会が過度な自粛や私権の制限、監視社会化によって全体主義化する危険があるといった議論や、フーコーが語ったような「生権力」が前景化するという主張もたくさん出てきました。言いたいことは分かるのですが、ただ、それはあくまでも社会というものが統一的なもの、ユニファイされるものであるという前提で人間集団を考えた場合の図式であるように思います。それらの議論においては、人間社会を分断したり統一したりするものは人間のイデオロギーであったり、階層の違いであったりという人為的なものであると見なされ、そのありようが批判されているわけですが、モノの出現によって人間集団が分断されたり、あるいはクラスタを形成したりしているこの状況において、こうした文脈で新型コロナの問題を考えているとおそらく誤ると思うんです。

　以前、NATO（北大西洋条約機構）が現況についてハイブリッド戦争という表現を用いたことがありました。要するに、いわゆる直接的な軍事戦略だけではなく、経済戦争、サイバー戦争、情報戦など、色々な要素が混ざり合った戦争が今現在起こっているのだ、というのですが、まだそのことについての理解が十分に深まっていないと思う。経済と戦争が一体的で不可分なものであるということはミシェル・セールも以前から度々語っていますが、社会と新型コロナもまた不可分なものとして現れているという、そのハイブリッド性を、もっと考えないといけない。僕としてはそうしたところに焦点を置いてこの問題を考えたいなと思っています。

「驚き」と向き合う身体知

辻　ありがとうございます。今、清水さんのほうから「近代人は対象世界を御しているというイメージを持ってきた」という話がありましたが、このポイントと関連して、まず僕のほうからお二人にご質問をさせていただきたいと思います。

先日、甲田さんの著書『水木しげると妖怪の哲学』（甲田烈著、イースト新書、二〇一六年）を拝読させていただいたんですが、そこにも、まさにそのポイントに触れる箇所がありました。それは「驚き」という情動について甲田さんが書かれている箇所なんですが、とても示唆に富む一節だと感じたので、ここでその部分を読み上げてみたいと思います。

「驚き」は、ただ一瞬だけ世界の謎を驚く人の前に開示する。ところがそこから多くの場合、その「驚き」を何かの理屈で納得しようとして、世界を説明するための知識の収集と整理に人は走る。しかしそれは、最初に自身を襲った脅威に対して忠実なようでいて、実は最も遠ざかる道ではないか。知識が問題だ、というわけではない。それによって世界を知ったように安心してしまうことが問題なのだ。（同書、二〇三ページ）

甲田さんはこうした「驚き」を「驚き」のままに受け止め、「妖怪」に触れようとする水木しげるの知のあり方を「身体知」と同書で呼んでいるのですが、僕はその「身体知」というものを非常に興味深いと感じました。というのも今、まさに世界はCOVID-19の到来に「驚い」ているわけですよね。驚き、戸惑い、怯えている。その上で、どうにかこのCOVID-19を御せないものかと知識の収集が行われている。もちろん、感染拡大に対処していく必要はあるのでしょうが、そうした構え方が果たして妥当なものなのか、僕にはやや疑問があります。そこで、改めてこの「驚き」をめぐる作法について、お伺いしたいんです。

甲田　前回までの対談の中でも不安と恐怖の話がものすごい出てきましたよね。実は僕自身も、まあ身体がもともと弱いということもあり、とても怖がりでして、二月の末くらいから、近所に買い物とか散歩くらいは行くにしても、他ではほぼ外出していません。なぜかというと、やっぱり罹患してしまったら、これはシャレにならないなというのがある。あるいはすでに罹患していた場合、誰かにうつしてしまうという可能性があるわけで、これもちょっと怖いなというのがある。こうした具合に家にこもって暮らしているわけですけど、そんな日々の中で思い出していたのは東日本大震災のことでした。

僕は震災後、友人に誘われて、ボランティアという形で現地入りさせていただく経験をさせてもらったんです。しかし、そこで見た光景というのは言葉を絶するものだった。あまりの衝撃で、僕は帰ってから恥ずかしながら寝込んじゃったんです。その後、四年くらいかな、体調が元に戻ってはまた悪くなりみたいな状態を繰り返してしまい、自分の体力や精神力を過信してしまっていたということを身体に刻み込んだ経験があった。だから、今回のことが起こった時に、「なめてはいかんな」という思いがまずあったんです。「ちゃんと怖がりましょう」みたいな言い方がありますけど、まさに自分自身に対して、今回はちゃんと怖がっていきましょう、という構えがあった。

そうした恐れについて、民俗学の領域などにおいては「畏怖」という言い方がなされているわけですよね。何かわけの分からないもの、つまり他者、あるいは臨床心理学者の田中崇恵さんが「異者」と呼ぶような存在【1】、そうした存在に遭遇した時に、それは何か謎めいた存在であるわけだから、畏敬の念を抱くと同時に、あまり近づきすぎてはいけないとも考えられてきたわけです。ある程度の距離を保って、対し方というものを考えていかなければならない、と。昔からそういうことが考えられていたんです。

第三回目の対談で、上妻世海さんが天狗などの異人表象について話をされていましたが、あれもまた畏怖の例ですよね。僕もそういうものだと思っている。たとえば暗闇の中、外を歩いていたりする時、とりわけ深い闇、暗い中でも特に真っ暗い空間というものが見えてきたりして、「ここは行ったらやばいな」と感じて近づかないようにしておいたりするわけです。その後、日が明けて同じ場所に行ってみると、その深い闇を感じた場所が崖のようになっていたりする、結構そういうことってあるんです。触れてはいけない、行ってはいけないところというのが、やっぱりある。そういう時に、何か異者のような存在を強く感じたりする。そうした経験に引きつけて、僕は水木しげるを読んできたんです。

つまり、畏怖というものの背景にはまず「分からなさ」があるわけです。大事なのは、その「分からなさ」に解釈を加えてしまうことによって、あえて分かろうとしないこと。分かろうとすることに対して禁欲しつつ、しかし対峙の仕方を丁寧にしていくということが「畏怖」だと思うんです。今のところ、このCOVID-19に対しては、医学的な研究はまさに進んでいる最中で、状況そのものは刻々と変わっていくと思うんですけど、まだそれに対して抱いている恐怖や不安といったものが「畏怖」と呼ぶところにまでは踏み込めていないように思います。そのことが、清水さんがおっしゃっていたような当事者性の欠落にも深く関わっていると思いますね。

清水　僕はそんなに漫画は読まないほうなんだけど、全作品を読んでる漫画家が何人かいて、それは手塚治虫と水木しげると諸星大二郎なんです。

甲田　おおっ！

清水　なぜか水木しげるはよく読んできた。実際、すごく深いと思うんですよね。水木はゲーテからすごく影響を受けているんですが、このゲーテは、二十代の半ばで『若きウェルテルの悩み』（一七七四年）で世界的ベストセラー作家になって、三十三歳でワイマール公国の宰相になった人です。だからか、この世の名声を外的世界に向かって獲得しにいくといったような考えがゲーテにはなくて、「俺の世界の中に全て入ってこい」といった感じで、内的世界の中においてあらゆる全てを観照しようとしていたところがある。彼の色彩論なんかも全部そういうロジックになっているでしょう？　たとえば、ニュートンなどの場合、色彩についても暗箱の外側に光という対象があって、プリズムを介してその屈折率について分析するという近代的な考え方になっているんだけど、ゲーテは光と闇のぶつかるところに色があり、しかもその色の補色関係が様々にあるというところにこだわる。光の屈折ということで言うとそれは科学的にはなだらかな変化でしかないので、虹のようにどこかでくっきりと色が変わったり、補色関係があったりというのはまさに錯覚なんですよ。主体があって、その内部で起こっているそういう現象をこそゲーテは真剣に考える。生態的視覚論であり、人間だけにしかないパースペクティヴを考察した世界最初のパースペクティヴ論が『色彩論』（一八一〇年）です。錯覚もまた、世界における真実の現象でありモノなんですよね。

さっきのCOVID-19の話で言うと、二項対立の片側にCOVID-19があり、もう片側に社会がある、その上で社会をこうしていきましょう、というのではダメだと思うんです。これはきわめて近代的な考え方で、そうした二項対立すらも視野に包摂していくような異なる視点がある。水木しげるが妖怪について語っていることもそういうものなんじゃないか。水木は錯覚かもしれないが、「感じることのできる不可視なもの」、気配のようなもののリアルな存在にこだわっていて、それが面白いなと思うんですよね。

そういえば以前、水木しげるを特集した動画を見ていたら、水木が貧困時代からちょっと売れるようになって生活が安定してきた頃にカナダマという霊を見たというエピソードが語られていた。光の玉が空中をさーっと流れていくのが見えたらしく、その時に「俺も裕福になる時が来るのかもしれない」と考えたんだ、と。今、ワーキングプアと呼ばれる人たちが、もしそんな光の玉を見たとしても、「あ、カナダマだ。俺も金持ちになれるかも」なんてことを考えるわけの分からない人はそんなにいないと思う(笑)。そういう意味でも面白い人で、まあ折に触れて読んできたわけです。

ここで新型コロナの話に戻すと、そもそも新型コロナをめぐって生じていることを、主客を完全に分けて考えることは出来ないし、考えるべきではないと思うんですよね。新型コロナウイルスという対象が一つに収斂していくまでに、人間主体のアプローチが、たくさんそこにぶらさがって来ていて、あるいは、その対象を媒体にしないと分からない主体の動きというのが複数ある。ラトゥールが科学人類学のメソッドとして提示したアクターネットワーク論は、科学の対象がまさに、このような人間主体による複数のアプローチの合流点、媒介者として現れる、その状況を分析するものです。通常私たちは、対象世界を《御している》、そしてそのための知的方法論をいくつも積み重ねて、そのすえにその対象を理解し扱えるようになると思いがちです。しかしそんないわば線型的なアプローチがあるというのは幻想であるというのが、ラトゥールの考え方ですね。むしろ対象があって、それに対する様々なアプローチがどうやらその対象を媒介に初めて結びつくらしい、ということが分かってくるまでの過程が、科学によって新たな対象が発見される場合には見られる。科学者が一人でも、アプローチはこの場合多数です。そして主体が対象に働きかけたその作用が、また主体の別の働きかけの前提になるというかたちで、主客の作用がジグザグに循環するということがそこでは起こる。そして対象ははっきりした一つのモノとして収斂してきますが、主体のアプローチは複数化するので、ここでは《主客》という二項性だけでなく《一と多》という二項性も現れていることになる。この複数の二項性が混じった状況の中で、媒体としての対象、モノがどんな風に振舞うのか、またそれをめぐる主体の複数のアプローチがどう競合するか、それを考えようとするのがアクターネットワーク論です。

ラトゥール自身人類学者でもありますが、これはモノと人間集団の関係を問い直す方法論でもあるので、非-人間との関係を介して文化集団がどのように成立してくるか、といった分析にも有用です。新型コロナをめぐる状況も、こうした観点に立って初めて理解できるように思います。

たとえば、日本政府の新型コロナウイルス対策の経緯を振り返ってみると、まずは春節を迎える中国で新しい疫病が流行っているという話があった。そこで商用や観光目的の出入国を中国については禁止すべきかどうかという議論が、最初に起こった。ただ、そこでは中国からのインバウンド需要で儲かっている旅行業、観光業の人がどうなるんだという意見が出て、躊躇したわけです。実はその時に、渡航禁止による減収については政府で補償したらどうか、給付金を一括で出したらどうかと、岸田文雄政調会長（当時）がわりと早めにそういうことを言っていたらしい。しかし、麻生太郎財務大臣（当時）が、リーマンショックの時に一括給付を出したが、それは貯蓄に回ったと主張して、一括給付に反対し、その案が弾かれたことによって、評判の悪かった三十万円補償をいろんな複雑な手続きと引き換えに給付するという話になった。もちろん、麻生太郎のリーマンショックの話というのは、今回とは全く違う状況においての話であるわけです。実際、休業したら本当に困ってしまうわけで、貯蓄どころじゃない。つまり、全く今の話ではない過去の話がいつまでも生きていて、対応がそれとのピンポンになっている。新型コロナがあり、いろんなアクターたちがいて、ボールがこっちに跳ねました、あっちに跳ねましたという循環を繰り返した結果、時間差でおかしな跳ね方をしていて、最後、一括十万円給付になるわけですが、その意思決定が必ずしも主体的に行われたというわけでもない。これは非常に奇妙な事態で、たしかに政府の無能性と言ってもいいのかもしれないのですが、ただ、これこそ主客混淆した状況における、一つの法令、政策というアクターが生成するまさにその過程でもある。そうしたものとして複雑な過程を見ていく必要があると思うんです。

ラトゥールは実際、フランス行政最高裁判所の奥深くにまで入り込んで、どのようにして「法的事由'moyen de droit'」が生まれてくるのかをフィールドワークしています。法的な既成事実とされるものも、複数の人間主体のアプローチの結果生まれた人為的な構築物でありながら、しかも人間主体の思い通りにはならないモノとして機能していることが、そこではまさに明らかにされています。今日の日本政府の動きは、こうした分析の紛れもないケーススタディになっている。その一方で、たとえばこの新型コロナが武漢のウイルス研究所で生まれたという話もあります。このウイルスを流出させて、世界的なパンデミックを引き起こそうという意図が最初からあったのかどうか、ということが言われたりしていますが、そもそも、そういうことがはっきりするという考え方がもはやあまり当てはまらない状況に私たちはいるのではないだろうか。そういった見方は、人間の意思や国家の意思をやや設計主義的に考え過ぎている。ウイルスが流出してしまって、それを隠蔽したりしていく中で生まれてきた、なんらかの戦略があるにせよ、こうした意思決定にしたたって必ずしも主体的とは言えない。重要なことはモノと関わってそれぞれの人間がどのようなフォーメーションをとっていくのか、そして、それに対して、国際社会がどう対応していくのか、ということです。倫理上の「帰責」ということについても、これまでにない新しい解釈が打ち立てられる必要があると思います。

だから僕は、今回の状況について、知識人が自分の専門のことしか言わなくて、政治的な話をしないというのはおかしいと思っていて、こんなにまずい状況になっているわけだから、二、三週間状況を眺めていたら、学習するのが当たり前じゃないかと思うわけです。今の政界においても、こいつがダメだなとか、こいつが頑張っているなとか、こいつのかつての発言が尾を引いているなとか、そういう流れをみんなもっと踏まえた上で、批判なり提案なりをするべきだと思う。批判をする場合に、人間と人間を分断するものとしてイデオロギーとか、富とかの人為的ファクターだけが考えられていた時代のロジックを繰り返しているだけではダメだと思う。今回、起こっているのは、《御する》ことができないようなモノが突然現れて、そのモノがクラスターという一種の社会を作り、社会構造を組み替えてしまうという事態なんですから。

たとえば、マリリン・ストラザーンは『部分的つながり』（大杉高司、浜田明範、田口陽子、丹羽充、里見龍樹訳、水声社、二〇一五年）という本の中でメラネシアの人たちにとっての「道具」について研究していましたが、ストラザーンによれば、その道具自体が、様々な社会集団のあり方とか、その道具に関わる人間の位置付けを決めていくのだとされている。これは道具が中心的な媒体となって、社会を作っていくという考え方です。その道具が持つ意味や働きは一様ではなく、違った集団においては同じ道具でも別の意味や役割を持ち、集団の別のフォーメーションを作っていく。人間が最も容易に《御する》ことができると考えがちな道具にすら、そういったアクター性があり、社会を組み直していく機能がある。彼らにとってはいかにそうした道具、モノと折り合い、それらをどう迎え入れるかというところでその社会の本質が決まってくる。そうした視点をいかに我々が、政治的な意味においても社会構造の洞察においても失ってきたかということが、今回の事件で露わになったと思う。だからこれは社会の問題でもあるけれど、人類学的問題でもまさしくある。○○社会といった出来合いの枠があらかじめあるかのように考えるのではなくて、グループフォーミングとかクラスターフォーミングという意味での社会の問題、人間の文化集団の生成の問題として、COVID-19のような不可視なものを考えていかなければいけないということを痛感しています。

こうしたモノと社会の循環的な生成の経緯を見ないで、監視社会化に警鐘を鳴らして「全体主義はいけない」と訴えたり、社会のこととコロナのことを分けて個人主義をやたらに標榜したりするというのは、ありがちではあるがすごく無力で、状況の分析になっていないと思う。さらに言えば、補償と休業とをワンセットとして、補償をしない政府を攻撃する意見も多く見られますが、昔からある政権与党批判に問題を回収してしまっていて全体状況をあまり見ていない。国際的に見れば、補償と休業、そして国家賠償、これでワンセットなんです。最終的には中国に賠償をさせるということを前提としておそらく各国は動いているし、だから最初から大盤振る舞いなわけです。日本の財務省はそこを全く考えられてない。そうなるとむしろ、実際にそうなった場合が怖い。ジョルジュ・アガンベンが生権力論に近い文脈でコロナを語って【2】、つい先日炎上していましたが、下手をするとこの状況が終わった後には、一四億人のホモ・サケルが生まれる可能性がある。つまり、法的な庇護の全くない、丸裸の人が大量に生まれてしまうかもしれない。そうなった時のことをすごく危惧しています。

「二手前」に戻れない日本

甲田　社会というものを考える時に、今まで人間のイデオロギーだとか、設計思想みたいなものでその編成を捉えようとしてきたところに盲点があったんじゃないか、というのは、まさにそうだと思いますね。というのも、三月の末、先ほども言ったように、僕は二人の友人と共著で『入門 インテグラル理論』という本を書いたんです。これは先にもちょっと触れましたが、ケン・ウィルバーという方が提唱しているインテグラル理論という考えの入門書で、十年前にも書いたのですがなかなか評判にはならなかったので、今回のリニューアルにあたってはビジネスパーソンに目掛けて書きましょうと、読みやすい形に直すことにしたんです。まあ「読みやすい本」が編集さんと著者たちによって作られる過程で何が削られていったかというと、まず複雑に事象が絡まっているような問題が削られ、あともう一つ、歴史的な経緯に触れるような記述が全部削られていったんです。「そういうことにはビジネスパーソンは関心を持たない」という理由で。

しかし歴史的な経緯についての洞察は大切です。僕は『空気の研究』（山本七平著、文藝春秋、一九八三年）で有名な山本七平という批評家が結構好きで、よく読んでるいるんです。山本が『現人神の創作者たち』（『山本七平ライブラリー』第一二巻所収、文藝春秋、一九九七年）という、尊皇思想が日本の中でどういう風に出来上がってきたかということを描いた著作の冒頭で「裏返し呪縛」というお話をしてるんですね（同書、九―一一ページ）。

これは何かと言ったら、「忘れた」ということを忘れてしまうということ、それによって最初に「忘れた」ことが呪縛として働いてしまうという、そういうことを意味しています。山本が具体的に挙げている例ですが、近代史の中で言うと、明治になった時に、今までの自分たちは野蛮だったんだと、江戸時代以前の記憶が忘れられ、今度、戦後になったら、一握りの軍国主義者が暴走したんだと、戦前の記憶が忘れられてしまった。こうなると、まず江戸のような「前近代」が忘却され、ついで「戦前」というものも忘却される。そうなると、戦後というものがズブズブになって、そもそも自覚的に戦後というものが成り立たなくなる。今日、社会的なことを扱えないというのは、今の二重の呪縛、つまり歴史の軽視が関係しているんじゃないかと私は思っています。財務省というものがどういう歴史を持っていたのか、とか、改革改革として一九八〇年代に色々やったんだけど、それ以前はどうだったのかとか、そういう歴史を削ってしまったら、見えるものも見えなくなる。はっきり言って小泉改革以前なんて今は忘却の彼方じゃないですか。

清水　二手前に戻るということはなかなかできないんですよね。子供がパジャマのボタンを上下一つずつズレたまま、全部のボタンを留めきってしまおうとするような感じ。新型コロナに関しても、ウイルスと人間的アクターとの関係で、最初のところでボタンがかけ違えられたままになっていて、そのまま留め続けていこうとしてしまっている。これは歴史上しばしばあることで、たとえば日露戦争の時の二百三高地の攻略戦もそうでしょう。旅順港を攻める上では二百三高地のような見晴らしのいい高いところから観測して、その情報にしたがって二十八糎榴弾砲で敵の艦隊を撃沈するのがいいとなった。だけど、そうやって二百三高地を攻略するためには砲台を動かさないといけないところで、「あれを動かすのは難しい」と言って、最初に断念してしまったやつがいるわけです。この最初の断念が、あとあと尾を引いてしまうわけだけど、諸説あるもののこの時は児玉源太郎がボタンの掛け違いに気づいて「いや、砲台を速やかに動かして二百三高地を取ろう」と、一旦ボタンを外して、最初から留め直すことになった。そういうことが、なかなか今日の日本人にはできないという話なんですよね。これは致命的なリーダーの弱さでもある。

ただリーダーが弱い割にはまあまあ収まっているというのが、不思議なところでもある。日本はそういう意味で変な国だなって思います。

日本の変なところといえば、松岡正剛さんの『日本文化の核心——「ジャパン・スタイル」を読み解く』（講談社現代新書、二〇二〇年）を読んでいて改めて気がついたんですけど、文字文明が入ってくるより前に日本列島って東北近くまで統一しているんですよね。これは人類史的に見てもわけが分からない。文字なしで国家が統一していて、そこに随分遅れておもむろに文字が入ってくるわけですよ。こんなこと普通は考えられない。そういう状況において大事な役割を担っていたのが、おそらくメッセンジャー、つまり「みこともち」なんですよね。「みこと」というのは下し、伝えられる言葉のことで「みこともち」たちは各地を経巡って、「こういうことが語られたぞ」というのを演じてみせ、また迎え入れる側もそれを歓待するわけです。日本ではその後、かなり後になっても放浪の芸能民が宗教者としての意味を持っていたりしますが、その名残もあるのでしょう。よく分からない遠くからやってきた人間によって「これは本当ですよ」と語り伝えられたことを、「まことである」として本気にして聞いてあげるっていう、不思議な文明なんです。「誠」とは何か？　というのも幕末あたりまで続く日本の文明の一大テーマですよね。空間的にもそうした不思議な信憑によって成り立っているし、また時系列でも過去からそういうものを連綿と引き継いでいる「みこともち」が帝である、と考えていた。

そんな風だからか、昔から日本の識字率は高いと言われるけど、どこか無文字文化性が高い。村単位の秩序みたいな、よく分からないもので日本は自律的に動いている。そういうところが、感染拡大を抑止しているのかもしれない。逆にロシアなんかは強権的だから、すぐに新型コロナを抑え込めるかと思われていたけど、全然抑え込めてない。どうもやっぱり、政府の言うことを国民が聞いてないらしいんですよね。国家のあり方が全然違う。ただ、もちろん、日本も楽観はできませんけどね。

甲田　全然楽観はできませんね。

清水　海外はゆっくりと終息に向かい、また二波、三波がくる、というのが大方の見方ですよね。個人的には僕自身は一抜けしたかなと思ってはいるんですが、日本全体としては、ロックアウトとか休業補償などをどうかすると繰り返しやらなくてはいけないと思いますね。財源の問題に関しては、やっぱり国際的賠償にいくしかない。その上で重要なのが、ロシアの動きですね。このままだとロシアが原油価格の暴落の問題もあって、一九九八年の時のようにデフォルトするかもしれないと言われている。新型コロナに関しても二ヶ月後には最低一二八万人、悪くて五四〇万人以上の感染者が出て、アメリカよりも酷い状況になるんじゃないかという予想すらある。そうなった時にロシアがどうするのか。今は中国と歩調を合わせているふしがあるけれど、中国への賠償請求連合にもしロシアが加わるなら、もはや勝ち負けがはっきりしてしまうので戦争にすらならないかもしれない。ただ、もしロシアが中国にべったりとくっついてしまった場合、第三次世界大戦に至る可能性もある。いずれにせよ、これらの動きが世界史の重要な転換点になることは間違いないと思います。

はっきり言うと、コロナが一応終息すると、かつて列強八カ国が清国に歳入の七年分の賠償を請求した、義和団事件（北清事変）後のような世界がやってくるんじゃないかと僕は思う。非常に大変なことになるのではないか。そういう意味では、新型コロナの感染拡大以上に、ミサイル一発で東京が滅ぶんじゃないかとか、そういうことのほうが僕はむしろ怖いですね。

統一的な「啓蒙」ではない新しい「普遍」に向けて

辻　ここで再び質問をさせてください。清水さんが以前、共著『脱近代宣言』（落合陽一、清水高志、上妻世海著、水声社、二〇一八年）において紹介されていたイザベル・ステンゲルスの「コスモポリティクス」という概念についてです。あるいは、そこで清水さんはラトゥールがそのコスモポリティクスという概念を用いて、外在的な自然によって調停できない諸世界の対立を調停し、共存可能な共通の世界（a common world）を生み出すために必要な交渉はどのようなものかを考えているということも語られてました。あるいはラトゥールは、地球を丸ごと含めた「ガイア」という概念も提示していますし、近年では「クリティカルゾーン」という言葉も使っています。ステンゲルスやラトゥールが考える「大きな政治」が、一体どういうレベルで言われているのか、気になるんです。

というのも、このシリーズの第一回目において、近藤祉秋さんが、ヘザー・パクソンの「マイクロバイオポリティクス」を紹介する話の中で、グローバル化が進んだ今日においては、微生物との関わり合いをめぐる政治が、直ちにプラネタリーポリティクスに直結するような状況がある、ということを語られていたんですね。たとえば、COVID-19のパンデミックを受け、昨今にわかに語られ出している「世界政府」のようなものが、まさにその例です。しかし、個人的にはこうした「世界政府」のようなものには、どこかキナ臭さも感じるんです。たとえばマルクス・ガブリエルなども、今こそ「グローバルな啓蒙の理念が必要だ」というようなことを言っています。環境問題などに関してはグローバルな基準というものがある程度必要だろうとは理解しつつ、そうした「大きな政治」の話にはどうしても乗り切れなさを感じてしまいます。

そこで、お伺いしたいのは、今日のような事態において立ち上がりつつある、「世界政府」という語に連想させられるようなポリティクスのあり方と、ステンゲルスのコスモポリティクスや、ラトゥールが言う「a common world」というものが仮に異なるのだとしたら、どう異なるのか、ということです。

清水　それらは全く違うものです。まず、ラトゥールの考え方というのは、あくまでも人間の競合関係を一つのモノをめぐって考えるというものなんです。アクターネットワーク論では、一つのモノを媒介にした複数の主体的なアプローチが分析されますが、それら同士はバラバラです。また対象となるモノを、《御する》ことができるような対象とは考えない。これは二十世紀までの市場分析のモデルとか、たんにグローバルな政治的統合体としての世界政府というモデルとは、明らかに違うと思います。

ラトゥールのアクターネットワーク論の元となった考え方に、ミッシェル・セールの準 ‐ 客体論があります。この準 ‐ 客体論が提起したのは、たとえば、ボールのような媒体＝対象があって、そのボールをめぐって複数の選手＝エージェントたちが競合的に振る舞う関係を考えると、従来の二元論的な主客関係が変わってくるのではないかというものです。この時にそのボールは純粋な客体ではなく、媒体として能動的に振る舞い、エージェントたちによって形成されるネットワークを変化させ、翻弄していくものとして考えられている。主客という二項性に、一と多（一つのモノと複数の主体）という二項性を掛け合わせると、かえって客体には能動性が付与されるという、二項性の種類を増やすことで二元論を攪乱する、調停することができるのではないかというアイデアがここで登場した。

今世紀にラトゥールやステンゲルスといったセールの弟子筋の人たちがやっているのは、その発展形であり普遍化です。しかしこれまでの消費社会分析のモデルは、あくまでも皆が同じモノを求めているということを前提としていて、その時、そのモノ自体はむしろなんでもいいとされていた――記号を消費しているというようなことすら言われていたわけです。ラカンの対象Xなどでも皆そうです。そこで見失われたモノが、この図式の崩壊とともにようやく姿を現しつつあり、COVID-19はその象徴でもある。

ラトゥールが《グローバル》に代わる全体概念として、地球環境を含む《ガイア》という言葉を使ったりするのは、一つの逆説でもあるんです。各アクターの競合とか、個人がバラバラに存在するあり方というのをラトゥールとしては考えねばならないんだけれど、一方で、世界全体というのもやはりそういうものとして捉えないといけない。そうした対象の中に我々もいるし、先のゲーテの話ではないですが、全てを包摂する視点に立つ、そこに身を置くのでなければむしろただの二元論になってしまう。ラトゥールにとっては、地球もまた『虚構の「近代」――科学人類学は警告する』(ブルーノ・ラトゥール、川村久美子訳、新評社、二〇〇八年)で彼が例に挙げた、環境活動家やフロンガスを排出する製品を作る企業、化学者、気象学者、政治家など多様なアクターの働きを媒介する客体、《オゾンホール》のようなものとして捉えられるべきであり、またそこで私たちは住み分けをする必要がある。大きな構造について考えられなくはないし、二十世紀までの諸学が見失っていたモノの審級まで含めた世界の全体を考えねばならないが、それは「統一」によって全体化、グローバル化するとか、マス単位で個を扱うということではない。見失われていたモノや自然と、個のあり方というものを同時に取り戻すことが、今まさに求められていると思います。

　ところで、セールが『自然契約』（ミッシェル・セール著、及川馥、米山親能訳、法政大学出版局、一九九四年）という書物で提示した興味深い概念に、「オブジェモンド（objet-monde）」というものがあります。オブジェモンドは世界－対象物という意味で、たとえば、大型タンカーとか、原子力発電とか、動物の飼育場とか、通常は非常に効率的に動いているんだけれど、それが一たびひっくり返ると世界的な影響をもたらす、環境に重大な負荷がかかる、そういった対象物のことです。そういう対象物を人類はすでに夥しく持っていて、それらは非常に効率いい生産のシステムではあるんだけど、たとえば大規模な飼育場などは、疫病にとっても最も好都合な環境であって、口蹄疫などが一旦蔓延すると大量に豚が殺処分されたりするという状況にもなる。その豚と同じ状況に、いまや人類自体もきていると思うわけですよ。

『自然契約』

　人類文明そのものについて言えば、たとえばアニミズム世界などにおいては「食」というもの一つとっても、食べる、食べられるという形で相互的な行為としてあった。ところが、それが米を収穫して一方的に食うとか、穀物を蓄積する生産形態になってくると、人間自体もまたこの生産形態の中で画一化され、統合されたマスになっていく。そういう状況が古代文明の時代からすでに起こってきたと思うんです。そして、そうした画一化された巨大文明は定期的に滅んでもきた。生産と拡張を続けた結果、最後にオーバーキルが起こる。たとえば農業をやるにしても、そもそも耕地を作るために森林を焼いたりして、その見返りとして同種の穀物を育てるわけですから、オーバーキルは最初から文明の原罪としてある。それは眩いばかりの富と豊穣をもたらすのですが、覆った時には文明ごと滅ぶ。そういう非常に画一化された、巨大なオブジェモンド的文明に我々は、現在無防備に取り込まれすぎている気がします。

歴史を振り返れば、中東にせよ、中国にせよ、哲学や世界宗教が誕生して世界について深く洞察しようとする以前から、幾度となく勃興して滅んできた文明があり、そうした文明たちと同じリスクを背負って我々は、今同じ道を辿っている。もう少しバラバラのクラスター、バラバラの文明を作っていって、それぞれが深いところでは理解し合っているという状況を目指したいですね。実際、COVID-19でこんな事態になってしまってはいるけれど、だからこそメラネシアの人たちが考えていたことが分かるというようなこともある。それこそ、世界政府を構想するよりも、日本人がこれまでどうやって生きてきたのかということを考えていくことのほうが、僕は普遍的だと思いますね。

甲田　やっぱり文明というのは生まれたら滅ぶんですよ。僕は最近、うまく負けるにはどうすればいいかということしか考えてないんです。たとえば、日本国が日本国として外交の現場でうまくキャスティングボートを握ってやっていくといったような話、そんなことはね、今までのことを考えると無理ですよ。ざっくりと無理。最悪、白旗をあげたほうがいい。すると、白旗をあげる時にどういうあげ方をすればいいかという話になる。その時、統一国家だとか普遍性というものになるべく巻き込まれないほうがいいと僕も思うんです。

ここでいう普遍性というのは、他者から見られた自分の姿を自分だと思い込んでしまう人たちが集まってしまうということ、それを僕は普遍性だと考えます。簡単な例を挙げると、最近ツイッターで見かけた記事で、在宅ワークのやり方の一つが紹介されていたんですね。会社と自宅のパソコンを繋ぐわけですけど、そこに退席と着席のボタンがあって、そのボタンを押すと上司にピッと届くらしい。そして、上司にそれが届くと、そいつが仕事をやってるのか、やってないのか、みたいなことが分かる。つまり、管理できる。それがオフィスの「見える化」という符丁によってその記事では語られていたんですけど、僕からすると、それは「見られる化」の進展なんです【3】。見られることによって、その人は社員でありうる。しかし、ウンコしてたり恋人と会話してたりしててビデオ会議に遅れたらどうするんだ、と。実際、色々とありうるわけじゃないですか。でも、「見られる化」においては、そこが統一されていくわけです。仕事している時は「みんな一緒」でなければならないことになる。これが普遍性です。言い換えると、自分と他人というものが同一の空間に投げ込まれていて、想像上の他者から見られている、その「想像上の他者」がこの場合は上司です。

これは基本的な科学、つまりラトゥール以前の科学の問題でもあったわけです。普遍性とか共通性、あるいは人権というのもそうでしょう。僕は人権なんてはっきり糞食らえと思ってます。普遍性をベースにすると、「見られる」化を前提としたタテマエの平等性により、あんなものが立ち上がってしまう。それこそ、民族にせよ、個々人にせよ、実際には統一なんてされていないわけです。生きていく中で、色々な顔を見せていく。たとえば、本シリーズの三回目の対談で吉村萬壱さんが、スーパーの中で誰かが咳き込んだだけで殺意が湧いたりするけど、それもちょっと時間が経って反省すると、別に大したことないではないかと冷静になれるみたいな話をしていましたよね。つまり、個体の中においてさえ、殺意を抱く修羅のような自分と許しをもたらす仏のような自分といった具合に、いろんな奴がいるわけです。

そうだとすれば、そうした個体の変異性同士の繋がり合い、あるいは、繋がらなさということをちゃんと考えていったほうがいいのかなと僕は思う。その繋がりが「世界政府」とかになってくるとのっぺりとしてしまうわけで、そんなものは人間の本性から言って実現はし得ない。それを無理に実現しようとすればかえって争いが増して滅んでいく。まあ御愁傷様でございました、と（笑）。けれど我々はそんなものに巻き込まれませんぜ、と。そういう話だと思うんですよ。

「モノ」と共に再編されつつある社会で

辻　文明というものが一つに統合されるのではなく、ある程度、分散的に、多様にあったほうがいい、というのは本当にその通りだと感じますし、それこそ人類だけではなく、種が多様に存在するということが、「生命」そのものがサバイブしていくための条件でもあるわけですよね。仮に種が一つしか存在しなかったとしたら、その種が滅びた瞬間に、生命そのものが絶滅してしまうわけですから。

ただ、こうした多様性、ダイバーシティという言葉は世間一般にも浸透していて、なんなら今日の良識的な人々にとって、それを重んじることが一つの不文律のようにさえなっていますよね。しかし、実は「多様性社会」といった時にも、そこには二つの方向性が考えられます。一つはあらゆる多様性を包摂するような一つの文明へと向かう方向、そしてもう一つは、ある程度の偏りを持った文明が多様に存在する状態へと向かう方向です。この二つの方向性は、しかし、かなり違うわけです。近代以降の世界は、おそらく前者の方向に向かってきた。統一的な世界文明のようなものの中であらゆる多様性、差異を許容していこうということが、ヒューマニズムの旗印のもとに、画一的に行われるという逆説の中にあったように思います。もちろん、それによって救われた人々も大勢いたし、得られたものも多かった。しかし、そうした方向性において世界をマネージしていくことに限界がきているのではないかというのが、今のお話だったのではないかと感じています。

清水さんのお話では、そうしたユニファイの力が加速していけば、文明というものは必ず滅びる。それこそ旧約聖書のバベルの塔の話ではありませんが、今、COVID-19というアクターの登場によって、現代のソドムとゴモラにヒビが入ろうとしているようにも見えます。しかし、そうした分散、文明がバラバラになるという時、それが具体的にどのような単位で行われる境界の再設定に過ぎないのか、あるいは行われるべきなのかが気になります。それは単にネーション単位で行われるのか。つまり、保護主義的に国境線を強化し、それぞれが自国ファーストでいきましょう、という話になるのか。あるいはネーション単位の分散とは異なる分散の仕方があり得るのか。そこら辺はどうなんでしょう。

清水　分散ということについて、今の時点で大事なことは、繰り返しになるけど、経緯をよく見ることだと思います。結局、人間集団が多様に競合している関係を考えるにしても、「あいだ」に媒体となる不可視のモノが挟まれる必要があるし、これまで見たようにCOVID-19が現時点ではその媒体となっている。それを媒介として政府なりが意思決定していく過程において、様々なアクターやクラスターが生まれてくる、まずはその経緯や布置をよく見ることです。すると、ここはこういうグループ、クラスターなのだということが分かってくる。クラスターという言葉は、今では潜在的に感染の可能性がある集団とか、隔離されるべき集団とか、そういう限定的なレベルで用いられていますが、実はあらゆる社会集団が、モノを媒体にして成立したクラスターでもあるんです。今感染回避のために使われているクラスターという語を、そのぐらい拡張すると世界の見方が変わると思う。

たとえば政治に関して、今の日本の中枢がどうなっているかといったら、ほとんど岸信介と吉田茂の縁者のラインであって、ものすごく小さなクラスター内でボールを回し合っていることが分かる。そういった小さなクラスターにおいて、さっき例に出した麻生太郎の発言、「現金給付すると貯蓄に回る」といった発言が、金科玉条のようにアクタント化していて、それが発揮する妙な能動的作用に翻弄されるように、重要な意思決定がなされていく。ひょっとしたら、平安時代に蹴鞠か何かをしながら政治を行ってた時代も今も本質的には変わってなくて、毬が変わっているだけ(笑)。現代は民主主義の時代だって言われているけど、意思決定の過程は相変わらずそんなものなんじゃないか？　地域で代表を選出するだとか、人間集団だけの合議制とか多数決とか、そうしたものだけでは絶対に決まっていない。ラトゥールの『虚構の「近代」』という本の原題は、「我々が近代人であったことはない」というものだったけれど、結局、ポリティクスにおいてもずっとそうだったんじゃないかという気がしています。実際には政治的なパワーというものも、国民国家の単位で成立しているものではないですね。

あと、先ほど甲田さんから人権という言葉が出てきましたが、今回は「人権の抑制」という要素も重要な論点としてあったわけですよね。ロックダウンをするにあたって、日本でそうした私権を制限するような強権発動が可能かどうかといった話があった。日本の政府は私権の制限がまるでできなかったけど、ヨーロッパも韓国も台湾もそれを強力に推し進めていたわけです。こういうところからも日本の不思議な政治の構造が見えてくる。政治には飴と鞭というものがあって、飴とは、機会の時点で傾斜をつけて利益誘導していくこと、そして鞭とは機会は完全に公正にするけど、そこから先は厳しくするよという、まあ大体は暴力的なものとしてある。それで言うと、日本の政治家は飴しか持ってなかったんですね。飴しか持ってないから、日本の政治家のやることって不平等なんですよ（笑）。これをこうすると得するよ、という風に用途に紐づけて人を操ろうとするような、そういうことばかりしている。だけど、それでは動かしきれないことがあるということが今回よく分かりました。

ジョルジュ・デュメジルという神話学者が、神話には三つの機能があるということを言っていて、その三つ目が生産と経済、二つ目が暴力と戦争、そして、第一のものが神聖機能だとしているんです。インド、ヨーロッパ語族の神々は、だいたいがこの三層に分かれています。たとえばジュピターが第一機能、マルスが第二機能、クィリヌスが第三機能、といった感じです。さらにインドではその三層が社会制度にもなっていて、それがカースト制なんですよね。先ほども述べたように、これまでは生産の局面を極限まで拡張する、オブジェモンド的都市国家の世界観で突き進んできたわけだけど、これは拡張してマクロになればなるほど、逆にひっくり返った時に全滅してしまうことになる。こうした全滅を、人類はすでに何度も見てきたと思うんです。インドの神話じたいがそうなっています。神々や英雄が夥しく生まれすぎてしまうと、大地がその重さに耐えかね、彼ら同士が滅ぼし合うという展開になり、結局、全員が滅んでしまう。『マハーバーラタ』のような叙事詩は、まさにそういう全滅戦争が主題として描かれています。

そもそも、仏教のロジックも実際のところそんな風になっている。十二支縁起と呼ばれるものがそうですね。これは「無明があるから行がある、行があるから識がある……」という風に、人間が煩悩と苦の世界を生きることになる仕組みを説いている。「これがあるから、あれがある」という風に煩悩が増大していくあり方がまず語られるのですが、これを順観といいます。そのあと「これがないから、あれがない」という風に、全てが滅していくターンに入る。これを逆観（還滅門）と呼んでいる。こういうことが起こるのは情念の世界で、俗諦とも言うんだけど、この滅びの局面はたんなる禁欲というようなことではなくて、突き詰めると「Aがないから、非Aがない」という構造を現します。またこれが、順序の問題でもなく「Aがないから、非Aがない」、かつ「非Aがないから、Aがない」という関係構造の問題でもあるということを喝破したのがナーガルジュナです。するとそれは、対立二項のどちらにも原因を帰さないインド人特有のロジック、「A

でもなく非Aでもない」という、テトラレンマの構造に限りなく近づいていく。テトラレンマは、たとえば「不生不滅」(生まれないから滅ばない)というのがその典型なんですが、最も安定したあり方だとインド人が考えるもので、それが悟りの世界(真諦)でもあるんですね。

ラトゥールも、対象にも人間集団にもどちらにも原因を一方的に帰することなく、科学が生まれてくる現場を考えなければならないと主張しますが、近代的二元論を超克するという現代哲学の方向性も次第にこういうものに近づいてきていると僕は思う。このように生産と破滅を経て、さらに久遠の世界にいくという三種の構造が仏教のようなインドの哲学にもあるけれども、人類の文明自体もあるいはそういうものなのかもしれないと感じるし、最終的にそれによって昇華される部分があったんだと思うんです。

甲田　僕がインド思想や仏教哲学の一番好きなポイントを、俗っぽい言葉で一言で言うと、超いい加減(良い加減でもある)なところなんですよ。そのいい加減ってのがどういうことかと言うと、僕は学生時代に、インドの六派哲学の中のヴェーダーンタ哲学【4】の中で最大の思想家といわれている、シャンカラについて勉強していたんです。一般的にはシャンカラもバラモン出身ですから、カーストの考えを守っていて、その上層階級にいるものにしか救いは訪れないし、解脱もできないということを言っていたとされてるんですね。しかし、同じシャンカラが書いたと言われている小品と呼ばれる多くの著作、それがバッタもんなのかダミーなのかはよく分からないんだけど、そうした著作なんかを見ると、低位カーストやアウトカーストの人間でも救済はされるんだとはっきり書いてあったりするんです。すると、シャンカラには二つの顔があったと言うことになる。こうした複数の顔があったことが、後世にヒンドゥー教の改革運動を生み出し、その流れでヴィヴェーカーナンダのような人物が外来思想であった近代西洋の哲学思想と対話していくという発展に繋がっていくわけです。

何が言いたいのかというと、インド思想にはカーストなどの非常に厳しい側面がある一方、非常にフレキシブルなところもあって、それは日本の仏教にも流れてきてると思うんです。たとえば浄土真宗とか、普通の仏教として考えたら変なんですよ。仏教というのは、ゴータマ・ブッダの教えをスタンダードとすれば、むしろ現在のマインドフルネスのようなもので、気づきを深めていくことによって、自分自身という囚われや苦悩から解き放たれていく自力の傾向を持つものなんですけど、大乗仏教である浄土真宗においては自力ではなく他力で、無量光・無量寿を意味とする阿弥陀如来という、何かよく分からない未知のところから救いが訪れるみたいなことが平気で言われてしまうわけです。日本の仏教が持つこうしたフレキシビリティについて、頭の硬い連中は「大乗仏教は仏教ではない」とか、「脆さ」だとか言ったりもするんだけど、そうじゃないだろうっていうのが僕の考え方で、それはさっきの分散する人たちがどう繋がっていくのかということにも関わる。

クラスターの話も出ましたが、このCOVID-19の問題が出るまでは、クラスターと言えば、エヴァ好きとか、フランス映画好きとか、妖怪好きとか、清水さんの哲学が好きとか、そういうものだったと思うんですよね。それってさっき名前を出した山本七平の考え方を援用すると、一つの「世間」なんですよ。小さいけれども価値観や関心を共有していて、そこで動いてる。結局、政治もそうじゃんってのが今回改めてバレちゃったんだけれども。ただ、これまでの啓蒙思想の中ではそういう「世間」があるからよくないのだ、そんな「世間」みたいなものはなくして、自立した個人を育てて、民主主義をやってきましょうって言われてきたんです。でも、それは無理だった、というか、やってると思っていたらまるでできてなかった。そうだとしたら、改めて「世間」というものをどういう風に活かしていくかを考えたほうがいい。むしろ「世間」っていうものに気づきを持って、そこに入っていくほうが、生産的なんじゃないかなと思うんですよね。どういう世間があって、その世間はどういう文脈に置かれているのか、そういうことを知った上で、その世間に関わっていく。そういうことだと思う。

清水　ジャン＝ジャック・ルソーは政党というものすら否定していたんですよね。徒党になるからと言って。だから、ルソーの一般意志というのはものすごくユニファイされたもので、時系列では変わっていくし不安定だけれど、絶対に正しいものということになっている。そういう考えはいかがなものかなと思いますよね。

甲田さんも言うように、政治がクラスターで動いていることをけしからんと批判してみたり、俺はそこから拒絶されているとか、そんなことをただ言っているだけではダメなんですよ。たとえば、僕は首相官邸のホームページから、色々とお願いをしてみたんです。「緊急事態宣言発令、まずはご苦労様でした」から書き始め、給付金は一括にしたほうがいいんじゃないですか、とか色々。そういうことがかなり大事で、実は意外に、言うことを聞いてくれることもあるんですよね。僕がそこで書いたことはほぼ全て実現しました。反政府だけ言っていればいいみたいな人もよくいますけど、それだけだと自己満足であまり意味がない。人類学では世界というものは客観的で単一なものではなく、それに関与する者たちがもつパースペクティヴに応じて多数あるんだという、多世界論が語られますが、ポリティクス自体も多重になっている。それをどう合従連衡させていくか。そのかなめになるのは、客観的なアクタントであったり不可視のモノだったりするが、それを通じて、競合という状態が起こってもろもろのエージェントが分離したり干渉しあったりするということを、構造的に分析しなければならない。こうした分析がないと、現況は全く分からない。今の政治学者がそのような経緯を分析できているかというと怪しくて、結局、大昔からのイデオロギーを軸にものを捉えている。このあたりが全く駄目だと思いますね。

あと、デュメジルの言う第二機能的なもの、つまり軍事的なものを、あまり忌避したり、軽視したりしてはいけないと思うんです。本当の意味で畏れるということも、もちろん大事なのですが、歴史を見ていると、第一機能、第二機能、第三機能というのは、常に形を変えながらも実体としては同じで不可分なものなんです。秩序だったルールや同調圧力と闘争は実は表裏一体だし、経済競争もその変形です。その中のたとえば第三機能、経済で行き詰まったり破綻したりということは、これまで色々な国で何度もあったことで、そうなった場合、その都度、負債は踏み倒されるんです。で、その踏み倒す際には別の機能が出てきて、踏み倒すということになる。第一機能的な正統性であったり、第二機能による戦争であったり。そういうことが今後やっぱり起こってこざるを得ないと僕は思う。日本も戦争で負けていきなり経済大国に転換した歴史があるし、国によっては第一機能的な、宗教的、文化的な権威や正統性を持ち出して踏み倒すこともある。ドミノのようにいろんなことが立て続けに起こってくる気がしますね。

甲田　分かりますよ。ただ、さっき僕が話した「負け方」とも繋がるんですが、軍事的なところでぶつかったところで、日本はボタンがかけ違っても勝てやしないんだから、じゃあ軍事に対抗するための手段がなんなのかっていうところを真剣に考える必要がそれこそあると思うんですね。たとえば日本が今後やるべきやり方としては、「話をなかったことにする」というのが一つだと思う。政治の世界において、これは重要なことで、日本もそれを無自覚にはやってきてるんだけど、戦後、本格的なところではできていないな、と思います。だから、改めて、どういう風にすれば「なかったことにする」ことができるのかということを考えてみたり、あるいは日本を攻めても不毛で価値がないと思わせること、それによって結果的に生き延びるといった、高踏的なテクニックというのが、可能性としてはあるんじゃないかなと思う。もちろん、今の日本の政治家には可能性なんてほとんど感じられないし、現実的にも厳しい展開だとは思うけど、考えられなくはない。それを今、身近なところで、町内会だったりとかに働きかけたりしながら、動かしていくしかないでしょう。それこそ僕も官邸にメールを送っていますしね。そういう動きが集まると、既存の政党において漏れるような政治運動として組織されるような展開になる。

ところで、さっき東北震災の時に、僕はボランティアに加わってたって話をしましたけど、なんでそこに関わろうと思ったかと言うと、そこのグループの目的が、「自分たちが一日も早くなくなることだ」とはっきり掲げていたからです。グループの原理が目的と相関的で、それこそアクターと言うんですかね、それが達成された暁にはそれはもう消滅しているという。それは時限立法みたいなもんですよね。そして、たまたま現地で出会った人間がこちらに出入りしたり、あるいは違うグループの動きにこちらの人間が参加したりというフレキシブルな部分もあった。こういう組織原理は、僕は今後、非常に可能性があるなと思ってます。小中規模であり、時限的であるから、フレキシブルでもある。これが大規模かつ恒常的になってくると、また硬直化してしまい、本来のミニマムな目的と違ってきますから。

清水　そうですね。時間や空間的な範囲に限定を設けるからこそ機能するポリティクスというのが今後、重要になってくるのかもしれない。これはコスモポリティクスみたいな大きな話ではないんだけど、そういう限定的な部分について深く洞察することが、世界そのものを理解することに繋がるんじゃないか。アクターネットワーク論自体がそうであるように、非-人間まで含めた世界そのものについて考えることは、個人が個人であることを模索することでもある。リヴァイアサンのような統合体にならないための連帯。そこで「モノ」も加わったネットワークを辿っていくことで「ガイア」に至る。その道筋をどう具体的局面で可視化していくかってことですね。

かなりな高齢者以外、我々はこれまで一〇〇年に一度の文明の転換点といったものをあまり経験してきていないと思うんです。『実在への殺到』を書いたのは二〇一七年でしたが、あの時に僕は、ロシア革命が起こり、デュシャンが《泉》を展示した一九一七年くらいから、二十世紀が本格的に到来したように、二十一世紀もまたようやく到来しつつあると書きました。ただ、二十一世紀の到来を告げたのはこのCOVID-19だった。ここから二十一世紀が本当に始まるんだという感慨を抱いています。

おそらく、人間が人間社会のことだけを考えていくのではないフェーズが不可避的に生まれている。そしてその中で、自宅隔離のような形で閉ざされていく部分もあるけれど、Zoomを使った今日の対談のようなものをはじめ、遠隔地どうしの関わりあいも積極的になってきているし、開かれていく部分も逆にある。逆に今まで閉ざされたところで密になっていたクラスターが、シャッフルできるようになってきている。これはいいことだと思いますね。怪我の功名でしょう。

甲田　まさに怪我の功名ですよね。今後の計画とか目的を立てるということは必要だろうとは思うんだけれど、何のために計画や目的というものがあるかと言ったら、アテを外すためにあると僕は思ってます。つまり、現実はそんなものをやすやすと乗り越えていくわけで、それも含めての世界と正対するあり方というのがあると思う。清水さんとの共通関心で言うと、ミクロとマクロが入れ子になって展開している華厳思想の世界だとかね。まあ、COVID-19によって、人と人、人とモノとの結び方や切れ方が実は複層化しているということに、仏教とかに興味があるようなオタクな連中や専門家に対してだけじゃなくて、全体的に見え始めているんじゃないかなと思って、僕はそこに期待は感じてます。

辻　お二人のお話を聞いて、いま、まさに社会的なものが組み直されていく大きな転換点に立っているのだろうという気がしています。そこには希望がある。清水さんがおっしゃった通り、二十一世紀がようやく到来したのかもしれないと思うと、不謹慎ながらどこかワクワクしてしまうところもありますが、しかし、性急に大きな動きに乗るのではなく、それこそクラスターを細かく分析していくような、小さなところからじっくり考えていきたいと思います。また、今日お話に出たような問題の奥底にはいずれも、甲田さんが前半でお話ししてくださった「畏怖」の欠如という問題が横たわっているようにも個人的には感じました。それこそ「なにか分からないもの」を次々に取り込んで拡張していくオブジェモンド的な文明は、「なにか分からない」ものを

「分からない」ままにして過度な接近を避けようとする「畏怖」からは最も遠いところにあるものですよね。では、一体そうした「畏怖」を、僕たちの具体的な行動、あるいは具体的な政治に紐づけて考えてみた時に、どのようなオルタナティブを提示することができるのか。今日のお話に断片的に示されていたような「多自然主義的ポリティクス」の可能性については、また機を改めてじっくりお話を聞いてみたいと思います。今日はどうもありがとうございました。

1　田中崇恵「『他者』と『異者』」『京都大学大学院教育学研究科紀要』第五九号、二〇一三年、三四七―三五九ページ（https://repository.kulib.kyoto-u.ac.jp/dspace/bitstream/2433/173239/1/eda59_347.pdf）

2　ジョルジュ・アガンベンの新型コロナウイルスに関する論考は『現代思想』二〇二〇年五月号（緊急特集＝感染／パンデミック、青土社）で読むことができる。

3　「テレワーク　働きぶりの〝見える化〟導入広がる　新型コロナ」（NHK NEWSWEB　https://www3.nhk.or.jp/news/html/20200424/k10012404611000.html　二〇二〇年五月十九日閲覧）

4　インドにおいて、仏教とは異なり、ヴェーダの権威を認めるバラモン教系の哲学諸派を総称して六派哲学という。それは祭祀の解釈を行うミーマーンサ学派とヴェーダ・ウパニシャッドといったバラモン教の古典解釈を行うヴェーダーンタ学派、二元論を説くサーンキヤ学派とヨーガによる解脱を説くヨーガ学派、論理学を説くニヤーヤ学派と自然哲学を説くヴァイシェーシカ学派に分かれる。八世紀に活躍したとされるシャンカラはこのうちヴェーダーンタ学派の哲学を体系化し、そのためにインド最大の哲学者とも言われる。

清水高志（しみず・たかし）

一九六七年生まれ。哲学者。東洋大学総合情報学科教授。主な著作に『セール、創造のモナド――ライプニッツから西田まで』『来るべき思想史――情報／モナド／人文知』（共に冬弓舎）、『ミシェル・セール――普遍学からアクター・ネットワークまで』（白水社）、『実在への殺到』（水声社）、共著に『脱近代宣言』（水声社）など。

甲田烈（こうだ・れつ）

一九七一年生まれ。東洋大学井上円了研究センター客員研究員。単著は『水木しげると妖怪の哲学』（イースト・プレス）、『手にとるように哲学がわかる本――「存在」することとは何か？』（かんき出版）、共著に『入門　インテグラル理論』（日本能率協会マネジメントセンター）、論文に「井上円了と民俗学」（『論集　井上円了』所収）、「往還存在論の試み」（『たぐい vol.2』所収）などがある。

May 12th, 2020

TALK 05

ケアが「閉じる」時代の精神医療

心と身体の「あいだ」を考える

松本卓也 精神科医 × 東畑開人 臨床心理士

MATSUMOTO Takuya x TOWHATA Kaito

異例の自粛ムードで包まれた連休が終わり、第五回対談（二〇二〇年五月十二日）（松本卓也×東畑開人）の時点では、世界の感染者数は四一七万人、死者二八万五千人超となっていた。外出自粛が要請される中、仕事や大学の授業のみならず、精神医療の現場もオンライン化も進められるようになってきた。果たして、「心のケア」のオンライン化は可能か？　これが中心的テーマとなった。

カウンセリングをオンライン化した経験から分かるのは、「自分だけの部屋」を持つことの重要性である。そもそもオンライン診療を受診できる時点で社会的に恵まれているとも言える。オンライン診療は、対面ほどではないにせよ医療者の「プレゼンス」を感じられる機会になっているため、治療としては成立し得る可能性があることが示された。ただオンライン診療では、患者が「いい子ちゃん」になってしまい、ドロドロした部分のコミュニケーションがなされないという限界がある。近年、メンタルヘルスでは「ケアを開く」、つまり、個人対個人の治療―被治療関係ではなく、中間共同体を活用するものが着目されてきた。しかし、コロナ禍においてこのような共同性は「三密空間」として忌避されてしまう。「ケアが閉じる」時代の始まりである。新しい親密圏や連帯の可能性に向けて現場レベルでの試行錯誤が行われており、草の根からの新しい言説の登場が期待される。

「心のケア」のオンライン化は果たしてどこまで可能なのか

辻　今日、COVID-19の感染拡大防止のための社会的距離化、外出自粛の要請によって、これまでオフィスで行ってきた業務、学校で行ってきた授業をオンライン上で行う、リモートワーク、リモート授業が、にわかに一般化しつつあります。一方、こうした社会活動のオンライン化、対人機会の減少に伴い、これまで以上に人々の「心のケア」が重要な問題となってくるだろうという予測も、かなり早い段階からなされていました。しかし、その「心のケア」を行う精神医療の現場にもまた、現在、オンラインカウンセリングなど、ＩＣＴを利用した遠隔診療が導入され始めています。ケアを「開く」時代から、ケアが「閉じる」時代へ。対面診療が現実的に困難なものとなった現在、「心のケア」のオンライン化は果たしてどこまで可能なのでしょうか。あるいは、もしそれが可能だった時――つまり心の治療に物理的な対面が必ずしも必要ではないということが明らかになった時、逆照射されることになる私たちの「身体性」とはなんでしょうか。本日はそうした問いをめぐって、精神科医で

松本卓也『創造と狂気の歴史――プラトンからドゥルーズまで』（講談社選書メチエ、2019年）

あり、ラカン派の精神分析の研究者として活動する松本卓也さんと、デイケアの現場経験の試行錯誤からケア論の新たな地平を切り開いた『居るのはつらいよ——ケアとセラピーについての覚書』（東畑開人著、医学書院、二〇一九年）など、鋭利に心の問題に迫る著作で知られる臨床心理士・東畑開人さんのお二人に語り合っていただきたいと思っております。

『居るのはつらいよ』

すでに東畑さんはこの事態を受け、オンライン診療を取り入れ、実際にそれを行っているそうですね。そこで、まずは東畑さんに、日々の現場で今感じられていることなどについて、お伺いしたいです。

東畑開人（以下、東畑） よろしくお願いします。ええっと、話すの僕からだったのかって感じなんですけど（笑）、まあ、そうですね。順を追って話しましょう。まず、日本では二月の終わりから三月の初めくらいにかけて新型コロナウイルスの脅威が現実的になり、それによって社会が大きく変動し始めたわけですよね。僕もその頃からこのウイルスのことを考えざるを得なくなりました。何を考えていたかというと、具体的には日々の面接についてですね。この状況下で心理療法を継続していくか、いかないかですね。そして継続するならば、どうやって行うかですね。その中でオンラインという新しい試みを始めることになりました。そうしたことを通じて、僕は新型コロナウイルスのことを多く考えさせられることになりました。

その上で、話せることは大きく分けて二点あると思います。容れ物の話と中身の話です。まずは一点目、容れ物の話をすると、僕は今、iPadとAirPodsによって皆さんと繋がっています。実はこれも試行錯誤の末の形であって、色々と試した結果、iPadとAirPodsの組み合わせに現状、落ち着いている感じなんです。この形に到達するまでには、手痛い出費ではありましたが、無駄にBluetoothマウスを買ってみたり、ヘッドセットを三つも四つも買ってみたりもしました。声がちゃんとナチュラルに相手に届き、また向こうの声がナチュラルにこちらに届く機材はどれなのか、それは臨床にとって根源的な問題でした。それから、僕のオフィスには今まで光回線が入ってなかったんですよ。ただ面接をするためだけの場所だったから、ネットを使う想定が一切なかった。なので、光回線を改めて入れるということもやらなければなりませんでした。これらのことが何を意味しているのかというと、オンライン面接を始めるためには、まずセッションを可能にする環境を整えなければいけないということです。

オンラインであればどこでも繋がれると言いますけど、実はちゃんと繋がるためには色々と準備をしなきゃいけない。これは、僕自身もそうですけど、クライエント側もそうなんですね。クライエントもまた自分自身でネット環境を整えて、Zoomのアプリを入れ、ヘッドセットを準備しないといけない。そして何より人が入ってこない部屋！　自分のことを話すことができる部屋を調達しないといけない。これらがないと、オンラインでの面接がそもそも成立しないんです。これは当たり前ではあるんだけど、僕にとっては非常に重要な発見でした。物理的な面接室があるということが、ものすごくクライエントにとって便利だったと再確認したんです。しかし今、プライバシーと安全性が保てる、人が入ってこない、自分の心のことについてじっくり考えるための空間を手に入れるということを、クライエントたちが自分自身でやらなければいけない状況になっています。言ってしまえば、面接のかなりの部分が自己責任に移譲されたわけです。これがオンライン面接を行う上で、最も重要なポイントだと思うんです。

先日、打ち合わせで松本さんと話していた時に、松本さんがヴァージニア・ウルフの『自分だけの部屋』（川本静子訳、みすず書房、新装版、二〇一三年）を引き合いに、自分一人の部屋の必要性について、指摘されました。僕もその後、ウルフを読み直して、なるほどなと思いました。ウルフは鍵のかかる自分だけの部屋が自分のことを考える力なのだと言ってます。つまり、お子さんやご家族がいたりして、その人たちのお世話をしなければならなかったり、その人たちが常に侵入してくるような環境では、自分の心というものをきちんと扱うことはできない。それを扱うためには、鍵のかかる部屋が必要で、それがないと小説も書けないのだ、と。小説が書けないのはどういうことかと言えば、オンラインカウンセリングもできないということなんです。つまり、心に向き合うとは、しっかりした境界線ができて初めて可能になります。

しかし、よくよく考えると、そうした環境を整えることができるのであれば、そもそも心理療法をそこまで必要としなかった人もいたわけです。そういう環境が家の中で設計できないこと、すなわち家族との関係で自分のスペースを持てないことそのものが問題で、心理療法に訪れている人がたくさんいるからです。すると、心理療法のオンライン化は、心理療法を最も要としている人にとって、最もハードルが高い方法だということになる。まず、そういう難しさを感じています。つまり、オンラインだったら誰とでもどこからでも繋がれるということばかりが強調されているんだけれども、実はそういう風に繋がることができる人たちというのは、社会の中でもかなり限られた人たちなんじゃないか。だとすれば、どうすればいいのか。これがまず容れ物についての問題意識です。

もう一つは中身の話ですね。オンラインの面接を行う環境が整い、実際にそれを行ったとして、果たして心理療法はどの程度可能なのか。これについては本当に死ぬほど考えてきました。少なくとも僕がいる臨床心理の世界においては、「直接会う」ということが前提であり、そしてある部分神格化されてもいたんです。「直接性」幻想とでも言うんですかね、二人の人が同じ部屋にいて、そこに繋がりが生まれて、いろんなドラマが起きたり、サポートが起きたりする、という考え方です。実際僕自身、果たしてオンラインでどれくらい心理療法ができるのかに対しては懐疑的でもあって、これまでもオンラインでの面接というのはやってこなかったんです。ただ、ご紹介にもあったように、こういう状況になってやるようになりました。

結論から言うと、案外できるところがあるというのが率直な感想です。あるいは、できる側面がある。では、何ができるのかというと、二つ挙げることができます。まず一つ目は情報交換、これは可能ですね。たとえば、今もこうして僕の声が我がオフィス最大の自慢である（笑）光回線を通じて皆さんのところに届いているわけですけど、それによって情報を伝えることはできているわけですよね。そして、相手からの情報、今なら辻さんや松本さんからの情報を、こちらとしても受け取ることができる。さらに受け取った情報を僕の中で加工して、そちらにまた情報を送り返すこともできます。これは心理療法で言えば、事態を理解して適切な助言を行うということにあたり、そういうことはオンラインでも可能だなという風には思いました。これが一つ目です。

二つ目は、個人的にはより大きな発見だったんですが、画面上に相手が映ることによって、そこに相手がいる、つまり「being there」を感じることができるということですね。このことの意味はすごく大きいなと感じました。海外の文献でオンラインセラピーの価値として大体まず最初に出てくるのが「プレゼンス（presence）」という言葉なんです。この「プレゼンス」というのは、もともとはカール・ロジャーズという臨床心理学の大家が提示した概念で、面接室の中に二人の人間がいて、そこに相手がたしかに存在しているという感覚がすること、交流があると感じられることを指します。この時、ロジャーズはそこにスピリチュアルな雰囲気を纏わせていました。実存的で神秘的な繋がりが面接室の中に立ち上がること、それがすなわち「他者が存在する」ということなのだ、と。ただ、これは彼がZoomで面接をしていなかったから感じた神秘感だったと思います。Zoomを使った対話で得られる「プレゼンス」に関しては、それほど大げさなものではありません。ごくごく普通の感覚です。個室でひとりぼっちでいる中で外と回線が繋がって、ちゃんと世の中には自分以外にも生きている人がいて、きちんとこっちに関心を持っているという感じ。世俗的な意味で「いるんだなあ」という感じ。それは心の中に他者がいることを確認する働きで、メンタルヘルスにとって不可欠なものだと思うわけです。これは当たり前のことだったわけです、対面では。だけど、オンライン上で面接をしてみたことで、僕は改めて、心理療法やカウンセリングにおいては根底のところでこの「プレゼンス」が機能していたのだと認識しました。今までは身体がそこにあるから、そこに相手がいること、「プレゼンス」が当たり前すぎて、その重要さに気づかなかった。だけど、リモートになって初めて「そこにいる」という感覚に気づかされた。そして、その感覚はオンラインでも得られることが分かった。これが二つ目です。

この二つがオンラインでもある程度はできると感じたポイントなんですが、一方でオンラインには限界があるというのも、やはり感じました。その限界がどこにあるのかというと、情報をお互いに交換することはできるけど、情報未満のことをお互いにやり取りすることが難しい点です。情報未満とは何かというと、言語にならないことだと思うんですね。つまり、オンラインにおいては言語は交換できるんだけど、言語未満のことはオンライン上で交換することがなかなか難しい。たとえば、物理的に一緒にいると、なんだか不穏な雰囲気がするとか、あれ、今相手はそうとは見えないけど泣いているんじゃないか、とか、言葉にならずにただ醸し出される空気とか雰囲気といったものが自然とお互いの間で共有されますよね。この共有がオンラインだと起きづらいんです。泣きそうになっているのを察知するのは、身体というメディアの特別な働きです。

もうちょっと別の言葉で説明すると、オンラインの面接というのは安全なんですよ。互いに相手に殴られる可能性もなければ、身体を触られる可能性もない。バイオレンスもエロスも身体的に展開される可能性がない。もちろん、対面の面接でもそういうことは起こらないし、起こらないようにするのが僕らのプロフェッショナルではあるんだけど、「起こりうるけれども起こらない」と「そもそも起こりえない」とでは全然違うと思うんですね。身体的な暴力が起こる可能性がそもそも遮断されている状況では、お互いの間にある不安とか危険といったもののやり取りが難しい。逆説的ですが、このことが治療において、相手を支える力をかなり減らしてしまっているなというのは感じました。安全すぎることは、心を遠のかせてしまう。それこそオンラインではウイルスもやりとりされないわけだけど、同時に不穏なもの、危険なもの、不潔なものがやりとりされにくい。こうしたものをどうやってもう一度、治療の中に取り戻していけるのかをずっと考えながら、この一、二ヶ月を過ごしてきた感じです。

振り返ると、まず初めにセットアップの問題があり、オンライン面接を受けることができる環境を作ることが、そもそも簡単ではないということがあります。そして、その環境が用意できたとしても、オンラインにおいてはできることもある一方で、現状ではできないこともある。このあたりはこれから精緻な知見を積み重ねていくべきところと思いますが、現時点での僕自身の雑感としては、こんな感じでしょうか。

これまでは身体の交換可能性がカウンセリングを支えてきた

松本卓也（以下、松本）　ありがとうございます。かなり網羅的な話をしていただいたので、今日のトークはこれで終わりでもいいんじゃないかという気もしているんですけど（笑）、とはいえ僕は東畑さんとは普段やってることも違いますので、僕のほうからもいくつかお話をしてみようと思います。

僕は精神科医として、心療内科のクリニックに週に一回だけ勤めています。東畑さんは開業されてらっしゃるから、全部自分でセッティングせねばならず、まずその大変さがあったということなんですけど、僕の場合は週一回行ってるだけなので、そうした設定なんかについてもクリニック側にやってもらっています。なので、だいぶ楽してるなというところはあります。

その上で最近のクリニックの診察室の様子を話すと、病院なので外来の対面診療は継続して行っているんですが、今では患者さんと医師との間に大きな木の枠を置き、その間にビニールを張って飛沫が飛ばないようにした上で、外来診療が行われています。それと、電話診療が増えてきましたね。僕はオンライン診療は全くやってないんですけど、電話診療は一日数件ほど入るようになってきました。

東畑さんは、オンラインカウンセリングでも意外とやれるとおっしゃっていましたが、僕が電話診療を駆け出しながらもやってみた感じとしては「これは無理だな」という印象でした。それは僕の経験の浅さゆえという部分もあるとは思うんですが、端的に言うと、電話だと患者さん側が——そしておそらくはこちらも——「いい子ちゃん」になってしまう感じがしています。つまり、耳障りのいい言葉や、よそ行きの言葉しか出てこなくて、面接室であれば出てくるはずの自分のドロドロした部分をふくむ内面を出してくれないんです。患者さんの中の悪いものが全く現れてこない。電話診療は短時間で終わるのですごく効率はいい。自分の精神的な疲労度も少ない。ただ、それだと結局、治療そのものは進まないなと感じているところです。

さっきのお話で興味深かった点は、東畑さんがオンライン診療にあたって、色々と試行錯誤されたということでした。まず、治療空間の設定。どのマイクを使うかとか、PCではなくiPadを使うとか、カメラと自分との距離感とか、実に多岐にわたっています。その試行錯誤がとても重要なことだと思いました。普通、こうしたZoomやSkypeなどのビデオ通話においては、まさに僕と辻さんがそうであるように、顔だけを映しちゃう感じになるんですよね。しかし、東畑さんはカメラと自分との間に距離をつくることで、身体全体も映している。すると、こちらと東畑さんとのあいだに空間が生まれるんですよね。この空間の重要性について、さっきからずっと考えていました。顔だけを映すという形になってしまうと、変なたとえですが、ツイッターで顔写真のアイコン同士で話しているような感じになりがちです。あいだに空間が生じない。相手の身体が見えるということは、相手のジェスチャー等も見えるということであり、おそらくはそのような空間をつくることが、オンラインカウンセリングをやっていく上で大事なのでしょうね。

このことと関連して言うと、僕は精神病理学という学問をこれまで学んできたんですが、最近では、精神病理学における「了解」とはなんなんだろうということを考え直してるんです。「了解」というのは、患者さんの言っていることを治療者が「分かる」ということなんですが、結局のところ、この「了解」とは、ある種の身体性によって支えられるしかないのではないか。つまり、東畑さんが先ほどお話しされた「プレゼンス」、目の前にいるということがすごく重要だということです。どうしてそれが重要かといえば、自分の身体と心に起こっていることは、自分だけの苦しみではなくて、目の前にいるこの人にも起こりうるかもしれない——つまり、自分の目の前にいる人が、自分のつらさを共感的に理解しているかもしれないという感覚は、ただ相手が自分の症状などを字面として理解しているという事実から得られるのではなく、この人の身体にも同じことが起こりうるんだということの確認なのではないかと思っているんです。「了解」についてて論じたカール・ヤスパースが、「了解」の肝は「共体験」にあると言っているのですが【1】、それは身体性によって可能になるのではないか。

あるいは、「了解」は「身体の交換可能性」によって支えられていると言っていいかもしれない。実は、これまで面接室は、この「身体の交換可能性」によって支えられてきたのではないかと、改めて感じています。だから僕は電話診療は難しいと思ったわけなんですが、東畑さんが試行錯誤の末に、今みたいにカメラを離してあいだに空間を作った上で診療を行っているというのを知り、工夫次第ではオンラインでもできることはあるのだなと感じました。また、いまの東畑さんのやり方が面接室という特殊な空間を再構築するために必然的にそのような形になったのだろうとも思いました。

東畑　画面の遠くに自分を映しているというのは、本当に試行錯誤の結果です。なんせ、そのためにiPadを置く台も二つ買いましたから(笑)。理論的に言うとメラニー・クラインが言うところの「部分対象」と「全体対象」ということですよね【2】。顔だけが映ってしまうと、顔がクライエントにとってフェティッシュになってしまう。おそらく、そういうスプリットが起きやすいんです。言ってしまえば、顔ではうんうんって聞いていても、もしかすると下半身はパジャマかもしれない。パジャマはあくまでも比喩であって、要は、見えている表と見えていない裏があるというスプリット的な空想が広がりやすい。ただ、それはオンライン全体にある傾向であって、また抜きがたいところなんだけど、少なくとも「全体対象を志向する」というこちら側の治療的な構えを伝達しているという側面はあるとは思います。

松本　そこはすごく大事ですよね。COVID-19の流行という状況で、Zoomを使ったリモートワークやオンライン会議が話題になった時に、SNSで一番流行った言説は「実はパンツ一丁でやってます」とか「裸でも大丈夫」とか、そういうものでしたから。もちろんそれは冗談なのですが、そういう空想が出てきてしまうことこそが、まさに部分対象と全体対象の問題に関わっている。

東畑　オンラインは、治療者の裏の顔みたいな空想を掻き立てやすいとは思いますよね。あと、身体を見せることでジェスチャーを使えるというのも本当にいいんです。たとえば、うしろに背もたれて腰掛けている姿勢から、言いたいことをしっかり伝えたいような時にグッと前に乗り出してしてみるだけで、コミュニケーションになります。これができないと本当に言語だけになってしまうので、たとえば相手の話の最中に介入するということも難しい。Zoom の二次元的な画面に三次元的な奥行きを持ち込む工夫です。

松本　今、東畑さんは実際に身を乗り出して話されましたね。この対談で Zoom を使っているから言うわけじゃないですが、本当にズームインしている感じがありました(笑)。前から気になっていたんですが、オンライン会議のサービスって実はいくつもあるんですよね。Skype や、マイクロソフトの Teams、あるいは Google Meet とかでもオンライン会議はできる。しかし、この事態になってみんなが途端に、Zoom だ Zoom だ、と言い出しましたよね。実際、大学の授業なんかもほとんどが Zoom で行われてて、まさに Zoom のパンデミック――セキュリティの問題も指摘されていますから、あえてこう呼んでおきましょう――みたいなことが起こってます。では、なぜ他のサービスではなく Zoom が選ばれたのだろうと考えると、「Zoom」という名前が良かったんじゃないかと思うんですね。つまり、相手の私的空間にズームインしていくという想像力を刺激するネーミングになっていることが、Zoom の躍進の鍵だったのではないか。

オンライン診療のなかでできることとできないことについても、このズームイン、あるいはズームアウト可能な空間という点から考えることができるのではないかと思います。東畑さんは、オンラインでも言語のレベルのことは問題なく伝わるという話をされましたよね。情報の交換はできる、と。ただ、それ以上、あるいはそれ以下のコミュニケーションはやりにくいというお話でした。そのお話を僕が体験した電話診療の話に繋げると、自分の中にある悪いものを診療室の中の空間に投げ込めないということが大きいのかな、と思うんです。力動系の治療においては、患者さんが自分の中にあるものを治療空間の中に投げ込んでいく。その作業は、まさに自分の中にあるものを、他者のところにあるものと見なす点で、空間のなかの遠近法を操作しているわけですね。治療者は、その投げ込まれたものを抱えこみ、さらに患者さんに投げ返していく、ということを繰り返していくのが力動的な治療です。オンラインの場合、面接室という空間がうまく作りづらいので、このようなやりとりが起こりづらいのではないか。東畑さんのさっき話されたことを、精神分析の言葉でそういう風に整理することもできるのかなと思ったんですけど、どうでしょうか。

想像界的な弔いと象徴界的な反復

東畑　つまり、「投影同一化」が難しいという話ですよね。まさにそうだと思います。そのことで頭に浮かんだのはコーチングのことです。なぜかというと、コーチングというのは、対面でのセッションも行いはするものの、昔から電話でもやっているんですよ。あるいは認知行動療法などもそうで、最近ではアプリを経由してやっていたりしますよね。つまり、それらはオンライン化にあらかじめ親和性があったんですよ。でも、力動系、精神分析のほうはストレートにオンラインに移行することが難しかった。この差はなんなのかと考えさせられるわけです。

たとえばコーチングにおける「コーチ」というのは馬車という意味なんですよね。馬車を操るイメージがコーチングにはある。馬をいかに導き、いかにコントロールして、自分の進みたい道へと行かせるか、そういう実践がコーチングなんです。馬には鞭を振るうジョッキーがいて、このジョッキーが馬をコントロールして導いていくわけですが、コーチングではそのジョッキーに対して手助けがなされる。すると、治療はジョッキー同士のコミュニケーションになります。一方、実は精神分析においても馬とジョッキーのたとえが使われているんです。フロイトがエス（Es）を馬にたとえ、その上にジョッキーとしての自我が乗っかっているといった説明をしていたりします。もちろん、精神分析においてもジョッキー（自我）によって馬（エス）のコントロールを効かせていくことが、治療として意味あることとされてはいるんだけど、馬自体の苦しさや傷つきにスポットライトを当てる側面もあります。そうした馬の部分が面接空間の中でコンテインされ、かつ変容していくという契機が考えられているわけです。

そう考えた時に、オンライン上のコミュニケーションにおいては、ジョッキー同士のコミュニケーションはわりかし成立しやすいわけです。だから、コーチングにおいては電話が元から多用されていたのではないか。ただ、精神分析においてはそこに馬の部分を持ち込んでいく必要があって、それがオンラインの場合は非常に難しいんだと思うんです。つまりは「馬が合う」という状態をいかにオンラインで作れるのか。Zoomにせよ、Skypeにせよ、馬を合わせにくいメディアではないかと、逆に言うと、これまで行っていた対面とは、馬のためのメディアであったのではないかと思える。身体というメディアは、馬に好都合なんです。馬と馬とが向き合い、馬が合ってみたり、喧嘩してみたりする。そして、それとは別軸でジョッキー同士も話し合ってる。この二重性が精神分析的心理療法の骨子だったのではないか。ここが今は難しくなってるわけですが、じゃあ、難しいなら諦めるかといえばそうではなくって、できることもあると思ってます。たとえば僕がクライエントとZoomでなんの話をするかというと、「馬同士のコミュニケーションが取れていませんよね」ということ自体について話をしていくんです。ジョッキー同士で、ここでは馬が生きていない、だからいくら話しても不満に感じてしまったりするし、どうしても寂しくなったりしてしまうということについてを主題化し、語っていくことです。それは馬同士がコミュニケートできていないというコミュニケーションについて話すことです。不在を語る。

松本　面白いですね。ともすると我々は、新しいメディアやテクノロジーが席巻すると、「ここには身体がもはや現前していないから何もできないんだ」という風に極端に考えがちですが、必ずしもそうではない。そもそも、フロイトは無意識をまさに電話というメディアないしテクノロジーのメタファーで捉えていました。彼は、患者さんと分析家のあいだでは、語られている言葉そのもので情報交換をしているようなコミュニケーションがあり、さらにその下層には両者の無意識同士のコミュニケーションがあると考えていました。そのような無意識のコミュニケーションにおいて、フロイトは精神分析家を、患者の無意識を聴き取るための「受話器」にたとえている。だとすれば、面接室は、COVID-19以前においてすでにある種のメディアであったわけです。すると、原理的にはZoomという他のメディアを使ってもコミュニケーションはできるはずですが、ただ東畑さんが今言われたように、これまでと同じやり方では難しい。同じようなコミュニケーションをするためには、何か別のやり方がなされる必要がある。そういうことなんだと思うんです。

言葉を交わさない、無意識同士のコミュニケーションについては、フロイト以後の精神分析においても議論されています。いわゆる「逆転移の臨床」、つまり、分析家の側が患者さんに抱くある種の感情は、患者さんの無意識を直接的に反映したものであるという考えは、まさにそういうものです。あるいは「投影同一化の臨床」も、患者さんのなかにあるものが治療者に投影され、治療者自身が患者さんの心の中にあるものになってしまう、といったことが起こるとされる。力動的な精神分析ではこれまでそういった無意識同士のコミュニケーションがとても重要視されてきたんです。

ラカンは、そのようなタイプの精神分析の理論に批判的だった人なんです。投影同一化の概念を積極的に使うラカン派はいませんし、逆転移の理論についてはラカン自身が批判しています。ラカン派は、そういうタイプのコミュニケーションをあまり重視していない。ラカンの言葉でいうと、それは想像界（イマジネール）的なものなんです。ラカンにおいては、よく知られている鏡像段階の理論がそのようなコミュニケーションについて説明するものです。鏡に映った像は、自分の身体像を映し取ってくれるがゆえに、自分はこういう人間なんだということを分からせてくれる。それは、子供にとっては喜ばしいことなんだけれど、一方では、何か自分が奪い取られてしまっているような気もして、腹が立ってくる。そして、最終的に「あいつは俺のものを奪っているぞ」と思うようになって、二人のあいだに終わりのない攻撃性が展開していく——というのがラカンの考える想像界の理論であって、ラカンはこうしたコミュニケーションを批判しているわけですね［3］。

ただ、ラカンが想像界の理論をきちんと作っていたこと、というよりむしろ、ラカンの臨床と理論が想像界についての探求から出発していることもまた、重要なことです。つまり、ラカンは、そういった投影同一化や逆転移は存在しないだとか無価値だとか言っているわけではなく、むしろ臨床をやっていたら必ず起こってくるものであると考えている。その上で、そのような想像界的なもの、つまりは東畑さんがフロイトを引きながら言われた「馬」の部分をいなしながらも、象徴的なものに目を向けていかなければならないとラカンは主張しているんですね。つまり、彼の理論は――少なくとも、いわゆる「ローマ講演」の頃の理論は――二段構えになってるんですね。まず、想像界の臨床がある。そこにどっぷりとのめり込んでしまうのではなく、そこから象徴的なものを見ていきましょう、というわけです。象徴的なものとは、症状や夢や失錯行為のなかにみられる言葉遊びのようなもののことです。そこには、何らかの規則性があり、それがその人の人生を規定しているとラカンは考え、さらに一時期はその象徴界をサイバネティクスのような工学的な知によって考えようとしていたわけです。

このことを説明する上で一つ、ある作品について話したいと思います。日本のホラー映画で『リング』（中田秀夫監督、一九九八年、日本）【4】という誰もが知っている作品がありますね。もともとは小説だった作品ですけど、映画化され、テレビの画面から貞子が這い出してくるシーンが印象的なあの作品です。それこそ貞子がZoomの画面から出てきたら怖いなと思うわけですけど（笑）、あの作品は、映画版では、貞子が這い出してくるシーンが非常におぞましいものとしてイメージ化されているんですが、実は原作小説においては、クライマックスはそこではないんです。あの作品は、「弔われていない死者がいる」「その死者を弔わなければ厄災は終わらない」ということが最初から最後までモチーフになっています。もちろん、その「弔われていない死者」というのが山村貞子です。そこで主人公たちは、貞子の死体を井戸から引き上げて、埋葬してあげることで、貞子が成仏して厄災が終わる、と考えるわけです。これは、精神分析で言うとクライン派的な話ですよね。ちゃんと弔われていないものを弔わなければならない、「喪の作業」をしなければならない、という話ですから。その意味では、映画版のクライマックスは想像界＝イマジネールにおかれていると言える。

ところが、『リング』の原作小説では、むしろクライマックスは、その後に置かれています。つまり、山村貞子の死体を井戸から引き上げて彼女を弔ったはずなのに、ビデオテープを見た人が呪いで死んでいくという現象自体は止まらない。その事実を知った主人公は、最後になってようやく「しなければならなかったのは喪の作業ではなく、象徴的な情報の反復だったんだ」ということに気づく。この作品ではビデオテープのダビングがウイルスの再生産と重ねられているわけです。つまり、ウイルスというのはコピーされることだけを求めていて、そしてそれは「弔われていないこと」をめぐる情念とは関係のない、単なる反復でしかない。実は貞子の呪いは、ウイルスの世界におけるこうした反復によって支配されていたことが最後になってようやく気づかれるわけです。ところが、我々人間の世界では、それは想像界的に理解されてしまう。つまり、「弔われていない死がある、だから、弔いをしなければならない」という風に解釈されてしまう。つまりこの作品は、想像界的な弔いと象徴界的な反復のあいだの落差と、その二つのあいだの移行を描いた、とてもラカン的な話なんですね。つまり、物語は想像界において始まり、弔われていない死をめぐる紆余曲折を経て、最後に、それが象徴的なものの反復によって決定づけられていたことが明らかになることによって終わる。もし『リング』が、前段の弔われていない死をめぐる紆余曲折を全部すっとばして、ひたすらビデオをダビングするだけの話だとしたら、とてもシュールですね（笑）。ということは、やはりここでも、想像界と象徴界の二段重ねが非常に重要であるというわけです。

東畑さんはコーチングの話をされましたが、その意味ではコーチングというのは、想像界抜きで、純粋に象徴的なものだけに注視しているのかもしれません。それも、系譜や歴史を欠いた、純粋に工学的な象徴界に。実は、ラカン派からコーチングセラピストに転向してしまった人もいるんです。英語圏におけるラカンの重要な紹介者だったスチュアート・シュナイダーマンという人物です。ラカン派の人は、えてして想像界批判に走りがちなんですが、過剰に想像界を批判し、想像界的なものを扱う必要はないという風に極端化していくと、むしろコーチングのような工学的な知に親和的になっていった、という例だと言えるかもしれません。

東畑　それはどういうことなんですか？『リング』という作品は、ラストを除くと、わりと納得のいくストーリーだったわけですよね。怨念を持った人の痛いところに触れて成仏させていくという、喪の作業をめぐる定型的な物語です。それに対して、実はその目的はウイルスのようにコピーして反復していくことだった、となってしまう。文学としてはこれでも別にいいんですけど、治療の物語としては活かしづらいように感じるんです。苦しかったり、傷ついたりした人たちの、その痛いところをどう変容させていくのかという治療的なプロットには乗りにくい。たとえばコーチングではそうした想像界的な治療ではなく、象徴界的な治療が行われているのではないかというのが松本さんの話だったと思うんですが、実際のところ、そこで言う象徴界的な治療というのはどういうものなんですか?

松本　映画版の『リング』はクライン派的で、小説のほうはラカン派的なんですね。ラカンの考えていた象徴界的な治療というのは、自分の人生の中で何が反復しているのかということを患者さんが気づき、受け入れることができるようにしていく治療です。たとえば、患者さんがある一定の対人関係のパターンというのを反復しているということがありますよね。これは対象関係論などでも扱われることですが、ラカン派はそういう反復のなかに、同じ言葉や同じ音節の反復をみていくわけです。つまり、同じような対人関係を反復しているということを言語の次元へと繋げていき、ある特定の言葉や音節の反復を見出していく。

東畑　なるほど。ただ、僕にはラカン派がコーチングに繋がっていくというのは、あまりイメージがしやすいものではないですね。コーチングがどこでできたかというとエサレン研究所という、ロジャーズとかアブラハム・マズローらがヒューマンポテンシャル運動という実践をしていた研究所においてなんです。このヒューマンポテンシャル運動というのは、神がいなくなった世界で自分の内側に自己という神を見出していくような運動だったと言えると思うんですけど、その運動に関わっていた人物の中にファイナンシャルプランナーの人がいて、彼がコーチングを作り上げていったとされています。ヒューマンポテンシャル運動自体はアメリカ西海岸のヒッピーカルチャーなどとも親和する運動なんだけど、さらにそこに会計的な知を持った人がその流れを汲んでコーチングを作り上げていった。そういうストーリーになっているんです。

そうなった時に、コーチングと心理療法というのはそれこそ想像界的な関係で、正反対のところがあります。コーチングはやっぱり未来に向かっているんですよ。未来をどう創造するか、未来の自分のイメージを作って、いかにその未来に向かっていくかという話が中心になっている。それに対して、心理療法は過去を見ています。過去のものが解決されていない、弔われていない、それをどう解決し、弔うのか、こういう発想なんです。馬の傷つきを問題にしています。もちろん、コーチングにも色々なコーチがいますし、それ自体が非常に雑多なブリコラージュでもあるため一概には言えないんですけど、やっぱりマーケットの中でいかに自分を作っていくかという思想が、基本線にはあるわけですよね。一方、マーケットで勝つために心理療法を受けに行くというようなカルチャーはなかなかありません。より多くを得るためではなく、難しいことを何とかするために行くのが心理療法です。

コーチングと心理療法というのは、そういう風にある意味では対称的になってる。ただ、僕はコーチングが象徴界的だとは思っていなかったんですよね。結構、想像界的というか、イメージの世界で動いている世界のように思っていたから、ラカン派からコーチングへ行く人がいるというのは、意外というか、衝撃的でしたね。

ミクロな啓示に警戒せよ

松本　僕も衝撃でしたね。今の東畑さんがされた、未来と過去のどちらを見ているかという話は非常に重要です。今、このコロナ禍において、言論人がとっている態度が二つに分かれているように思うんです。まず一方に、「アフターコロナ」とか「ポストコロナ」とかいった具合に未来のことを考えようとしている人たちがいる。その中には経済的な話をしている人も多く、この困難な状況下でいかに経済的に生き延びるか、ということが語られているわけですね。アントレプレナー的な人たちが「今は買える会社がいっぱいあるね」なんていう話をしている動画をこの前見たところです（笑）。

その一方で、過去のことを見ている人たちがいる。つまり今日の話で言えば、これまでの面接室がどんなものであり、どのような条件で可能になっていたのだろうか、ということを考えている人たちがいる。この過去のことを見ている人からもいろんなタイプの言説が出てきています。たとえば僕が最近SNSで見てハッとさせられたもので言えば、オンライン授業について「教員たちが今オンライン授業でてんてこまいになってるけど、もしこれまで不登校の子供たちの教育を受ける権利のことをまともに考えていたら、これは最初から解決されていたはずの問題だったのに」という話があります。まさにその通りだと思いました。不登校の子供にも教育を受ける権利は当然にあって、これまではそういう子供たちに対して、フリースクールのような回答しかなかったのだけれども、実はオンライン授業を始めとする、より個別化された教育というものを考えることもできたはずなんです。しかし、それについて、少なくともマジョリティの教員は考えてこなかった。そこに差別が潜んでいたということが、このコロナ禍においてようやく誰の目にも分かるようになってきた。

これは一例ですけど、今日、こうした「弔われていないこと」、つまり、不可視化され、不問とされてきた差別の構造的な格差が、新型コロナによって世界的に炙り出されていますね。話題になった岡村隆史の発言【5】もしかりです。あるいは、冒頭で東畑さんが言われたような、そもそも心理療法を受けることができた人たちがある程度、恵まれた人たちだったということ、それに輪をかけて、コロナ禍の状況でオンラインカウンセリングをするための準備をできるかどうかという点にも、まさに格差の問題が表れているわけじゃないですか。未来を見つめる人たちの他に、こうした「弔われていなかった問題」というのが数多く浮上してきている、ということに注目する人たちもいるわけです。言説が二つに分かれているなという気がします。

東畑　どういうモードでこういう不安な時期を乗り切るのかという問題だと思うんですよね。結局、アフターコロナ言説の人というのは、コロナ以前から未来のことを考えてきた人たちだと思うんですよ。アフターコロナ人材（笑）。逆に弔われてないものを考えてた人たちも、コロナ以前から弔われていないものを考えてきた人たちだとも思うんです。

松本　お盆大好き人間ね（笑）。

東畑　そうそう（笑）。それについて何が正しくて何が正しくないかに関してはいろんな文脈があるからさておくとしても、不安になった時に前を向く形で躁的になって未来をクリエイトしていくという態度も、あるいは過去のほうに向かって弔いを始めるのも防衛なのかもしれない。難しいのは、今日、どのタイプの防衛が適応的なのかがちょっとよく分からないということですね。非常に不確実な状況下で生きているという感覚があります。

　実は、この状況について、いろんなところからインタビューを申し込まれたんです。ただ、あまりに不確実なことが多くて、うまく話せないと思ったので基本は断ってきました。三ヶ月後に今日喋ったこととかが全く変わっている可能性もあるじゃないですか。さっき話したようなオンラインカウンセリングの話もまだちょっと分からないことを喋っているような感覚がある。渦中にいるんです。だけど、一方で、このように不安だからこそ、積極的に今対話しているというのもあります。不確実さを消化するために、僕は書いたり、対話したりしながら、考えている。それもまたおそらく防衛だと思うんです。前からそういう風にしていましたから。だから、本当は黙って臨床をやっているほうがよかったのかもしれないけど、やっぱり考えてみたかったわけですよね。みんながそれぞれそういう防衛を使って、なんとかこの不安の中で、日常を再構築しているという状況なのかなと思うんです。

松本　この新型コロナウイルスへの対応の中では、哲学者たちの反応も話題になりました。『現代思想』のパンデミック特集〔6〕にも、いろんな哲学者たちの反応が掲載されていますね。僕もリアルタイムで彼らの言説をなるべく見るようにしていたんですけど、中でもやっぱりジョルジョ・アガンベンが、最も防衛的に反応しているというか、一番初めにものを言って、一番初めにすべってるという印象を受けました。なんと言うか、これからどうなるか分からない状況に対して大きなことを言おうとして、不確実なものをどうにかして理解可能な形式に落とし込み、大雑把に未来を語るというようなことを、アガンベンみたいな人でもやってしまっている。

アガンベンが言っていることは、今日のような例外的な状態があらゆる強権的な統治を正当化するということです。それを「例外状態の常態化」だと指摘しているわけです。たとえば、この事態においてどさくさ紛れに憲法を改正して、もっと強い隔離政策を発令できるようにするといったように、大した議論もなしに政府の強権発動が可能になる、というのが、アガンベンの危惧していることです。とはいっても、これは以前から彼が言っていたことでもあって、その図式をコロナ禍に単にあてはめるようになっている。ウイルスについて、本当にこれからどうなるか分からないにもかかわらず、アガンベンは新型コロナウイルスはインフルエンザと変わらないという風にも語ってしまっていて、だから、そんなに騒ぐ必要はないんだ、と言い切ってしまう。

東畑　こういう状況において、人はシャーマニックになりやすいんですよ。天理教の中山みきが典型ですが、環境があまりに不確実になる時に、啓示が来るんです。現代のシャーマンたちもそうです。仕事や家族が壊れてしまって、なにがなんだか分からなくなる時に、啓示が来る。夢を見て、声を聴く。実は僕も二月ごろに地下鉄に乗っている時に啓示が来ました(笑)。飯田橋を出て、市ヶ谷につくまでの間に、週刊文春の中づり広告を見てたら、瞬間的にパーって五年後の未来が見えたので興奮しました。僕の場合は二日くらいでそのイメージは消えてしまったんですけど(笑)。そういう人多いんじゃないかな。不確実な状況だからこそ、それを一貫して語るストーリーがこしらえられてしまう。ミクロな啓示ですね。それで言うと、アガンベンにも啓示が来たんだと思いますね。

松本　そうでしょうね。バスの揺れ方で人生の意味が分かる的な(笑)。

東畑　そうそう。そういうのは、結構あるんじゃないかな。認知機能の特性として。

松本　そうかもしれませんね。ただ、こういう状況だからこそ、大きな話をするよりも、むしろ細かいところを見ていかなければいけないと強く思います。アガンベンのような話とは別に、今、「緊急事態だから、ロジカルに考えよう」とか「ゼロベースで考えよう」とか「いったんリセットして考えよう」とか、そういう言説も目立っているじゃないですか。たとえば、大阪のパチンコ店でまだ営業しているところを行政が公表すべきだといったような言説を盛り上げていた人たちの情念は、「パチンコはある種の利権であり、その売り上げは総連を通じて北朝鮮に送られているんだ」といったようなレイシズムと結びついた言説によって支えられているわけですよね。そういったレイシズムと結びついた言説などが普通に流出し始めている。それも、一般の市民だけが言っているのではなく、府知事までもがそういう言説に乗っかってしまっている。その際に、レイシズムを覆い隠すかのように、「ゼロベースで考える」とか「原理的に考える」という話法が用いられている。しかし、そういう話法を用いれば、それこそなんとでも言えてしまうし、あらゆる規制が可能になってしまうわけです。

そもそもパチンコ屋で景品を換金できるのはおかしいのではないか、というロジックは、それこそ「原理的」に考えれば小学生でも分かる話です。しかし、そういう風にゼロベースで考えてしまうと、物事の複雑性が見えなくなってしまう。もちろん、誰がどう考えても、事実上の賭博になってしまっているのは奇妙なことです。それは誰にでも分かる。では、そうであるにもかかわらず、なぜそれが今まで続いてきたのか。そこには非常に複雑な歴史があるわけですよね。当然、差別のことも考えないといけない。政治との繋がりにしても、複雑な経緯の積み重ねがあって成り立っていたりする。そうしたことが緊急事態下においては忘却されやすく、「ゼロベース」で、「いったんリセット」して、「ロジカルに考えて」みる、という話法によって、複雑な経緯や差別の認識、運動の歴史を一切無視したような言説がきわめて感染力の高い形で出てきてしまうわけです。

だから、大きなことを言ったり、分かりやすいことを言うという流れには警戒しなければならないと感じます。アガンベンの言う「例外状態の常態化」というのも、細部を見ていない議論ではないかという気がします。実際、この危機のなかで、抑圧が強まっていたり、監視社会化・管理社会化が強まっているということは間違いではないと思いますが、必ずしもそのような悪いことばかりが起こっているわけではない。オンライン授業についてもそうで、僕は最初、オンライン授業なんか絶対にうまくいかないだろうと思っていたんですけど、Zoomを使ったオンライン授業がこれまでの授業よりもずっと集中できた、というような声も多いんですよね。要するに、教室で横並びに座って聞くという形の授業が苦手な人たちがそもそもいて、これまではその人たちの権利が保障されていなかったということなんです。その人たちの存在はこれまで不可視化されていた。さっきも言ったように、今の状況はこれまで不可視化されてきた差別や格差を浮き彫りにしつつあって、そうであるならば、そうしたことをちゃんと補正していく契機にもなりえるはずなんです。たしかにZoomで授業をすれば、出席管理の観点などからすると、管理社会化は進むと言えるかもしれない。だけど、そこの中からどういう風にしていいものを取り出していくかということも、同時に見ていかなければならないと思いますね。

ケアが「閉じる」時代にいかにケアを再構築するか

東畑　こうした状況においては極端なことを考えやすいというのは本当にそうで、それを今日のテーマに繋げていくとすれば、人は基本的に一人で考えていると極端なことを考えてしまいがちなんですよね。僕たちは今カプセル化していて、今日はたまたまカプセルの向こうの松本さんとこうして会っているわけだけど、そうしたこともせず、カプセルの中に引きこもってしまうと、極端なことを考えやすくなってしまう。僕も「地下鉄南北線の神」から啓示が降りてきたりしてたわけですしね。これはどういうことかと言うと、今では中間共同体のようなものが全て三密の対象となってしまったわけじゃないですか。今日のテーマは「ケアが閉じる」という話でしたけど、メンタルヘルスのここ十五年くらいの流れというのは個人と個人が心を掘り下げていくサイコセラピー的なものではなくて、コミュニティであったりグループであったり、まさに三密的な集団を作ることで、相互に少しずつ依存をしていくというものでした。それがものすごく大きなムーブメントとしてあったわけです。その象徴が「ケアをひらく」シリーズ（医学書院刊）で、それこそ「べてるの家」【7】の実践などが示していたのは、一人でいると妄想は自己破壊的になってしまうのだけど、みんなと一緒にいてその話をしているとそれがマイルドなものになっていく、分け持たれるものになっていく、ということだったわけです。だけど今、そうした共同性が難しくなってしまった。みんなでシェアして繋がっていくことが端的に言って難しくなっているわけです。

実際に、アルコール依存症の自助グループなどもこの事態下で閉じていて、スリップ（再飲酒）が多発しているという話も聞きます。すると、そうしたことを防ぐために、Zoomなりなんなりのメディアを使って、もう一度、共同性を取り戻していくことができるんだろうか、という問いが出てきます。ただ、そうした共同性を必要としていた人はある種、そうしたメディアに乗りづらい人たちだったわけですよね。べてるの家の人たちがZoomで当事者研究をするというのは難しいと思います。Zoomにはセッティングの時点で排除があります。精神科デイケアもそうです。デイケアの役割は朝から夕方までそこにいて生活できるということにこそあって、情報の次元で何を喋るかとかじゃなかったわけです。だけど、精神科のデイケアも閉じてしまったところはあるようですし、人々が集まるということが難しくなってしまった。そうした中でどうやって共同性を再建できるのか、あるいはできないのか。ケアを一度閉じざるをえない中で、ケアの形をいかに新しく再構築していくのか、あるいは以前あった三密をいかに取り戻していくのか。今メンタルヘルス関係者はみんなこうした問いにぶつかって、格闘していると思います。

松本　今おっしゃった共同性というのは「ケアをひらく」シリーズなどを筆頭に、すごくブームにもなりましたし、礼賛もされてきたわけですが、今日の事態において、その共同性なるものが実はやばいものだったということが分かってしまったわけですよね。新型コロナ対策で言われるようになったこととして、まず「三密を避ける」というのがありますが、もっと極端な言い方をしてる人もいて、たとえば「セックスをしてもいいと思える人としか三密になってはいけない」ということも言われていました。セックスは誇張したたとえだとしても、要はパートナーや家族などの親密な人としか三密になってはいけないと考えられているわけです。その中で、自助グループやデイケアといったものが、これまでそこのところを棚に上げて共同性というものを作ってきたということが、はっきり見えるようになってしまったわけです。それこそ、東畑さんのデイケア本は、今年出ていたら全く売れなかったかもしれない（笑）。

東畑　いや、絶対そうだ、危なかった（笑）。たとえばオープンダイアローグ【8】などはそのあたりのことを一番明確に打ち出していましたよね。それこそ斎藤環さんは、オープンダイアローグを語る上で、まずサイコセラピー的な二人の関係、親密性の次元のやりとりというのは危険だという話を前提にしていました。たしかに二者関係は危険なんです。その危険さにいいところがあると思って僕はこの仕事をやっているんだけど、とはいえ、危険があるのは事実なんです。だからこそ、オープンダイアローグはグループ形式をとることでそうした危険さを減じ、安全を確保するという戦略だったと思うんですが、それが一転、コロナ禍においては一番難しい形になってしまった。逆に言うとサイコセラピーのほうが、こうした状況下ではしぶといんです。それは共同性ではなく、親密性を原理にしていますから。

松本　実際、精神分析はしばしばセックスのメタファーで語られてきましたからね。「絶対にセックスはしないということに同意した二人の人間が、お互いに面接室で何を言うことができるのかを考えるのが精神分析だ」というような言葉もありますし。

東畑　そうそう、アダム・フィリップスの言葉[9]です。「三密から親密へ」というのが今の流れで、みんな三密圏を避けて親密圏へと引きこもっていってるわけですよね。だけどそうすると、家で虐待が起こり、DVが起こるわけです。これまで学校や職場などの共同性によって親密圏がギリギリ平和に保たれてた部分があった。親密圏外での共同性が逃げ場になっていたんだけど、そこが利用不可能になってしまい、剝き出しの親密圏に突入してしまった。そこで痛ましいことが起きてしまう。ただその一方で、久しぶりに家族とゲームしましたと語る学生がいますが、親密圏の再構築もなされているわけです。同じコロナが痛ましさを生むこともあれば、むしろ人生を前進させる契機を生んでいたりもしています。コロナも多様です。

松本　それは本当に難しいところで、さっき哲学者がどうコロナに反応していたかという話をしましたけど、アガンベン以外にも、たとえばジャン゠リュック・ナンシーもまたパンデミック初期に出した論考【10】で注目されました。ナンシーは「これはコロナウイルスではなくてコミュノウイルスなんだ」ということを言っていました。コミュノウイルスとはどういうことかというと、一方では、これはコミュニズムのことで、共産主義の国である中国から新型コロナウイルスが出てきたという点のことに言及した言葉です。そして他方では、コミュノウイルス、つまりこの新型コロナウイルスは、これまでのグローバル資本主義の継続を不可能にし、我々がコミュニズム的連帯について再考するきっかけなんだ、といった意味でもあります。

大筋では同意するものの、やはりこういった言説には雑さも感じざるをえません。さっき東畑さんが言われたのは、今、すでにある親密圏をどうするかという話でしたが、他方では、これからできてくる親密圏の問題も存在するわけです。たとえば誰かと恋愛関係になったりということは、今後、どういう風に可能になるのか。それこそ、手を繋ぐということにしても、以前よりもずっと「やばい」ことになっているわけです。そういうことも考えていかなければいけないし、さっき話したような自助グループなどにおける共同性の問題もある。それなのに、哲学者たちは安易に、これはコミュノウイルスであって我々が新しい連帯をできるきっかけになるんだ、ということを苦労なしに言ってしまうわけです。

東畑　シャーマンですね（笑）。

松本　そうそう。哲学者たちの言ってることはたしかにハズレではないですし、アガンベンの言っていることもたしかに進行していれば、ナンシーの言っている可能性の兆しも見えつつある。だけれども、新しい連帯の創出は簡単な話ではないし、それに対してものを言うことができるのは、やはり現場の人たちなのかなという気がしています。僕は自助グループ等に関わってないから、評論家的に語ることしかできないんだけれども、今、自助グループに関わっている人たちにこれからのグループのあり方について、あるいはそこにどのような「苦労」があるのかについて発言してもらうことができたら、それこそ最先端の言論になるでしょう。彼らこそは、これから共同性をどのように立ち上げ直すか、そして共同性をどのように作っていくかという点について、まさに「苦労」をしている当事者なのですから。この事態下において、カウンセリンググループムを開いておくべきなのか、閉じるべきなのか、というところで悩んでいる経験の細部の中から、新しい言説が生まれてくることを期待しています。

東畑　そうですね。医療は比較的、そうした緊急事態下においても開けておく場所として保証されているところがあると思うんですけど、それこそ僕のような心理士はかなり迷うわけです。それはもう、あらゆる機関が迷ったんだと思う。結局、閉じたところも多くありました。そんな中で、自分の仕事というものが社会の中でどういう立ち位置にあるのかということを痛切に考えさせられたわけです。で、僕はどうしたのかというと、ケースバイケースで対応することにしました。クライエントそれぞれの地理的な事情、どうやってここに来てるのかとか、あるいはご家庭の状況とかをそれぞれと相談しながら、休止にするか継続にするか、あるいはオンラインに変えていくかということの判断をしていったんです。

そこに至るまでに、本当に僕は「どうしたらいいのか」とかなり迷っていました。ケースバイケースで判断するということは、本来、心のケアの根底部をなすものです。クライエントの個別性に向き合うということは、僕ら心理士の最重要な本質的エートスであり、プロフェッショナルである所以でもある。しかし、一方で社会がこういう状況になったことで、公衆衛生のために不要不急の外出を控えてくださいという力が働いてきてしまったわけですよね。公衆衛生というのは人口単位で管理を行うことを前提としたものであり、そこでは個別性というものが否応なしに捨象されてしまうわけです。だから、個別性vs公衆衛生、社会防衛vs個人の心のケア、といった葛藤がありました。コロナ状況で心理療法という仕事の根本の部分が難しくなっていることを感じたわけです。それは「心」というものの危機でもあります。個別性や人権は「心」の前提条件ですが、公衆衛生的危機はそれを脅かします。

臨床家は時代の後ろを歩く

辻　ここでお二人に質問させてください。現在、感染拡大防止のための「ステイホーム」が奨励されているわけですが、それによって、外出を控え、人と会わず、自宅で過ごすという生活態度が一般化しつつあります。あるいは、そうした生活態度を取るべきだという空気がある。このような状況、空気というのは、精神医療に掛かっている患者さんたちにどういう影響を与えているんでしょうか。あるいは、こうした状況が人々の精神にどういう影響を与えうるのかという点も気になります。

松本　患者さんの中にはこの状況下で逆に楽になっている人も少なくありません。もちろん、悪くなってしまっている人もいるにはいるんですけど、鬱とかをずっと抱えてきた人にとっては、これまで外に出ないといけないということ自体が負担であったりもしたわけです。その点、胸を張って引きこもれると言いますか、引きこもっていても倫理的に咎められなくて済むというのが今の状況ですから、そこについては楽さを感じている人が多いという実感はあります。

あと、3・11の時にもそうだったんですけど、混乱が始まって数ヶ月後、おそらく五月後半から六月くらいの時期から、事態の対応にあたっている人たち、今回なら特に医療関係者や役所の関係者の方々の中から過労による鬱の症状を訴える方などがどんどん現れてくる可能性が高いでしょうね。中には、そこから重篤な状態になってしまう人もいるので、きちんと対策をしていかないといけないでしょうね。

東畑　これは本当に心の問題の難しいところなんですけど、社会が不安定であること自体が苦しみの原因になるわけですよね。会社が潰れてしまったりして、現実が苦しくて、寝れなくなったり死にたくなったりする患者さんは多い。だから、社会自体が落ち着かない中で心だけケアをするということは、実際、かなり難しくて、その意味では無力感を感じています。おそらく今最も必要なのはソーシャルワーク的な対応なんだろうし、最も切実な悩みも必要なお金はどこで手に入るのかとかそういうところだったりする。あるいは精神科医の処方、寝るための睡眠導入剤とかはもちろん役に立つかもしれない。やっぱり第一段階としてはそういうケアなんだろうな、と。その次元で苦しい人がいっぱい出ていて、その先の問題にまだ至ってないように感じます。つまり、「ステイホーム」を始めとするいろんな変化が起きていて、それによって心の問題が現れているという風な話はあり得るんだけど、まだその話ができる段階じゃない気がするんです。

松本　身も蓋もないけどお金の問題というのは本当に大事ですよね。極端な話、カウンセリングに来るたびに三万円もらえるとかね、そうでもしないと、医療に行きにくい層というのもいるわけですよ。自分に心の問題があるということを認めにくい人がいて、特に男性にはそういう人が多いですから。まあ三万円は冗談だとしても、アクセスの整備について考えないといけないと思いますね。

東畑　ただ、心のケアとして、今重要なのは「おかしくなってるよ」って言ってくれる人がいることではないかなと思います。当然、社会が直らないと直らないものがいっぱいあるし、それはお金の問題もそうなのだけど、やっぱり「おかしくなってるよ」って言ってもらえることで、ようやく病人の役割を取れて、止まることができたりするわけです。そういう意味で、心の傷を癒すということだけではなく、具合が悪いことに気づかせる仕事というのは、今とても大事なことしてあるなと思います。

松本　それは本当に大事ですよね。自分が病気であることを認めたくない人にそれを認めてもらうためには、言葉の技術が必要ですから。「あなたは病気だから休んだほうがいい」みたいな言い方だとうまくいかない人というのはいっぱいいる。その場合は「世の中で言うとこういう診断に当てはまるということはひとまずおいておくけども、あなたの苦しみってこういうことですよね」という風に言葉を翻訳しながら対話していく必要がある。「あなたは脳が疲れてるよね」なんてことを言う時もありますし、理系の人だったら「CPUが熱暴走しているような感じかもしれません」とか言ったりもします。そんな風に、その人の特性に合わせていろんな言葉を使いながら、「調子が狂っている」という認識を持ってもらい、「まずは休む」ということを正当化していくということが、今、臨床の人が一番やらないといけないことかもしれません。

東畑　おかしくなりますよね、こんな状況では。

松本　そりゃそうですよ。だいたいみんなお酒飲む量が増えてますから。

辻　一方で、これは素人の楽観みたいなものなんですけれど、今後、コロナを経た世代がコロナジェネレーションみたいに呼ばれるのだとしたら、もしかしたらそれは良い意味で使われるんじゃないかな、ということを妄想したりもしています。ステイホームにはもしかしたらポジティブな側面もあるのではないか、と。これはこれまでの人々が過剰にアクティブになりすぎていたのかもしれないのではないか、という視点です。たとえば学生さんとかであれば、これまで交友関係に割いていた時間を、自分のための時間に当てやすくなったという人もいるかもしれない。適度に引きこもることは、自分の個別性などに向き合い、それを育てていく契機ともなりえるかもしれない。以前、HAGAZINEにて自閉症スペクトラムをめぐって松本さんにインタビューさせていただいた際【11】に、自閉することが内面の豊かさをもたらすという話も出てきましたが、ステイホームや社会的距離化の中でありうるかもしれないポジティブな側面について、どのようにお考えでしょうか。

松本　ここまで話してきたように、ネガティブなところも少なからずあって、たとえば家庭内におけるＤＶや虐待が増えているというのは、まさにそうですよね。ただ、一方ではポジティブなことも起こっていて、このステイホーム期間の中で、自分の特異性に磨きをかけた人たちが出てくるというようなことは実際にあると思いますし、そこもきちんと注目していきたいところです。今は新型コロナウイルスをめぐっては知識人の大喜利状態になっていて、それぞれなんか面白いことを言ってやろうみたいな感じになっていると思うのですが、僕としてはやっぱりあんまり大きい話はしないほうがいいように思うんです。「例外状態の常態化」だとか「コミュノウイルス」だとか、パッとキーワードを出すようなことは難しい。まずすべきことは、現状起こっているマイナスの中にきちんと介入していくということだと思う。それも国家による介入というよりは、草の根で介入していく必要があるんじゃないかと思っています。

東畑　そうですね。やっぱり、この期間でポジティブなものをつかみ取れるというのは、かなり恵まれているということだと思うんですよ。もちろん、恵まれているのは悪いことではなくて、その資源を使うべきであって、それはそれで全然いいんですけど。それこそ最初に言ったような引きこもれる環境をすでに持っていたり、豊かな孤独を作れるだけのケアを持った人たちは、この時期に何か良いものをつかんでいるかもしれないとは思います。それはそれでいい。ただ、僕としては、これまでかろうじて社会からケアを手に入れてきていた人たちが苦境に陥っていることが、一番大きい問題として感じられちゃうんです。まだポジティブな面について考える余裕がない。これまでの繋がりってなんだったんだろうかと、真剣に考えてしまいます。たしかに、社会が減速していることで、日々に急き立てられずに済んでいるから、そういう意味では良い部分もあるし、不快で不潔な繋がりが少なくなって、気持ちがいい部分もあるんだけど、ただ、それで本当にいいのか。そこのところはまだ分からないなというのが僕の正直なところです。個々の繋がりの価値は、時間をかけないと分からないものだと思います。

辻　ありがとうございます。たしかに、大きな視点で今日の状況を価値判断しようという態度そのものが、そもそも特権的な態度なのかもしれません。そこについては自分自身、鈍感であったように思いますね。この事態を大きく受け止める必要はあるにせよ、それに対して大きく反応することに対しては一定レベル禁欲しつつ、今日話題にあがってきたような、この事態によって可視化している様々な問題——格差や差別、非対称性などに、ひとつずつ、小さく対応していく。つまり大きく受け止め、小さく反応するということが、今日最も堅実な態度なのかもしれません。

東畑　臨床家というのは後追いなんですよ。時代を後ろから歩いてついていく仕事なんです。だから、未来の話や、時代診断の話になると、基本的に歯切れが悪くなる。そこもあると思いますね（笑）。

付記

この対談時に一度「閉じた」かに見えたケアはその後、様々なやり方で再びひらき、逞しく繁茂していったことを記しておきたい。この一連の流れは今後、様々に検証され、考察されていくであろう豊かな事象だったと思う。

東畑開人

1　カール・ヤスパース『精神病理学研究2』（藤森英之訳、みすず書房、一九七一年）
2　メラニー・クライン『メラニー・クライン著作集4　妄想的・分裂的世界』（小此木啓吾、岩崎徹也編訳、勉誠出版、一九八五年）
3　ジャック・ラカン『精神病（上・下）』（ジャック＝アラン・ミレール編、小出浩之、鈴木國文、川津芳照、笠原嘉訳、岩波書店、一九八七年）
4　一九九八年に公開された鈴木光司原作、中田秀夫監督によるホラー映画。かつて井戸に生き埋めにされ、殺害された山村貞子の呪いによって生み出された「呪いのビデオテープ」の謎をめぐる物語。
5　お笑い芸人の岡村隆史が、二〇二〇年四月二十三日のニッポン放送「オールナイトニッポン（ANN）」において行った「コロナが終息したら絶対に面白いことあるんですよ。美人さんがお嬢（風俗嬢）やります」という発言。
6　『現代思想』（緊急特集＝感染／パンデミック、青土社、二〇二〇年五月号）
7　べてるの家とは、一九八四年に設立された北海道浦河町にある精神障害等をかかえた当事者の地域活動拠点のこと。有限会社福祉ショップべてる、社会福祉法人浦河べてるの家、NPO法人セルフサポートセンター浦河などの活動があり、総体として「べてる」と呼ばれている。

8 フィンランド発祥の統合失調症に対する治療方法。「開かれた対話」と訳されるように複数名からなるチームによる対話をベースとした治療方法であり、本人の目の前で専門家チームが話し合う「リフレクティング」、スタッフ限定のミーティングを行わないなど、様々な特徴を持つ。従来の精神医療に比較して、医師と患者の関係がフラットであるとされる。

9 レオ・ベルサーニ、アダム・フィリップス『親密性』(檜垣立哉、宮澤由歌訳、洛北出版、二〇一二年)

10 フランスの日刊紙「Libération(リベラシオン)」に寄稿した記事。以下のURLから読むことができる。

"Communnovirus" (Libération 二〇二〇年三月二十四日 https://www.liberation.fr/debats/2020/03/24/communovirus_1782922)

11 「今、戦略的に『自閉』すること――水平的な横の関係を確保した上でちょっとだけ垂直的に立つ」精神科医・松本卓也インタビュー」(HAGAZINE 聞き手・辻陽介 https://hagamag.com/uncategory/6880)

松本卓也（まつもと・たくや）

一九八三年、高知県生まれ。高知大学医学部卒業。自治医科大学大学院医学研究科博士課程修了。博士（医学）。現在、京都大学大学院人間・環境学研究科准教授。専門は、精神病理学。主な著書に、『人はみな妄想する――ジャック・ラカンと鑑別診断の思想』（青土社）、『享楽社会論――現代ラカン派の展開』（人文書院）、『心の病気ってなんだろう?』（平凡社）、『症例でわかる精神病理学』（誠信書房）、共編著に『〈つながり〉の現代思想――社会的紐帯をめぐる哲学・政治・精神分析』（明石書店）など。主な訳書に『ラカニアン・レフト――ラカン派精神分析と政治理論』（ヤニス・スタヴラカキス著、山本圭との共訳、岩波書店）など。

写真 © 千葉雄登

東畑開人（とうはた・かいと）

一九八三年生まれ。二〇一〇年京都大学大学院教育学研究科博士課程修了。沖縄の精神科クリニックでの勤務を経て、現在は十文字学園女子大学准教授。二〇一七年に白金高輪カウンセリングルームを開業。臨床心理学が専門で、関心は精神分析・医療人類学。著書に『美と深層心理学』（京都大学学術出版会）、『野の医者は笑う――心の治療とは何か?』（誠信書房）、『日本のありふれた心理療法――ローカルな日常臨床のための心理学と医療人類学』（誠信書房）、『居るのはつらいよ――ケアとセラピーについての覚書』（医学書院）、監訳書に『心理療法家の人類学――こころの専門家はいかにして作られるか』（J・デイビス著、誠信書房）がある。

May 21st, 2020

TALK 06

隔離され、画像化された二つの「顔」、その「あいだ」で

山川冬樹
ホーメイ歌手／アーティスト
×
村山悟郎
美術家

ハンセン病絶対隔離政策とオンラインの顔貌から考える

YAMAKAWA Fuyuki x MURAYAMA Goro

第六回対談（山川冬樹×村山悟郎）は、二〇二〇年五月二十一日に行われた。この時期問題となっていた感染者への差別、「自粛警察」など市民同士の相互監視、デジタル技術を応用した新しい監視の在り方と抵抗の可能性がテーマとなった。感染者にバッシングを浴びせたり、他県ナンバーの車に投石したりという「自粛警察」的な市民の行動は、国によるハンセン病患者に対する差別的な政策に抵抗するどころか、市民が「無らい県運動」のような形で感染者にたいする抑圧に積極的に加担した姿を彷彿とさせる。戦後の日本では、国家が強権的に市民の行動を制限することができないが、その欠落を補うように前近代的なムラ社会の論理に基づく市民同士の相互監視が作用しているのではという見通しが示される。

他者と物理的に対面することに制限がかかるコロナ禍において、オンライン上で自分の顔を晒す機会が増えた。これは顔の画像化の問題であり、顔認証システムを利用した新しい監視体制が出現する危険性をはらんでいる。一方で、人間の顔に特殊なメイクを塗ることで「顔」として識別されなくなったり、逆に抽象的なドローイングなのに「顔」と認識されるようなものを描いたりしたアート作品も存在する。機械のパースペクティブと戯れるようなこれらの作品からは、顔の「アウラ」が失われつつある現代への抵抗の形を学ぶことができる。

ハンセン病の「絶対隔離政策」

辻　第六回目となる今回は、ホーメイ歌手【1】でアーティストの山川冬樹さん、美術家の村山悟郎さんの対談です。

山川さんは、瀬戸内国際芸術祭に二〇一六年、二〇一九年の二度にわたって参加されていて、島のほぼ全体がハンセン病療養所である香川県高松市の大島で、作品を制作、展示されています。この大島においては、かつて、自由を求めたハンセン病患者たちが対岸の四国本土、庵治町へと海を泳いで渡ろうとし、そのうちの多くの人が潮に流されて絶命したそうです。山川さんが二〇一九年に大島で展示した作品「海峡の歌」は、かかる大島の歴史に着想を得た映像インスタレーションであり、山川さんは実際に、その海峡をご自身で泳いで渡られています。また、山川さんはそれらの作品の制作にあたって、二〇一六年よりハンセン病の元患者さんたちへのフィールドワークも行われています。

そんな山川さんにとって今日のCOVID-19をめぐる日本の状況は、ハンセン病患者、及び元患者が「らい予防法」において強制隔離され、市民の偏見や差別に晒されていた当時の状況を思い起こさせるものだと言います。たとえば、三重県で新型コロナウイルス感染者の家に投石や落書きがなされたという報道のあった四月二十一日に、山川さんはツイッターに「昭和期のハンセン病患者への差別・弾圧をみるようで、既視感しかない。安全・安心を求めるあまり理性を失い、患者を抹殺しようとする市民。初期段階からずっと懸念していたことがどんどん現実化していく」という言葉を投稿されています。今日は山川さんに、改めてこの言葉に込めた思いについても語っていただきたいと思っています。

ところで、このハンセン病という感染症において、最も特徴的だとされていた症状の一つに、顔面の変形があります。「顔」は、身体のあらゆる部位の中でも、社会的な役割が比較的に強い部位であるとされ、また個人を特定する際の識別に深く関わる部位であるともされています。それゆえ、ハンセン病患者に見られる顔面の変形が、患者への差別を助長する要因となったとも言われている。こうした「顔」という部位の持つ特質にフォーカスを当て、「顔」を存在論的に捉え直す作品を制作しているのが村山悟郎さんです。

たとえば、村山さんがあいちトリエンナーレ2019に出品した作品「環世界とプログラムのための肖像」で提示した複数の抽象的なドローイングは、いずれもＡＩの顔検出プログラムにとっては「顔」として認識、分類されるものです。一方、それらのドローイングと並べて提示された「変顔」の写真群は、我々には「顔」として認識されるものの、ＡＩには無意味な図像として処理されるものです。「顔」という社会的な部位をめぐる、人とＡＩの間のまなざしの差異を炙り出すこうしたアプローチは、人とＡＩの環世界の重なり、そのコンタクトゾーンを探るというきわめて多自然主義的なアプローチであり、マルチスピーシーズ人類学とも共鳴するものであるように感じています。

また、村山さんは、COVID-19の感染拡大防止のための隔離政策下におけるオンラインミーティングの広がりが、私たちの「顔」に対する認識のありようを更新することになるのではないかという指摘もされています。その上で村山さんは、現在生起しつつある状況を「コミュニケーションのポスト・アウラ的状況」と見立て、美術を通じた「顔」の再考、あるいは新しいコミュニケーションの可能性を模索されています。

国策と市民の迫害によって生きる権利を剝奪されながら、隔離の中を生き抜いたハンセン病患者たちの「顔」、ソーシャルディスタンシングの掛け声のもとに緩やかにオンラインへと幽閉されつつある今日の我々の「顔」。本対談では、この二つの「顔」を通じて、コロナの時代の生の行方、さらにはコミュニケーションの行方についてを考えてみたいと思っています。

それでは、まず山川さんのほうから、ハンセン病という感染症、また日本で過去に行われていたハンセン病患者を対象とした絶対隔離政策の歴史について、ご解説をいただけましたらと思っております。山川さん、よろしくお願いします。

山川冬樹（以下、山川）　はい、山川冬樹です。よろしくお願いします。先に皆さんに言っておかなければならないんですが、僕は「ハ」に半濁点の付いた音節（パ）を芸術上の理由から口にすることができません。今日は時間が限られているので、詳しい事情はお話しできませんが、たとえば「ピャンデミック」というように、「ハ」に半濁点の付いた音の代わりに「ピャ」という音を使いながらお話しさせていただきますので、どうぞよろしくお願いいたします。

先ほど辻さんのほうからもご紹介いただいたように、僕はこの数年、日本で唯一の離島のハンセン病療養所、大島青松園に通い、そこに生きてきた人たちと交流を重ねながらアートプロジェクトに従事してきました。今猛威を振るっているこのCOVID-19が、単に医学的な問題にとどまらず、社会的、政治的、文化的、倫理的、そして人間の心理の問題をも含む非常に広範かつ、複雑な事象であるということは、皆さんも肌で感じていらっしゃると思います。ハンセン病というのも感染症の一つですが、やはりハンセン病も医学的な範疇にとどまらない様々な問題を孕んでいます。それは近代化の陰に隠された、この国のもう一つの顔を映し出す鏡と言っても過言ではないと、僕は思っています。

COVID-19がウイルス性のものであるのに対して、ハンセン病はらい菌によって引き起こされる細菌性のものです。感染症の歴史を振り返る時、ハンセン病というのはだいたいまず最初に語られます。その歴史は非常に古く、西洋では聖書であるとか、日本では日本書紀とか、そういった古文書にすでにハンセン病と思わしき皮膚病の記述があります。現代の医学的な見地からする

山川冬樹《海峡の歌》2019 © Fuyuki Yamakawa Photo: Akihide Saito

瀬戸内国際芸術祭2019・大島の展示風景 Photo: Keizo Kioku

と、それら全てがハンセン病だったわけではないだろう、とも言われていますが、逆に言うとそういった見た目に現れる重い皮膚病のスティグマを、歴史的に負わされてきたのがハンセン病だったと言えると思います。

今日のテーマは「顔」ということですが、ハンセン病にかかると顔、それから手足が変形してしまう。こうした病による変形のことを「病変」って言うんですけど、らい菌というのは身体の体温の低いところを冒すので、症状が進むと、鼻や手足の指先などが欠損してしまう。皮膚には白、赤、赤褐色の斑紋が現れ、結節ができていく。また白内障や緑内障によって瞳が濁り、失明する方も多くいました。あと、兎眼と言うのですが、瞼が閉じにくくなることによって、目が垂れ目になったり、口を閉じることができなくなることで、への字に歪んだりするような症状が現れたりします。

また、らい菌はこうした外見に現れる症状だけではなく感覚麻痺や機能障害を引き起こしていきます。たとえば、熱さや痛みなどを感じられなくなったりする。熱さが分からないので、火傷をしてしまったとか、あるいは鋭いものを踏んづけたりして血が出ているのに気づかず、症状を悪化させてしまった、という話は回復者の方々からよく伺います。

このようにハンセン病というのはまず病そのものとして、非常に苦しい病である。身体的な苦痛と同時に、機能の喪失があり、加えて自らのボディイメージが失われていくことによる心理的な苦しみもある。その苦しみのほどは壮絶なものであったと思います。

ただ、一方でハンセン病そのもので死に至ることはないんです。さらに、らい菌の感染力というのはきわめて弱くて、栄養状態や衛生状態などが悪く、かつらい菌に対する抵抗力が元から弱い、特定の体質の人しか罹らない病気でもあるんです。しかし、見た目に症状が現れることから、世界でも古くからハンセン病患者は差別されてきました。むしろ、患者さんたちを苦しめてきたのは、病そのものよりも、社会から受ける迫害、弾圧、排除、差別だったと言えると思います。

ちなみに日本には今、ハンセン病の患者はいません。ただ、現在も日本全国には一三のハンセン病療養所があり、今でもそこには一二一一人の――これは令和元年五月一日時点での数字ですけど――入所者の方が暮らしています。それにもかかわらず、患者さんがいないのはどういうことかというと、皆さんすでに治っているということです。たしかに後遺症を抱えていたりはしますが、とは言え、もう患者ではないんですね。だからメディアでは彼らのことを「元患者」という言い方をしますし、僕自身は「回復者」というような言い方をしたりしています。

通常、病気というのは治ったらもう患者ではないですよね。その病が治れば、医学的にも社会的にもその病から解放される。ただ、ハンセン病だけは、治ってもその病のスティグマを負わされ続け、差別されてきた。そして、今現在も差別されているんです。

日本のハンセン病隔離政策の四つの特徴

山川　彼らの負わされたスティグマを象徴する最たるもの、それが「らい予防法」という強制隔離を定めた法律です。今のCOVID-19の患者さんに対しても隔離措置は取られていますが、このらい予防法の最大の問題は、病が治った後の退所規定がなかったということなんです。治っても隔離から解放されなかった。ハンセン病を一度患った人を終生隔離し、療養所の中で死に絶えさせる。つまり、日本では国を挙げて彼らを絶滅させようとする政策が取られてきたわけです。

この強制隔離を定めたらい予防法は一九九六年まで続いたのですが、そもそも、日本におけるハンセン病の隔離政策というのは文明開化に端を発します。一八九九年、居留地制度が廃止されて、日本国内における欧米人の国内での居住や旅行が自由化されていきました。それに伴って、欧米人たちの目からハンセン病患者の存在を隠すために、地域に浮浪する「浮浪癩」と呼ばれるハンセン病患者たちを一掃するため、一九〇七年に「癩予防ニ関スル件」という法律が成立するんです。この法律ではまだ全ての患者が対象とはされていませんでした。しかし、この時点ですでに退所規定はありませんでした。

その後、軍国主義の高まりに伴って、西欧列強に肩を並べようとしていた日本政府は、ハンセン病患者の存在を「国辱」と考えるようになりました。当時すでに西洋ではハンセン病はかなり少なくなっていて、ハンセン病患者がいるようでは文明国から脱落してしまうという風に彼らは考えたわけです。そこには常に外の目を気にする日本人特有の恥の文化があったのかもしれません。そして、一九三一年に「癩予防ニ関スル件」から改正される形で「癩予防法」が成立します。この「癩予防法」の成立によって絶対隔離が完成するんです。これ以降、なん人たりとも、ハンセン病患者であれば、まるで犯罪者のように療養所とは名ばかりの強制収容所に隔離されていくことになりました。

国際的な動向としては、もはや二十世紀の頭の時点でハンセン病患者の僻地への収容は廃止に向かっていたんですが、日本の方針は、当時のそういう世界的な医学の動向を無視して逆行するものだったんです。戦前の日本にも、小笠原登などの絶対隔離に反対する医師はいました。しかし、そういう医師たちの声は政治的に抹殺されていったんです。

やがて戦争が終わり、戦後民主主義の時代が到来します。しかし、ハンセン病政策においては、戦前の流れが引き継がれてしまいます。一九五三年に「癩予防法」の基本原理を引き継いだまま、平仮名の「らい予防法」に改正、施行されたんです。すでに当時、ハンセン病に効くプロミンという特効薬が開発されていて、日本にも入ってきていたんです。だから、もうハンセン病は治る病気になっていました。それにもかかわらず、新しい「らい予防法」は戦前に引き続き強制隔離を定めていたんです。当然、患者さんたちは猛反対をしました。療養所の中でハンガーストライキをするなど、「らい予防法闘争」と呼ばれる運動を展開したんです。しかし、あたかも民主化していく戦後の日本社会に取り残され、療養所の中だけ戦前が続くかのように、絶対隔離政策が継続されていきました。

日本のハンセン病隔離政策の特徴は四つあります。まずは「強制収容」、そして社会の中で相対的に隔離するのではなく社会そのものから患者を隔てようとする「絶対隔離」、さらに病が治っても一生療養所から解放しない「終生隔離」、最後に患者を療養所で死に絶えさせる「絶滅政策」。また、ハンセン病は遺伝病ではないにもかかわらず、男性には断種手術を、女性が妊娠してしまった場合には堕胎手術が強要されていました。たくさんの子供たちが生まれることを許されず、療養所内で公然と殺されていった。ハンセン病患者に対するここまでの徹底的な弾圧は、世界的にも類をみません。

先ほど、らい菌の感染力はきわめて弱いと言いましたが、実際に日本のハンセン病史上、医療従事者がハンセン病に感染した例は一件もないんです。そう簡単にうつらない病気であることは戦前から分かっていた。それにもかかわらず、この国ではきわめて非人道的な政策が九十年近く続いたんです。そして、一九九六年にようやく「らい予防法」は廃止され、二〇〇一年に熊本地裁で違憲判決が下されました。

こうして、法的には決着がついた。しかし、依然として社会に偏見や差別が残っているため、病が癒えても未だに多くの人が故郷に帰れないまま療養所で暮らしています。ハンセン病問題というのは過去のものと捉えられがちですけど、まだ終わってないんです。こうして見ていくと、ハンセン病問題というのは、近代化の陰に隠された、この国のもう一つの顔を映し出す鏡なのではないかと思うんですね。

「無らい県運動」と日本型の「生権力」

山川　ここまではハンセン病をめぐる政策的な話でしたが、実はこうしたハンセン病患者の弾圧に市民が大きく加担してきたことは見逃してはいけません。今日のコロナ禍を受けて、僕は改めてそう強く感じています。日本ではハンセン病患者を隔離していく過程で、戦前戦後を通じて「無らい県運動」と呼ばれる社会運動が展開されました。これは、各都道府県が競い合うようにして、地域から患者を見つけ出し、隔離していくという運動だったのですが、ここで重要なことは、実は戦前よりも戦後のほうが、患者を隔離に追いやっていく上で、市民の果たした役割が大きかったということなんです。

戦後、民主主義の機運が高まっていくと共に、地域住民の自治意識もまた高まっていきました。しかし、戦後の「無らい県運動」では、その自治意識の高まりが裏目に出てしまったんです。つまり、感染症への不安や恐れが出てきた時、民主的精神や、その病への理解を欠いたまま、市民の感情ばかりが暴走し、自らの安全を守ろうとする過剰な自己防衛に繋がっていってしまった。そして、市民が相互に監視し合い、近所に患者がいれば密告し、地域をあげて患者を家族もろとも村八分にしていくという事態が生じてしまったんです。

今回、ハンセン病回復者の方々から自分たちが受けてきた差別と似ている、という声があがったように、実際、「無らい県運動」においては今回のコロナ禍で起きているような患者の家への投石や落書きのような陰湿な嫌がらせも多発しました。戦後の「らい予防法」は、実はその第三条で形式上、患者、またその家族への差別を禁止していたんです。しかし、民主主義がまるで自己免疫的疾患症状を起こすかのようにして、市民は自己防衛を正義として掲げながら、率先して法治主義を逸脱し、科学主義から反科学主義へ、人権主義から反人権主義へと変質していってしまいました。

ハンセン病とCOVID-19は医学的には全く別物なので、両者を同列に扱うことに関しては慎重でありたいと思います。しかし、それでも感染症をめぐって、市民が市民を監視し、差別と排除が横行している現在の社会状況は、僕の目にはどうしても「無らい県運動」に重なって見えてしまう。相互監視というのは、共同体から危険分子を見つけ出し排除しようとする視線同士の錯綜と言えると思います。それがマイルドに働けば同調圧力の範疇にとどまる。しかし、より社会が混乱すれば、差別や排除、さらには抹殺という形で顕在化してくる。今日起こっていることは、そういうことだと思うんです。

いまや、差別の対象になっているのは、感染者や家族だけではなく、現場に従事する医療関係者やその家族、それから感染件数の多い都道府県滞在者にまで及んでいます。しかし、そこでの本来的な危険はウイルスのはずで、感染してしまったその人ではないはずですよね。しかし往々にして、危険因子と危険分子は混同されてしまう。ピャ（パ）ンデミック映画では、よく感染によって人間が人格まで破壊されて化け物に豹変するといった描写がありますが、COVID-19ではもちろんそんなことは起こらない。にもかかわらず、感染者や感染の疑いを持たれた人々が「コロナ」呼ばわりされ、攻撃されている。人間の存在がウイルスと一体化した「何か」としてしか判断されず、人格を持った「誰か」であることが見失われた時、こんなに簡単に、まるで歴史が逆戻りするかのように、差別や排除が可視化されてくるのかと、愕然としました。

このコロナ禍と絡めて、ミシェル・フーコーの生権力論については、すでに多くの人が語っています。実は、フーコーが自ら処女作とした『狂気の歴史──古典主義時代における』（田村俶訳、新潮社、一九七五年）はハンセン病の話から始まるんです。僕らが生きる現代社会の統治、統制、監視モデルのルーツは、ハンセン病にはじまり、ペストやコレラといった感染症の流行を発端としてヨーロッピャ（ッパ）で生まれた公衆衛生の法にある。だいたい生権力論は、監視する権力と監視される市民の二項で語られますが、それに対し、日本の状況はいささか複雑です。日本には監視されている状態を市民が内面化してしまう、いわゆるピャ（パ）ノプティコン的な問題より、むしろ市民自身が権力の目と監視の欲望を、権力からお墨付きをもらうような形で内面化することで、相互監視が起き、市民自身がより弱い市民を抹殺していくという独特の怖さがある。特に日本のムラ社会はその格好の温床だと思います。

文明開化以降の近代化と共に、西洋から生権力のモデルが日本に輸入されたわけですが、それが近代以前から続くムラ的メンタリティと完璧なまでに融合して完成したのがハンセン病絶対隔離政策でした。生権力というのはよく殺す権力ではなく生かす権力だと説明されますが、重要なのはその両義性だと思うんですね。生きる存在に生かす権力を行使できるということは、必要に応じて生きる存在を死へと廃棄することもできるということです。まさにハンセン病における終生隔離、つまり、患者が治癒しても、死ぬまで療養所に隔離し続け、絶滅させるという日本のとってきた政策が、一つの典型を示しているのだと思います。

このコロナ禍にある日本社会を見ていて思うのは、この国では近代的な理性と前近代的なメンタリティが時系列上の前後関係にあるのではなく、多層なレイヤー関係にあるのではないかということです。戦後、表層では近代化が進められてきたように見えて、深層ではこの国は未だに前近代にある。そして、深層でふつふつと潜勢していた前近代的なメンタリティが、今、表層の地層に穴が開くようにして溢れ出てきているんじゃないか――長くなりましたが、僕からはまずこんなところでしょうか。

韓国のスーパースプレッダーと日本の自粛警察

村山悟郎（以下、村山）　ありがとうございました。実は僕と山川さんは、三月二十日にもDOMMUNE【2】で、ハンセン病とCOVID-19とを結び合わせて話しているんです。今日は前回よりもさらに濃密に、お互いの関心を突き合わせて、話をしたいと思っています。

お話を聞いて、気になったところは二点あります。まず一点目は、日本社会の相互監視というポイントです。去年九月、雑誌『STUDIO VOICE vol.415』の企画で、韓国のシンスンベク・キムヨンフンというアーティストと村山とで対談をしたんですが、その際にも日本と韓国で、監視システムや監視カメラのあり方の違いについて話をしたんです。ヨーロッパはまたプライバシーの概念が全然違うわけだけど、彼らが教えてくれた韓国の監視カメラへの認識が興味深かった。

というのも、彼らによれば韓国では「監視カメラはどんどんつけたほうがいい」と考えている人が多い、ということでした。

どういうことか。韓国においては監視カメラとは、市民が監視をするためのツールとして考えられているということです。市民が何を監視するのかというと、たとえば行政のサービスですよね。子供のいる親であれば、ベビーシッターや幼稚園・保育園などの教育機関がその対象となる。つまり、あるサービスがきちんと遂行されているかどうかを監視するということです。さらに言えば、市民には監視の権利があると韓国では考えられているそうです。

この考え方は、ヨーロッパ的なプライバシーの概念からしたら、ある意味で逆転の発想ですよね。監視カメラと聞いた時、まず我々市民が監視されていると捉えがちなんですけど、韓国ではそうではない。もちろん、実態として体制側からの監視のあり方はどうなのかという問題は別軸としてあるとは思いますが（政権に批判的なアーティストのブラックリストがあるくらいだから）。一方、日本の場合はどうか。たしかに監視カメラが、実際の犯罪捜査で重要な証拠として採用されるようになっている。しかし、暮らしの監視に対して、我々が日常的に危機感を持っているかといえば、僕を含めて、そうでもないんですよね。はっきり言えば無視している。監視技術の存在に鈍感、とまで言えるかもしれない。日本の暮らしの中で気にしているのは、むしろ周囲の人々のまなざしであって、相互監視の中で自分がどう振る舞うべきか、という社会性が今も根深いように感じます。言ってしまえば、島国の村社会的な相互監視システムなのだと思いますが、そうした前近代的な仕組みの中で社会的な規範を維持するという形を取り続けているところが日本の特異性なのだと思います。

日本と韓国の監視に対する認識でさえこうも違うわけですが、今回のコロナ禍における対応でも、韓国と日本とではその差がくっきりと出ました。今回、韓国においてはCOVID-19の拡大に寄与したスーパースプレッダーと呼ばれる方々が話題になりました。コロナの感染状況の特徴をみると、大量に感染を拡大させている感染者と、そうではない感染者とを分けて考えることができる。韓国では、活発に移動を続けて知らぬ間に感染を広めてる人を探り当て、その人の追跡情報をインターネット上で公開し、一般市民が閲覧できるようにしていた。もちろん、スーパースプレッダーの氏名は公表されないにせよ、その人の行動が逐一示される。実際、それがどう機能していたのか、韓国の友人に聞いてみたところ、たとえば、ある店でその人が食事をしたとすると、そのすぐ後にお店は閉じられ六時間かけて消毒清掃されて再開するといったシステムがとられた、ということらしい。要するに、感染者の追跡情報を公開し、そのルートを片っ端からクリアーにしていくということ。

一方で、いわゆる感染者差別、日本も含め世界中で、家屋への投石や落書きのように個人が個人に対して攻撃を加えていくという事態も起こっているわけですよね。韓国のような感染者追跡システムの場合は、感染者の人権はどう守られるのか。本当の実態は今のところ分からないとはいえ、個人へのバッシングではなく、組織への責任追及へ向かっていると聞きます。行政の施策として感染者情報の公開と徹底した消毒清掃で感染拡大を防ぐという仕組みをとり、その上で、責任を追及されるべきは組織であり、たとえばある宗教団体がクラスターになったとすれば社会全体でものすごいバッシングを浴びせていくという仕組みになっている、と。これは日本とは、かなり違う社会性だと思います。

さきほど山川さんがおっしゃったように、近代的理性と前近代的なメンタリティが組み合わさって日本社会が形成されているのだとすれば、なぜ我々はそういう仕組みを取っているのか、大きい謎としてあるなと感じます。僕には断定的なことは言えないですし、日本の社会性について断定的に述べること自体が本質主義になる懸念もありますが、やはりコロナ禍で現前化した日本の社会性を悶々と問うてしまいます。これがまず一点目です。

山川　韓国や台湾の高度な監視システム、感染者を厳しくモニターしていくやり方については僕もずっと気になっていました。個人的に少し情報を集めたりはしていたんですけど、どうしても現地に住んでいる人たちの肌感覚は僕には分からない。ただ、村山さんのお話にあったような、市民が権力を監視するということ、それ自体はとても重要なことだと思うわけです。本来はマスコミが権力をチェックする機能を担っているはずなのに、日本ではそれがきちんとなされていない。これは非常に問題で、民間の側から権力を監視していくということは、権力の暴走を防ぐ上でも、必要なことです。

一方で、権力／市民という二項対立の構造とは別に、僕がどうしても気になってしまうのは、「市民」と言った時にそれは往々にしてマジョリティのことを指しているのではないか。たとえば、ハンセン病やCOVID-19の患者さんなどのマイノリティの存在が、その言葉から漏れてしまっていないか、ということです。それこそ韓国においてCOVID-19の患者になってしまった時に、果たして自分の人権や尊厳が社会から尊重されていると感じられるのか。非常に気になるところです。

日本は植民地支配下の韓国にもハンセン病療養所を作っていて、日本国内の隔離政策の一環として、全く同じ政策を朝鮮半島でも展開しました。さらにハンセン病による迫害に加えて、そこへ民族差別感情が重なり、朝鮮半島のハンセン病患者は二重の被害を受けたと言われています。韓国独立後の一九五四年、日本が戦前に押し付けた「朝鮮癩予防令」は廃止され、ハンセン病は他の伝染病と同じ扱いとなるものの、韓国社会の中にもハンセン病差別が根強くあるのは事実です。だから日本にいて聞こえてくるのは、韓国のマジョリティの声であって、感染者のようなマイノリティの声というのはなかなか聞こえてこないのではないかと。韓国は大変な競争社会ですし、自殺率もきわめて高いと聞きます。マジョリティにとって良い社会が、マイノリティにとっても良い社会かというと、必ずしもそうではないわけで、そこはずっと気になっているところでもありました。

さっきスーピャー（パー）スプレッダーの話が出てきましたけど、韓国内には今回有名になった「三十一番目の感染者」と呼ばれている人がいますよね。その人は新興宗教団体のおばちゃんらしいんだけど、大邱の感染爆発を引き起こした張本人だと言われています。そして、そのおばちゃんがいつどこで何をしてどう移動したか、全て洗いざらい報道されている。名前は一応伏せられているんだけど、どこの誰か、その正体は簡単に割れてしまうわけです。そうなると、その人は社会や国の敵とみなされて、もう韓国では生きていけなくなるんじゃないか、と。おばちゃんの行動にも落ち度はあるんだろうけど、僕はどうしても歴史に翻弄される個人に感情移入してしまう。

韓国では感染者にＧＰＳブレスレットを装着させるみたいな法案も出されましたよね。結局、通らなかったみたいですけど、そういうかなり危ういことさえ検討されていた。身体にＧＰＳを装着させられてまで居場所を常に監視されるというのは自分だったら無理です。この辺の自由や人権感覚については韓国の知人にも改めて話を聞いてみたいなと思っています。

また、先にお話しした、日本における前近代的なメンタリティと近代的な理性が混在している問題について僕が思うのは、政府は意識的にそうした状況を作り、利用しようとしているんじゃゃないか、ということです。戦後の「無らい県運動」においては市民が率先して患者を村八分にして、隔離に追いやっていった訳で、それは言ってしまえば権力にとっては安上がりで、大変コストピャ（パ）フォーマンスが高い。なんせ市民が率先して、隠れた患者を見つけ出してきてくれるわけですから。

今回のCOVID-19においても、自粛は正義という空気が生まれてきて、「自粛警察」とか「コロナ自警団」と呼ばれる人たちが、外出する人を過剰に咎めるような現象がありましたよね。これは僕の深読みかもしれませんが、政府はあえてそういう相互監視の空気を野放しにして、利用しようとしているんじゃないか。もちろん、その裏には強権を発動して市民の活動を制限できないという縛りがあるわけで、一部のヨーロッピャ（パ）諸国のように、強権によって私権を制限することがいいのかというと、そこはまた難しい問題です。しかしこのコロナ禍で日本社会特有の市民による相互監視を、政府は戦略的に利用しようとしているんじゃないかと感じるんですよね。たとえば安倍首相は先日の記者会見で、医療従事者や患者への差別を批判する声明を出しました。いささか遅いとはいえ、それにはちょっと感心したんですが、一方で、いわゆる「他県ナンバー狩り」であったり、僕なんかも朝散歩してただけで「人殺し」とか言われたりしましたけど、そういう空気は、あえて放置しているような気がします。市民同士が互いに監視しあい、行動を抑圧し合ってくれれば、政府からしたらこんなに安上がりなことはないわけです。ハンセン病史を振り返ると、こういう想像もあながち深読みとも言えない気がしています。

つまり、戦後の日本は、法的には国家権力がそう簡単に強権を発動できない民主的な体制が整っている一方で、未だ残存している前近代的なムラ的メンタリティがそうした強権の不在を補っているという不思議なバランスの上に成立している、そんな感触を持っています。

ハンセン病療養所における文化芸術活動

村山　ありがとうございます。では二点目について伺いたいです。今回、コロナによって人々が家にこもらなきゃいけない、自主的に行動を制限しなければならない、となったわけですよね。この状況がどれくらい続くか不透明ですが、たとえば「ステイホーム」が緩やかに長期化していった場合、我々はどのように他者とコミュニケーションをし、どのような文化を作り出すのか、ということが問題になると思うんです。その点、ハンセン病の療養所は、強制的な隔離下にありながら、一方で独自の芸術文化も形成していた。僕は療養所を訪れたことはないので、主に文学が発展したという耳目くらいで、どんな文化が発展したのか肌感覚としては分からない。だから、リアルなハンセン療養所カルチャーの豊かさについて聞いてみたいのです。

山川　僕は二〇一六年の瀬戸内国際芸術祭をきっかけに療養所には結構な回数、それこそ制作とかとは関係なくただ島に行きたいという理由で何度も通っていて、そこで営まれてきた文化芸術活動にも触れてきました。村山さんが言ったように文学が特に重要な成果として残されていて、全集も出版されています。それこそ北条民雄のような、芥川賞候補にあがるような作家もいました。

療養所に入所している人たちは、皆さんそこへ連れてこられたわけで、好んでその土地に来たわけではありません。そうした中で、生きることを強いられた土地を自らの土地として再領土化するための方法論として文化芸術活動が果たした役割は大きいと思います。もとはと言えば、療養所における文化芸術活動というのは、患者さんたちの反発を抑え込むための鎮撫工作として、管理者側、つまり国や園からのお仕着せで始まったものだったんです。しかし一度始まった患者さんたちの創作の欲動は誰にも抑えることはできなかった。隔離を強いられながら、彼らは自由の発露を文化芸術の創作・表現活動に求めました。

とはいえ、彼らの発表の場は非常に限られていました。たとえば、僕らが何か作品を制作したら、展覧会なり、公演なり、社会で発表することができるけど、療養所に入所していると、基本的にそれができないんです。療養所の外で展覧会や公演が行われた例も歴史的にあるにはあるんですけど、基本的には療養所内の文化芸術活動も隔離されていました。その中で文学作品が一番、外に発信しやすいメディアだったのはたしかです。それは外部の他者と繋がるためのかけ橋であり、療友と分かち合うための果実であり、己の実存を確認するための鏡であり、生の痕跡を遺すための遺伝子でもありました。また奪われた尊厳を回復するための薬であり、またそれを奪ったものと闘うための剣でもありました。詩歌を詠み、小説を書き、陶芸を行い、絵を描き、音楽を演奏し、庭や畑をつくりながら、彼らは逆にそこに立てこもるようにして、療養所を自らが人間らしく生きるための場所へと創り変えていったんです。

療養所内での文化芸術活動で僕が興味深いと思うのは、プロ／アマという区分けがないということです。本当に趣味レベルの人から、文学史に残るような人までいる。先輩後輩関係や、互いに批評しあう文化はありつつも、僕らが考えるプロ／アマの境界がそこにはない。僕が尊敬している政石蒙さんという大島に生きた歌人がいるんですけど、その方は生涯を文学に捧げながら「私の趣味は短歌です」とさらっと言い切るんですね。僕からしたらなぜ人は芸術活動をするのかを教えてくれる先生のような存在なんですが、自分の文学活動は趣味だと言い切る。これには衝撃を受けました。

今、僕はコロナ禍で自宅にステイホームしながら作品の構想を練ったり、実際に何かを作ってみたりしているんですが、とはいえ、外で発表することはなかなか難しい状況にある。これはちょうど療養所にいる患者さんたちが、隔離されながらも文化芸術活動に打ち込んでいた状況に近いなと思っています。言ってしまえば、発表のあてはない。でも何かを創りたいと思うし、実際に何かを創ってしまう。その時、プロとかアマとか関係なく、ただ創りたいから何かを創るという根本的な動機が、滞留した時間の中で立ち戻ってくる気がします。この感覚はきっとハンセン病療養所の文化芸術活動と重なってくるものなのではないかと。

村山　なるほど、興味深いです。この対談の主題である「顔」に引き寄せると、ハンセン病においては顔が病変によって崩れてしまう場合があるわけですよね。その時、顔や見た目にあまり重きを置かないコミュニケーションが立ち上がってくるのではないかと、まずは想像することができる。つまり、創作物や環境、庭を作ってそこに人を招くといったような媒介項を介したコミュニケーションの様態というのが、軸になるのではないか、と。

今回、テーマに「顔」を設定したことの理由もそこにあって、今まさに使われているウェブ会議ツールというものは、コロナ禍で急に流行り始めたものですよね。その前からツール自体は存在していたけれど、ほとんどの人にとっては馴染みもニーズもないものだった。Skype のようなネット電話に関しては浸透はしていたけど、Zoom のようなウェブ会議ツールはコロナがきっかけでしょう。そうなると、生の「顔」と対面せず、ディスプレイ越しにデジタルの顔貌と化した「顔」とコミュニケートをするという状況が普及する。それは、私たちのコミュニケーションにどのような影響を及ぼすのだろうか、という点が気になったんです。

そうした問いを立てた時、ハンセン病の療養所におけるコミュニケーションの中で、「顔」とはどのような位置付けだったのか知りたくなりました。僕自身は、当事者ではないため想像することが難しい。そこについては色々な方にお話を伺ってみたいなと感じました。「顔」が主軸ではない、少なくとも対人関係において「顔」への執着が薄いコミュニティの中で発達していった文化として、ハンセン病文学などを読み解けるのだろうかということ。ここは引き続き、考えていきたいポイントです。

デジタル化された顔貌

村山　では、少しずつ「顔」という問題系へ移っていきたいんですが、このZoomの興隆は、何かが出来なくなることの代替としてメディアが流行することを、まさに示してますよね。端的に言えば、今日、物理的な対面コミュニケーションが、無造作にはできなくなった。たとえば、大学などがオンライン授業を行うのも、教室というメディア構造を持った空間に皆が集まることが出来ないことと基本的にセットなわけです。対面することを代替する。まさに今日の対話もそうです。僕には、山川さんの顔も辻さんの顔も見えてはいるけれど、では、今ディスプレイ越しに見えている「顔」とは一体なんなのか。あるいは自分の「顔」がこのように映し出されている事態を、一体どのように考えればいいのか。それは今後のコミュニケーション構造を理解していく上でとても重要な問題になるんじゃないかと思うんです。

僕は美大でクラスを持っているんですが、普通の講義系の授業とは違い、主にアトリエで実技をする。講義の場合、基本は講師の話を学生が聴くという形ですが、実技の場合は、実際にそこで制作した作品、事物を伴って設備や空間を共有することで成立している面が大きい。すると、オンラインへの移行によって内実が大きく変わる部分があるように思うんですね。

美大には独特なトライブ感があって、同じ学年に一〇〇人くらいの学生が集まっているわけです。この一〇〇人が皆相互に親密だというわけではないけれど、それぞれの制作を同じ空間において共有していて、事物を媒介にした村落みたいなものが緩やかに形成されている。普段はすれ違うだけで、話したことはなくとも、その人がどんな制作をしているかは知っている。この関係性が実は非常に重要で、それによって制作活性が相互に高まっていくということが実際にある。こういった制作のトライブっておそらく、ハンセン病の療養所にもあったのではないかと想像します。ただ、コロナの状況下でそうした制作の共同体が一気に解体される危機にあるのではないかと思うんです。

というのも、Zoomの場合は、一応顔は表示されるけれど、空間を共有する力は非常に乏しい。一見、顔が表示されているし、慣れてくれば表情から感情を同調させるくらいはできるかもしれない。しかし、果たして我々は、画像空間の中でデジタル化された顔貌を介して何をコミュニケートし得るのか。さらに言えば、こうしたZoomを始めとするウェブ会議ツールにはセキュリティ上の問題も大きいでしょう。

端的に言えば、それは顔とＡＩの問題です。たとえば、今自分が対話している相手が本当に人間なのか判然としなくなる。相手がＡＩによって偽装された存在である可能性が今後、リアルに生じていくと思われます。最近ではディープフェイクと呼ばれる技術もありますね。ＡＩにある人物のパターンを機械学習させて、その人を造り出してテキストを読ませる。その時オンラインの対面コミュニケーションは、アクチュアルでありえるのか。あるいは、顔認証の技術を使って、オンライン上で対面コミュニケーションをしている人たちを盗視する技術というものは、やろうと思えばすでに可能だろうと思います。Zoomに顔認識システムを潜在的に埋め込んでおいて、テロリストのリストと照合するとか。集会や活動などでますます使われるであろうウェブ会議ツールを、顔から探索してモニタリングできる監視システムとして活用する、というようなことです。ある意味では、Zoomの流行に伴い、このようなサービスを皆が使うようになることで、膨大な量の「顔」のデータが蓄積されるわけです。そうしたデータを利用した監視技術については色々な想像力を働かせる必要があるだろうと思います。

少なくともこうした危険がある以上、ウェブ会議ツールを使って、自分の顔面を晒して会話をしていることのセキュリティ上の懸念はあります。とはいえ、直ちに「お前らやばいぞ、盗視されているぞ」みたいな、妄想を喚起したいわけじゃないんです。ただ、技術的にはそうしたことが可能であるということの中に、問題はすでに存在しているということは指摘しておきたいと思います。

テクノコードに抵抗するために

村山　ただ、一方でこうしたデジタルの顔貌を、必ずしもネガティブな事態だと言い切ることもできません。「顔」が画像化することから生まれるイマジネーションもあるだろうと思うんです。たとえばSNOWという顔を交換する機能のついたアプリがあります。SNOWは二〇一五年から始まって、二〇一六年の五月には世界でインストール数が一位になった人気のアプリですが、要はスマホのカメラで構えた対象空間の中で顔を検知して、顔が二つある時に、互いを入れ替えるというプログラムだった。これが、おもちゃというレベルを超えて、人間の顔に対するイマジネーションを更新したわけですよね。良きにつけ悪しきにつけ、色々な欲望を掻き立てられる。さらに最近ではSnapchatなど、「顔」画像からジェンダーを変換させるプログラムを持ったアプりも流行しました。たとえば僕は男性ですが、仮に女性だったらどんな顔だったろうというイマジネーションを、プログラムが計算として実装している。これはすごいクリエイティブだと思う。画像のマトリクスのなかで、私たちは新しい顔を生成することができるわけですから。

ただし、不可能だった妄想を具象化することによって、ポルノにおけるディープフェイクのように、セックスイメージへの暴走も起こっています。実在の女性が被害を受けている実態もある。こうした悪い意味での活用も、看過できない問題です。すると結局のところ、このように顔が画像化されるという事態において、いかにそれを引き受けるか、あるいは画像化を解除するためのアプローチは可能かという、デジタルの顔貌の哲学とその実践が必要になるんだと思う。ここでは、一つの事例として、アダム・ハーヴェイというデザイナーの「CV Dazzle」（二〇一三年）

[3] という作品を紹介します。

これは二〇一三年の作品ですが、顔検知のシステムをモチーフとした作品としてはかなり早い時期に作られたものですね。頰にメイクが施され、髪の毛の前髪が不思議な形にカットされています。これがなんなのかというと、このメイクと髪型によって、デジカメに搭載されている顔検知システムを攪乱することができる。実際、スマホをかざしても顔検知されないはずです。この作品において、重要なポイントは、このメイクが顔検知プログラムを熟知した上でデザインされているということです。また、僕の作品「環世界とプログラムのための肖像」（二八九ページ）も

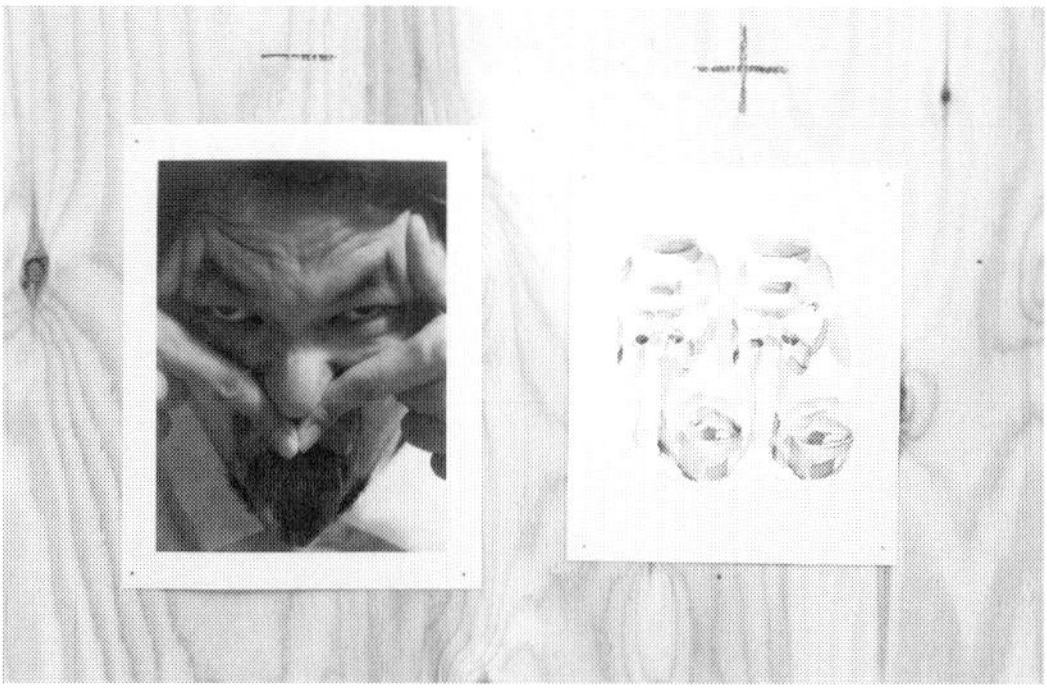

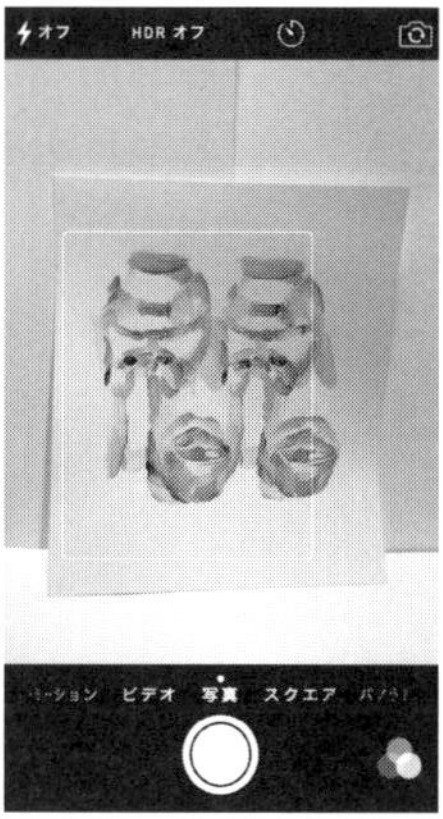

村山悟郎《環世界とプログラムのための肖像》2015
水彩紙にアクリリック、
ラムダプリント、iphone6
各215mm × 190mm

近いものだと言えると思います。

この作品については辻さんが冒頭においても紹介してくれましたが、右側が僕が手で描いたドローイングで、左側が僕が変顔をしている写真です。右のドローイングは僕が iPhone6 を使っていた当時に描いたものですけど、カメラを構えた時に顔検知されるドローイングを作っています。一見、人間の目には顔に見えないようなパターンですが、顔検知システムには顔として検出される。逆に左側は、僕が変顔をしているだけなので、人間の目には経験的にそれが顔だと分かるけれど、システムには検出されることがない。そうした二つの顔貌を並べて見ることで、機械による顔の認識のあり方、つまりシステムには顔がどのように見えているかという直観的理解を得ようと試みました。

結局、こうした「顔」の画像化の問題、あるいはセキュリティ上の課題と対峙していくためには、顔検出とはどのようなプログラムかを知ることが絶対に必要なんですね。「CV Dazzle」のメイクは、顔検知のコードを理解しているからこそ施すことができる。僕のドローイングがなぜあのようなバラバラの顔貌になるのかもプログラムの仕組みを知れば分かってきます。

実は顔検知の仕組みは、機械学習の中でも古く、二〇〇四年くらいには実用化のベースとなる理論ができています。ポール・ヴィオラとマイケル・ジョーンズの二人が考案した「ヴィオラ－ジョーンズ法」というアルゴリズムです。まず、顔のサンプル画像を五〇〇〇枚くらい用意して、それが全て「顔」であるデータとして機械に与えます。これらのパターンが「顔」なのだ、という答えを用意しておく。実際にどのような処理をするかというと、対象空間（カメラの画角）の中に、さらに小さい矩形でフレームを順次つくり、その空間の中にあるパターンを「顔」かどうか判定していくんです。その際に、輝度の変化率や差異のパターンが重要とされます（色彩は無視します）。たとえば、フレームの外側の領域Aから内側の領域Bに明るさが暗く変化していくというパターンがあるとして、そうした変化を粗視化し、フレームの領域Aから領域Bに向かって明るさが暗く変化している場合、顔である確率が高くなるかという局所的で弱い検知を行っていきます。このような部分検知を無数に作り、その組合せ方を探索して、顔検知の確度が高くなるよう機械学習させる（これのために五〇〇〇枚の顔データを使う）。そして、頬骨の箇所には光が当たっているから、その下部に暗い影が生じる、みたいな、限定したフレームのなかで輝度の変化率を測る検知器をたくさん合成して、対象空間から顔の確度の高い領域を絞り込んでいく。こうした方法で、顔のパターン検知の高速化を実装しているんです。

プログラムを概観した後にアダム・ハーヴェイの「CV Dazzle」を見ると、このメイクの意味も分かってきます。要は、あの頬骨のメイクは、機械にとって最も判定しやすい輝度の変化率を持っている箇所の一つを狙っているんですね。だから、それを攪乱するために通常の光なら輝度が高くなる箇所を黒く、低くなる箇所を白く、逆転させるように塗り込んでいるんです。すなわち、機械が世界をどう見ているかということを、このメイクは反射している。機械は、部分の確率の総合として顔を見ている。僕のドローイングが、バラバラの要素の寄せ集めのように描かれているのも、そうした検知の仕組みを逆照射しています。我々が機械による監視や管理に対して、それを攪乱し、解除するためには、まずプログラムの世界認識を理解するしかありません。もちろん究極的には、完全に顔を隠して、地下に潜るというやり方もあります。けれど、我々はプログラムの働きを知ることができるのだから、それを踏まえ、表現に昇華させたり、自分の顔を隠さずに対面コミュニケーションを守りながら、機械には認識されない方法を編み出すなど、テクノコードに対する抵抗は可能なのではないかと思うわけです。

「ここ」にある「いま」に賭ける

辻　非常に面白いお話でした。今の話をマルチスピーシーズ人類学に引き寄せて考えた時、まず浮かんだのはレーン・ウィラースレフという人類学者の『ソウル・ハンターズ——シベリア・ユカギールのアニミズムの人類学』（奥野克巳、近藤祉秋、古川不可知訳、亜紀書房、二〇一八年）という本です。ウィラースレフはこの本でユカギールという狩猟民がエルクという鹿を狩る際の方法についてを記述しているのですが、ウィラースレフによればユカギールは狩猟対象であるエルクに接近するために、エルクにミメーシスする、つまり模倣することによって接近するのだ、としています。エルクになりきり、エルクのまなざし、パースペクティブを獲得することによってエルクの生息圏に入っていくことができ、狩りを成功させることができる、と。アダム・ハーヴェイや村山さんの作品についての今のお話は、ある意味、ユカギールとエルクの関係が逆転したヴァージョンであるように感じました。ここでは僕たちがプログラムによって監視され、データ化される、つまり、狩られる側なわけですよね。そうした監視から逃れるためには、あるいはそうした監視と戯れるためには、まずはそのプログラムについて深く知悉する必要があるのではないか、と。冒頭でも触れましたが、これは言い換えるなら機械のパースペクティブを獲得しようという多自然主義的なアニミズムの実践であるとも言えるように思います。

さて、本来であればここからこのテーマで山川さんにもご応答いただいた上、対談を展開していく予定だったのですが、実は残り時間があまりありません。そこで、このテーマについては後日改めて非公開で対談を収録、記事化するということにし【4】、今日は前半のテーマについて、もう少し深めていくことにしたいと思います。その上で、僕からも質問があります。

まず最初に山川さんがお話しされていた前近代的なメンタリティと近代的な理性とが多層なレイヤー状になっているというお話についてです。たしかに、ある種のムラ社会的な連帯責任の構造には、それゆえの同調圧力と排除が常に伴うものかもしれません。しかし、一方で現在は都市的な個人主義や、新自由主義的な自己責任論が広く浸透しています。山川さんのお話は、今日の日本社会がこうした集団主義と個人主義の奇妙なハイブリッドにあるということだと感じました。本来、連帯責任や同調圧力は相互扶助を前提とした共同体の一つの側面であったはずです。しかし、今日ではそうした民間レベルの相互扶助はかなり失われているのにもかかわらず、同調圧力ばかりが残存し、そこから外れた人間は自己責任論によって排除されていく。これはすごくいびつな状況だと感じます。

さらに、このコロナ禍においては、山川さんが言われたように、自治、自警の名のもとに感染者の家への落書きや投石などが行われてしまっている。普段から関心を持ちあってきたならいざ知らず、こういう時になっていきなり、自治だの自警だのと嘯いて、暴力的な取り締まりを行うというのは、随分と都合のいい話です。そこについて、山川さんは戦後のハンセン病患者への差別の例に触れて、自治に対する意識の高まりが裏目に出たということも言われていました。ただ、ここをもうちょっと深めていきたい。というのも、僕は自治意識が高まることそのものには期待しているところがあるんです。国家にまともな運営が期待できない今日のような状況においては、そうした不完全な国家への依存度を低めていく上では、人々がどれだけ自治的に暮らしをマネージメントしていけるかが重要になってきます。そのように考えた場合、今日、もし自治意識が高まっているのだとすれば、それは歓迎すべきことではないでしょうか。
しかし、その自治意識が、先ほどの事例のように感染者への投石や落書きといった形で発露してしまうと、これは当然問題なわけです。すると、今日においてー体どのような自治が可能なんでしょうか。自治は常にテリトリーの存在を前提に行われるものです。すると、排除を持たない自治など本当に可能なのかという問いもある。自治意識を高めつつ、かつ差別や排除を回避するために必要なことは何か、お考えをお聞きしたいです。

山川　日本では戦後に日本国憲法が制定され、今日に至るまで、それが守られてきています。らい予防法のような悪法や、ハンセン病隔離法廷のような差別が違憲として断罪されたのは、やはり現憲法でしっかりと基本的人権の永久不可侵や、法の下の平等が謳われているからで、もし自民党が提案している改憲案だったら、果たして違憲とされたかどうか疑わしい。ハンセン病回復者たちは九十七条や十二条の条文を地でいくように、「過去幾多の試錬に堪へ」、「不断の努力によつて、これを保持」するために、「多年にわたる自由獲得の努力」を尽くしてきた人たちで、彼らの闘争は、たとえばアメリカにおける公民権運動のように、しっかりと歴史に記憶されるべき重要なものだと思っています。今回のコロナ禍で政府が他国のように強権発動できない状況を鑑みて、改憲すべきだ、との議論もありました。でも僕は「無らい県運動」のような光景が繰り返されるのを目の当たりにして、逆に憲法は変えちゃいけないと強く思うようになったんです。よく言われることではありますが、この国は本当に過去から何も学んでいない。

　西洋と日本を比べてどうこう語るのは野暮だとは思いつつ、やはり西洋では知識人や思想家、芸術家たちによって、ホロコーストが研究対象としてどれだけ分析、反省、糾弾されてきたか、そしてその学びがどれだけ社会に反映され、社会をアップデートする足がかりとなってきたかを考えると、日本人は歴史的にあれだけの過ちを犯しながら、そこから学びを得ず、足がかりになるものも築けていない。そもそも日本の絶対隔離は西洋モデルの近代化が生み出したものですし、今西洋では近代的理性が積み上げてきたものがガラガラと崩れているわけですが、しかしそれでもアップデートの力学が不在のまま、いつまでも流砂の上に生かされるかのような不毛な循環には絶望的な気分になります。

　ハンセン病問題は国の責任として語られることが多いです。たしかに国は悪かった。でも実際には先ほどお話ししたように、絶対隔離には市民が自発的に大きな役割を果たしていたわけで、国だけが悪者にされることによって、市民の責任が免罪されてしまっているところがあるんじゃないかと思うんです。なぜあんな世界的にも類をみない人権侵害が起きてしまったのか、専門家の間ではたくさんの研究がありますが、一般的には単に国が悪かったみたいな話になってしまっている。しかしそこにはもっと複雑なメカニズムがあって、その本質を専門家じゃない一般市民も、もう少し知って記憶していくべきなんじゃないかと思うんです。

記憶の継承はなかなか難しい課題ですが、そこで一つの手がかりになるのが芸術作品だと思います。たとえば療養所で書かれた文学作品を読むと、そこで彼らがどう生きたかということが生々しく記されているわけです。それを読むと彼らの生が解凍され、ウイルスのように自分の身体に染み込んでくる。芸術にはそういう呪術的な力があるんです。ただ、そういった文学作品はほとんどぜっぴゃん（絶版）になっているのが現状で、歴史に埋もれている作品を発掘し、光をあてていくことが一つの鍵になるのかなと思います。

村山　質問に対する直接的な回答にはならないかもしれませんが、ハンセン病の隔離政策と今回のコロナで共通している点が一つあって、それは感染症に関して専門家がどのような役割を果たしたかという問題だと思うんです。ハンセン病の場合は光田健輔氏という医師が隔離政策を主導した人物として知られていますし、今回のコロナに関しては専門家会議などが実際に感染拡大のシミュレーションを出して、八割の行動制限を提案していました。いずれのケースにせよ、行政が市民に何かを要請していく上で、専門家が理論的にリードするわけですが、そこでの議論がどれくらい透明で明晰なのかという課題があると思うんです。もちろん、その時代において未知なものが含まれているので、全てを合理的に説明することはできないけれど、専門家が政治化／権威化しすぎているように、あるいは市民がそのように委ね過ぎているようにも感じます。

さっきプログラムの内実を知ることが重要だという話をしましたけど、専門家の説明が「どうやらそうらしい」と逆に思考停止を促すことで、そこから先を知ろうとする態度が緩慢になってしまっているように見える。また、今回は科学者の政治的闘争も散見され、政治家も科学者の知見をどう引き受けるか、知性が問われているように思います。専門的なコードの政治化／権威化にどう抵抗していくのか。実際、今回の専門家会議も透明性が疑われていますよね。ちゃんとデータが共有されて、誰でも計算ができるようになっていて、反証可能性が担保されているのか、よく分からない。今後、そういったところが重要な議論になっていくのかなと思っています。

辻　ありがとうございます。あともう一つ、やや大ぶりな質問にはなってしまうんですが、お二人がアーティストとして、このコロナ禍におけるアーティストの役割についてをどうお考えなのか是非聞いてみたいです。それこそ、密を回避しなければならないと言われている今、音楽にせよ展示にせよ、動員を前提とするような作品の発表の仕方というものが非常に困難なものになってしまっているわけです。では、そういう状況下においてアーティストは何ができるのか、あるいは何をすべきなのか。

山川　難しい質問ですね。まさに今考えているところです。これが答えになっているかは分かりませんが、冒頭で辻さんが引かれていた村山さんの言葉に「アウラ」というベンヤミンの言葉が含まれていましたよね。今日、顔から「アウラ」が失われていってるんじゃないか、と村山さんは言っている。たしかに僕もそれは強く感じています。アウラというのは「いま・ここ」から芸術作品が引き剥がされてしまうことによって失われていくものです。それで言うと、少なくとも今現在、芸術作品から「ここ」は失われていると言えると思います。

しかし一方で「ここ」は失われてしまったとしても、「いま」は失われていないんじゃないか、と僕は思うんです。共時性、つまり共に「いま」という時間を共有している感覚というのは、まだ命綱のように残されているのではないか。そして、こうした状況下ではこの「いま」こそが重要なのではないか。

ただ、これは難しい問題でもあります。というのもネットで「いま」が鮮烈に立ち現れる時、そこには「死」がつきまとうからです。たとえば最近Facebookライブなどで殺人や自殺の様子がリアルタイムで中継されてしまうケースが多発していますよね。僕は実際には見ていないんですけど、それを見てしまった時に、「アウラ」と言うべきかは分からないけど、自分が生きている「いま」感が、きわめて悪い形で強烈に感じさせられてしまうということがあると思うんです。

死の瞬間というのは、逆説的に「生」が最も強烈に立ち現れる瞬間です。9・11が起こった時に、シュトックハウゼンがあれを「ルシファーの芸術」と称して物議を醸したことがありましたけど、今日、Facebookライブを介して殺人や自殺の瞬間が「表現」として発信され、それを多くの人が共有させられてしまう事態というのは、シュトックハウゼンが言った「ルシファーの芸術」が、ミクロレベルで現れてきている状態のような気がするんです。そういう「ルシファーの芸術」からアウラをいかに奪い返せるか、そして、死をいかに生に反転させられるかは、重要な課題だと思っています。

今日はこうやってZoomで皆さんと繋がっているわけだけど、いま、ここでは生の存在感はきわめて希薄です。しかしそれは単に見えにくくなっているだけで、生と死は表裏一体になって確実にここに存在している。突き詰めればこれは信仰の問題に行き着くのかもしれませんが、ライブ・ピャ（パ）フォーマンスに生きてきた者の一人として、「ここ」にある「いま」に賭けたい、という思いは強くありますね。

村山　デジタルの顔貌とアウラについての文章を書いた後に、山川さんと同じようなことを考えていました。「いま・ここ」の「いま」についてです。会いたい人がいて、久しぶりにその顔をディスプレイ越しに見た時のように、おそらく時が隔たっていればいるほど、オンラインだとしても感動はあると思うんです。ああ、生きてたか、みたいな。そういう意味で「いま」には力があると思う。また、殺人や自殺の動画の話に近いところで言えば、心情の吐露とか、極度の情動的緊張や、緊急性を帯びた映像にも、アウラの「いま」性があると思う。映像の文化史というパースペクティブで言えば、これは今まで生々しすぎて忌避されてきたモチーフだと思うんです。撮影の是非、偶然に映り込んでしまったもの、遺されたテープ、それを公開するか否かの判断、という幾重にも連なった回路のなかで、これまでは棄却されてきたイメージです。近年のリアリティショーをはじめとして、テロ予告、イジメ、ポルノ、ハプニング、監視カメラなどなど、倫理的後退によって映像の「いま」性を安易に追求した結果かもしれません。こうした欲望の罠に陥らないように、しかし、アーティストは映像の「いま」性を切り拓く必要があるでしょう。

ただ、僕が考えている顔のアウラというものは、「あの瞬間、あの人はあんな顔をしていた」みたいな、強烈に記憶に焼き付いている顔面という感触であって（サルが威嚇して吼える時のような）、その時のコミュニケーションの情動の部分、敵意や親愛のような顔の強度性自体のこと、そうした「顔」が持つアウラなんです。「表情の権力」と言い換えてもいいかもしれない。それはやはり実際に目の前にいるということが重要で、実際に目の前にいるからこそ、その顔を殴りたくなったりキスしたくなったりするわけです。ありありとそこに存在していて、自分が何かを働きかけたくなるような「顔」です。

だから、人は「顔」にこだわるべきだと思う。しかし、さきほど述べたように顔面をオンラインに晒し続けることは危険です。オンライン上では、「顔」を違う何かで代替していく必要もあると思っています。だからこそ、制作が鍵となるんじゃないか。それこそハンセン病の療養所における文化芸術活動のようなものです。たとえば文学は、顔がなくても文体で作者が分かる。自分の固有のパターンを、身体ではなく創作物で形成する。平たく言えば作風のことですね。たとえばZoomで対話する時、自分の顔を映さなくとも、その人であることがありありと分かる方法をいかに作っていくか。表現者に限らず、誰もがいまやっていくべきことだと思ってます。

辻　今日は「顔」を一つのテーマに、まさに「顔」だけが画面上に並ぶZoom上でトークしてきたわけですが、あるいは僕たちは「顔」が特権的に強い意味を持つ時代の終わりに立っているのかもしれませんね。その時、何が「顔」の果たしていた役割を代替することになるのかというのは、とても興味深いところです。あるいはこの問題を五感の問題として捉え直してみると、「顔」が強い意味を持つというのは僕たちがきわめて視覚偏重的に生きているということだとも言えます。それで言うと、聴覚、嗅覚、触覚などの他の感覚を改めて認識し直してみるというのも面白いかもしれないと思いました。たとえば作風を通じたコミュニケーションというところで考えてみても、必ずしも視覚や聴覚に依存する必要はないですよね。それこそアートの世界では嗅覚のアートである「オルファクトリーアート」などの制作もすでに盛んに行われています。

ただ一方で、悟郎さんも言っていたように、「顔」という部位には独特の感触があり、強度があり、すなわち「アウラ」のようなものが、やはりある。それこそ、山川さんをハンセン病の問題に深くコミットさせたのも、そうした「顔」の持つ「アウラ」だったという側面もあったのかもしれません。そして、おそらくは問題となっている投石やナンバー狩りなどが行われる時、そうした「アウラ」を伴った「顔」は不在だったのだろうとも思います。僕たちが誰かを愛するにも憎むにも、背景には「在／不在」に明滅する「顔」があり、さらに今日では「顔」はＡＩによる顔面検知技術を用いた監視の対象ともなっている。「顔」を何かで代替していく方法を考えながらも、まだしばらくは僕たちはこの厄介な「顔」から逃れられないのだろうという気がしています。今日はどうもありがとうございました。

1　ホーメイ（またはホーミー）とはロシア連邦トゥバ共和国に伝わる倍音を特徴とする喉歌。
2　「空気・アンダーコントロール」（SUPER DOMMUNE ReFreedom_Aichi Presents、二〇二〇年三月二十日）
3　Adam Harvey "CV Dazzle" https://cvdazzle.com/
4　本対談の続編記事は「21世紀の〈顔貌〉はマトリクスをたゆたう―山川冬樹×村山悟郎」（聞き手／辻陽介）としてHAGAZINEにて公開されている。https://hagamag.com/uncategory/8051

パ

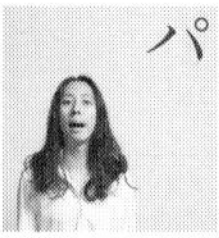

山川冬樹（やまかわ・ふゆき）

一九七三年ロンドン生まれ。現代美術家、ホーメイ歌手。横浜市在住。声と身体を媒体とした表現で、音楽、現代美術、舞台芸術の分野で活動。心臓の鼓動の速度や強さを意識的に制御し、それを電子聴診器を用いて光と音に還元するパフォーマンスや、骨伝導マイクで頭蓋骨の振動を増幅したパフォーマンスで、国内外のアート・フェスティバルやノイズ／即興音楽シーンなど、ジャンルを横断しながらこれまでに十五カ国でパフォーマンスを行う。二〇一五年横浜文化賞文化・芸術奨励賞受賞。

村山悟郎（むらやま・ごろう）

一九八三年、東京生まれ。アーティスト。博士（美術）。東京芸術大学油画専攻／武蔵野美術大学油絵学科にて非常勤講師。東洋大学国際哲学研究センター客員研究員。自己組織的なプロセスやパターンを、絵画やドローイングをとおして表現している。二〇一〇年、チェルシーカレッジ MAファインアートコース（交換留学）。二〇一五年、東京芸術大学美術研究科博士後期課程美術専攻油画（壁画）研究領域修了。二〇一五〜二〇一七年、文化庁新進芸術家海外研修員としてウィーンにて滞在制作（ウィーン大学間文化哲学研究室客員研究員）。

May 29th, 2020

TALK 07

パラドクシカルな「共生」の技法

歴史と神話のあいだ「の実践」

辻村伸雄 ビッグヒストリアン × 石倉敏明 芸術人類学者／神話学者

TSUJIMURA Nobuo x ISHIKURA Toshiaki

緊急事態宣言の解除後に行われた第七回対談（辻村伸雄×石倉敏明）では、ビッグヒストリーと神話学の対話が進められた。対談が実施された二〇二〇年五月二十九日の時点では、世界の感染者数は約五八〇万人、死亡者数は約三六万人であった。「ビッグヒストリー」とは、地球史と生命史を統合する試みである。生きているが生物ではないウイルスと人類の関わりを考えるためには、「人間以上の歴史」の次元で検討を進めることが必要となる。コロナ禍の下で語られる「人類とウイルスの共生」の言説は、往々にして「ロゴス的共生」にとどまるが、我々は「レンマ的共生」の課題に目を向けなければならない。

ビッグヒストリーは現在地球上の人々が共有できる最も大きなバージョンの「起源の物語」を求めるものであると言えるが、それらは神話のような無数の小さな「起源の物語」を否定するものではない。様々な「歴史」が多元的に折り重なる世界において、各々が「ちょうどいいサイズの物語」を作っていくことに意味がある。その際、共同体ではなく、人間と他種の絡まり合いに基づく「共異体」を単位として、種の壁を越えた「ビッグヒストリーする」こと、もしくは「神話する」ことがウイルスとの「共生」を考える手がかりとなる。

ウイルスと「共生せよ」というクリシェ

辻　第七回目となる今回はビッグヒストリアンの辻村伸雄さんと、芸術人類学者・神話学者の石倉敏明さんをお迎えしております。設けさせていただいたテーマは、「パラドクシカルな共生の技法——歴史と神話のあいだの実践」というものになります。

今日、COVID-19のパンデミックによって、改めて人類とウイルスとの関係性が問い直されている、そういう局面に我々が置かれているということは、これまでの対談においても、幾度か語られてきました。そうした中で、これまでは多文化主義的に、つまり人類という限られた範囲の問題として考えられがちであった「共生」という概念が、生物、無生物を含む種としての他者、あるいは種間関係なども視野に入れた多自然主義的な概念として捉え直されようとしているように思います。

ただ、そうした言説というのは、実はすでに結構ありふれています。それこそ「我々はウイルスと共生しなければならない」というような話は、この三月以降、本対談シリーズをはじめ様々なところで語られていて、言ってしまえば一つのクリシェ（紋切り型）になっているようなところさえあるように思います。

そうとはいえ、ここで言うところの「共生」というものが、一体どういう実践なのか、具体的なイメージは未だつきづらいままです。たとえば、新型コロナウイルスというのは現状において人間の身体に毒性があり、場合によっては死に至らしめることもあるというのは厳然たる事実であり、実際にすでに世界では三六万人もの方が亡くなっています。あるいは、新型コロナウイルスに限らず、ウイルスや細菌の中には、人間の生命維持にとって明らかに敵性を持っていると言える存在が数多くいるわけで、するとやはり「我々はウイルスや細菌とも平和的に共存できるのだ」と簡単に言い切ることはできないようにも思うんです。

であるならば、つまり、ウイルスとの「平和的な共存」が困難であるならば、今、捉え直されようとしている新しい形の「共生」とは一体どのような「共生」を指すものなのでしょうか。それは一体どういった視座のもとで、どういったレベルにおいてなら、成り立つものなのでしょうか。つまり、今問われなければならないのは、ウイルスと「共生」するかどうかの是非論ではなくて、「共生」という概念そのもののアップデートと、その具体的なイメージを提示することではないかと思うんです。そうした新しい「共生」のイメージを、本日はお二人の対話から探っていきたいと思っているのですが、とはいえ、まずは最初に、お二人それぞれに、今この状況に感じていること、この状況の中で考えていることについてをそれぞれ語っていただき、そこから対談に入っていけたらと思っています。

ウイルスは我々を守り、脅かす

辻村伸雄（以下、辻村）　よろしくお願いします。私はビッグヒストリーを研究している辻村伸雄と申します。ここではまず、小さなものと大きなものについて、二つの角度から話してみたいと思っています。一つ目の小さなものと大きなもの、それはウイルスとガイアです。そして、二つ目の小さなものと大きなもの、それは言葉と世界です。ここで重要なポイントは、小さなものが大きなものを動かしうるということ、あるいは小さなものが大きなものの支えとなりうるということです。

まず一つ目、ウイルスとガイアについてです。今、新型コロナウイルス感染症が問題になっていますね。一般に感染症の原因となるのは、細菌、ウイルス、菌類、寄生虫だと言われています。ウイルス、それから細菌と寄生虫の中でも単細胞のものにはある特徴があります。それは私たちの目には見えないということです。

生命の歴史は大雑把に言って約四十億年になります。その中で、人間の目に見えるような生き物が現れたのは、ざっくり六億年くらい前です。それまで、地球には目に見えない生き物しかいませんでした。目に見えない生物を微生物と言います。実は生命の歴史の八割以上が、この微生物の歴史なんです。

ところが、人間がこの微生物の存在を目で見れるようになったのは、ごく最近のことなんですね。一六六五年、イギリスのロバート・フックという人が『ミクログラフィア』という世界初の微生物の図解を出します。これを可能にしたのは一五九〇年に発明された光学顕微鏡です。しかし、この光学顕微鏡ではまだウイルスを見ることはできませんでした。ウイルスが見えるようになったのは一九三一年に電子顕微鏡が発明されてからです。つまり、人類の歴史七〇〇万年の中でほとんど全てと言っていい期間、人類は虫より小さな生き物がいることを知らなかったし、また見ることもできなかったんです。

とはいえ地球で最も数の多い生物は微生物で、ウイルスはその微生物の十倍は存在しているだろうと言われています。ウイルスの住む領域、「ウイルス圏」(virosphere)は生物圏全体に広がっていて、一リットルの海水に一〇〇億個くらいウイルスが含まれているんだそうです。ウイルスは一般に生物ではないとされていますが、もしウイルスを生物であるとみなすなら、ウイルスは生物圏全体の中で一番数の多いマジョリティでしょう。

こうしたウイルスについて考える時に、特に今はネガティブなことが中心になってしまいがちですが、実を言うとウイルスはいいこともしているんですね。たとえば海でプランクトンが大量発生して赤潮が発生してしまうことがあります。赤潮が発生すると、魚のエラにプランクトンが詰まって窒息死させてしまったり、海域の酸素濃度を低下させ生き物が住めない状態にしてしまうと言われています。そういう時、大量発生したプランクトンにウイルスが感染して、プランクトンを殺していくんです。それによって赤潮が解消される。さらに、このようにウイルスに破壊されたプランクトンの死骸は深海まで舞い降りていきます。これはマリンスノー、つまり「海の雪」と呼ばれている現象です。詩的ですね。それが深海の生態系を富ます餌になっている。

人間とウイルスの関係性も悪いものばかりではありません。一般に人間とウイルスは対立的なものとして考えられがちですが、人間の体一つとっても、実はヒトの細胞というのは人体を構成している細胞のうちの一割だけなんです。あとの九割は微生物やウイルスでできている。たとえば腸内細菌は胃腸の働きを助けてくれるものですよね。腸内にはウイルスもいて、ウイルスが増えすぎた腸内細菌を殺すことで、それらのバランスを整えてくれています。

さらに遺伝子を見てみると、人間にとってウイルスの存在がいかに大きいかがいっそう分かります。ヒトゲノムの中で、ヒトの体のパーツを作ることに直接的に関係しているのは、たったの一・五パーセントなんです。一方、人がウイルスに感染したことによってヒトゲノムに組み込まれた部分――こうしたものをヒト内在性レトロウイルスと言うんですが――、これは九パーセントもあると言われています。

そうしたウイルス由来の遺伝子の中には、我々の出産を助けるものもあります。たとえば胎児は、母親だけではなく父親由来の遺伝子を持っていますよね。そうした父親由来の遺伝子は母親の体にとっては異物なんです。だから、母体のリンパ球は、自分を守るために胎児を攻撃し、排除しようとする。では、なぜその排除が起こらないのかというと、胎盤では母親の血管と胎児の血管が繋がっていますよね。そこに母親の血管と胎児の血管を隔てる一枚の膜があるんです。その膜は母体から栄養だけを通してリンパ球を通さない仕組みになっている。その膜があるからこそ、胎児は排除されずに母親の胎内で成長することができるんです。この膜を作っているのがウイルス由来の遺伝子なんですね。ウイルスにはエンベロープという膜を持っているものがいるんですが、このエンベロープを作るための遺伝子が哺乳類の胎盤形成を可能にしたと言われています。だから、我々はある意味でウイルスに守られて生まれてきたとも言えるんです。

とはいえ一方で、今、新型コロナウイルスが僕たちの命を脅かしているという現状があります。ですからウイルスには、我々の命を守るものもあれば、我々の命を脅かすものもある。人間とウイルスとの関係はこのように、今日のタイトルでもある「パラドクシカルな関係」なんです。つまり、矛盾を孕《はら》んでいるんです。

その上でウイルスとの「共存」「共生」をどのように考えるべきか、ということが言われているわけですが、僕は共存とは必ずしも「仲良く平和に一緒に過ごす」というものだけではないと思うんです。敵対的共存、対立的共存というものもある。それに、共存したい・したくないにかかわらず、ウイルスとは共存していかなければならないんです。人間の視点から見れば感染症はできたら撲滅したいわけで、これまでもその撲滅が試みられてきたわけですけど、人間がこれまでに撲滅できた感染症は天然痘と牛疫の二つだけです。その他のものは撲滅したいけど撲滅できなかった。結果として今も共存しています。ですから敵対しても、撲滅できない限りはそうなるんです。だからと言って、僕は「共存を目指せ」という風には言いたくありません。そういう言説は経済活動再開の理由として都合よく利用されるだけです。なので、あくまでも結果として共存せざるをえないだろうということを考えているんです【1】。

地球史と生命史を統合するオリジン・ストーリー

辻村　さて、小さなもの、ウイルスについて話しましたので、次に大きなものに目を向けたいと思います。ガイアです。一九六〇年代末、人間は初めて宇宙から地球という大きなものを見ました。その時にジェームズ・ラヴロックという人が「地球は一つ」だと言いました。地球は、大気、海洋、土壌、生物圏を含んだ一つの複合体なんだ、と。そして、それは自己調節機能を持っている、つまり、生きてるんだと。これがラヴロックの「ガイア仮説」です。

『オリジン・ストーリー』

そのガイア仮説に関連して、『オリジン・ストーリー――138億年全史』（デイヴィッド・クリスチャン著、柴田裕之訳、筑摩書房、二〇一九年）という本を紹介したいと思います。この本を書いたのはデイヴィッド・クリスチャンという歴史家で、彼はビッグヒストリーという言葉を作った人でもあります。これはクリスチャンの集大成となる一冊であり、この本の第Ⅱ部では地球史と生命史が統合され、地球生命史として一体的に描かれています。そこで重要なのは何が地球史と生命史を結びつけるのかということです。その二つを結びつけるのは、「地球ではどうやって生命が存在できる温度が保たれてきたのか?」ということなんです。クリスチャンはこの問いに、「それは地球の気温が、非生物や生物によって生命が存続可能な範囲に調節されてきたからだ」と答えます。これはガイア論的です。

今日はこの点について、ごく簡単にお話しさせていただきます。今からお話しするのは、『オリジン・ストーリー』の内容の一部を、便宜上大幅に単純化した大雑把な話です。年代も丸めてお話しします【2】。そのことを念頭にお聞きください。

四十億年ほど前、地球の深海で生命が誕生しました。生命が存在するには液体の水が必要ですが、四十億年前はまだ、太陽の明るさが今より三割ほど暗く、冷たかった。そのままでは水が火星のように凍りついてしまう。では、どうしてそうならずに、生命が誕生できたのか。それは大気中の温室効果ガスが毛布のように地球をくるみ、それが地球を暖めたからなんです。これは非生物による気温調節と言えるでしょう。

その後、四十億年かけて太陽は三割ほど明るくなっていきます。そのままでは太陽が熱くなるにつれ地球も熱くなっていく。ではなぜ、地球の海は金星のように蒸発しなかったのか。一つには生物による気温調節が行われたからです。シアノバクテリアが三十億年前に光合成を始め、温室効果ガスの一つである二酸化炭素を取り込み、酸素を排出するようになりました。これにより、大気中に占める温室効果ガスの割合が減り、気温の上昇が抑えられたんです。

さらに三・七億年前には、樹木が初めて出現しました。地表を森林が覆うようになりました。森林は大量の二酸化炭素を吸収し、酸素を排出します。このことも地球の気温調節を助けています。そうして二酸化炭素を吸収し、分解されずに地中に埋まった木々の死骸がやがて石炭になっていく。石油など他の化石燃料もまた動植物の死骸が変化したものです。

この数百年、人間は、そうして数億年かけて貯め込まれた二酸化炭素を、化石燃料を燃やすことで大気中に放出しています。それによって地球の気温調節を狂わせ始めている。今度は人間による気温調節が必要だ、というのがクリスチャンの考えです。

ところが、現状を見ますと、二酸化炭素の排出を抑えて空気を浄化させているのは人間ではなくコロナじゃないか、と。人間は自分こそがガイアをコントロールするんだと思っていたけれど、その人間がガイアからのコントロールを受けているように見える。注意していただきたいのは、私は話の枕としてこういうことを言っているんであって、そういう因果関係がある、またそれを実証できるとは言っていないということです。

むしろ、ここで私が言いたいのは、現代の文明がどれだけ脆弱な基盤の上に立っているかということなんです。漫画『ONE PIECE』（尾田栄一郎、集英社）のキャラクターに「白ひげJr.」というキャラクターがいます。このキャラクターの造形がまさに現代文明の歪《いびつ》さを表しています。白ひげJr.は上半身ばかり巨大で、脚が棒切れのように細い。見るからにアンバランスです。これはまるで現代文明です。それは日本の姿でもあります。効率最優先でどんどん無駄を削ろうとしていった結果、余裕がなくなり、病床を削る、エッセンシャル・ワーカーを削る、保育士の給料は低いまま。そうして社会を支えるための脚が細くなってしまった。すると、今回のような厄災が起こると、すぐに揺さぶられてグラついてしまう。これはこれまで小さなものに目を向けてこなかったということでもあります。しかし、実は小さなものが大きなものを動かしている。実際、今、ウイルスという小さなものに大きなものである人間の世界が揺さぶられているわけです。

〈言葉の真摯さ〉を取り戻す

辻村　もう一つ、小さなものと大きなものの話をします。それは言葉と世界です。この点を今日はどうしても話したかった。それは今、日本語から真実性が剝ぎとられていっているという問題です。

たとえばこの春、「自粛」ということが盛んに言われました。自粛とは自分からある言動を慎むことです。つまり、他人からお願いされたり、要請されたりした時点で、それは自粛ではないんですね。それなのに行政は「自粛を要請する」という破綻した言葉を使っています。それは要請する側の責任を見えなくしたいからです。「それは自粛でしょう、自分からそうしたんでしょう、だから補償はしませんよ」という風に言い逃れをする上で、都合の良い言葉として「自粛」という言葉が用いられているんです。

さらに、その言葉をマスコミがそのまま流している、追認してしまっている。これは非常に問題です。「自粛を要請するという言い方は日本語として成り立たないのではないか」という風に為政者に詰め寄らなかった。言葉の機関としての務めを果たしていない。

「自粛」という言葉に乗っかる人は、政府が責任をうやむやにするのに加担しているのと一緒です。だから「自粛」という言葉に現実が引きずられていく。これは恐ろしいことです。何万というふつうの人たちも「自粛」という言葉を口にしてしまっている。自分で自分の首をしめる言葉を。痛ましいですよ。

今大事なのは、政府の言葉、メディアの言葉、宣伝の言葉とは違う、「自分の言葉」を持つことだと思うんです。そのためには、それらが使っている言葉にそのまま乗らないこと、自分にとって〈真なるもの〉を自分の言葉で語ることが大事だと思います。

奥野克巳さんたちが翻訳され、最近出版されたティム・インゴルドの『人類学とは何か』（ティム・インゴルド著、奥野克巳、宮崎幸子訳、亜紀書房、二〇二〇年）という本があります。この中にあるエピソードがあります。人類学者のハロウェルがカナダの先住民オジブワのもとを訪れた際のエピソードです。彼はある時、オジブワの首長ベレンズにこう尋ねます。「ここら辺の石はみんな生きているのかい？」。というのも、オジブワ語では石がまるで生き物であるかのように扱われていたからです。しばらく考えこんだ末にベレンズが答えます。「そうじゃない！　でも生きてる石もあるのじゃ」。ベレンズの観察したところによれば、石は自ら動くこともあるし、人が話すように音を立てることがある。石は動く。石は話す。そうベレンズは言うんです。

普通なら「何を馬鹿なことを言ってるんだ」と言われてしまうようなことかもしれません。でもインゴルドはそう思わない。そこにきらめきを認めるんです。その上で、これはどういうことなんだろうと真剣に考えるわけです。そうか。考えてみれば、石は自分の重さに耐えかねて斜面を転がり落ちることがある。いや、石は水や氷や波によって運ばれることもある。石はたしかに動く。石は石同士を打ちつけ合ったり、他のものに打ちつけたりすると音が鳴る。話すということが耳で感じとれるようにするってことなら、石だって話すことがあるじゃないか、と。

これが〈交感〉です。交わるからこそ観得できる世界の姿、実相がある。僕の言葉で言えば、それは詩的感性がとらえた世界の姿です。世界を感じとる方法は科学だけではないということです。

少なくとも、人類学者はベレンズの言葉にきらめきを認めます。これは話をでっちあげているのではない、真摯な言葉なのだと認めて真剣に受け止めようとする。実際、ベレンズの言葉には真摯さがあります。彼は口ごもったんです。そのあと考えこんでようやく口を開いた。それは質問されたことに誠実に答えようとしたからです。

一方、「自粛」という言葉には真摯さがありません。そして、言葉に対する真摯さのない者が百万言を費やそうとも、そこに真なるものは立ち現れない。僕たちが今一度、言葉の真実性を取り戻すためには、ベレンズのように世界と一人静かに交わり、それを真摯に言葉にする必要があるのではないでしょうか。

そこだけを見ると、あまりにささやかで無力に見える。けれど、それなしにはどんな巨《おお》きな現実も変わりえない基点のようなもの——これはそういうものだと思うんです。小さなウイルスがガイアという大きなものを支えているならば、私たちの小さな言葉が大きな真実を構成し、世界を支える基盤となりうるのではないか。小さなウイルスが大きな世界を揺るがすならば、私たちの小さな言葉にも大きな世界を揺るがす力が宿りうるのではないか。今、私はそのように思っています。

それはオブジェクトなのか、サブジェクトなのか

石倉敏明（以下、石倉）　ありがとうございます。今回、辻村さんとお話できるということで、デイヴィッド・クリスチャンの『オリジン・ストーリー』を読ませていただきました。とても面白かったです。二十一世紀に入ってから、特に「人新世」ということが言われるようになりだした頃から、いわゆるグローバルヒストリーの研究、つまり、地球という全体的な空間を踏まえて、これまでの人間の活動を俯瞰するような大きな物語というものが、いろんなヴァージョンで出てきていますね。地球的な規模で人類の営みを総覧したユヴァル・ノア・ハラリの『サピエンス全史──文明の構造と人類の幸福』（ユヴァル・ノア・ハラリ著、柴田裕之訳、河出書房新社、二〇一六年）や『ホモ・デウス──テクノロジーとサピエンスの未来』（ユヴァル・ノア・ハラリ著、柴田裕之訳、河出書房新社、二〇一八年）、人類学と歴史学を架橋するジャレド・ダイアモンドの『銃・病原

菌・鉄――一万三〇〇〇年にわたる人類史の謎』（倉骨彰訳、草思社、二〇〇〇年）以後の研究などもそうでしょう。巨視的な立場から、人間を中心とする「一つの地球世界」を説明しようとする歴史学が、求められるようになってきました。

なぜそうした問いが浮上しているのかというと、一つは人間がやってきたことがあまりに地球そのものへの影響力を持ってしまったということがあると思います。そして、もう一つとしてグローバリズムの問題があると思うんです。発達した交通網と情報網によって人間が世界中のどこにでも行けるようになり、また瞬時に連絡が取れるようになった。連絡革命です。その背景には新自由主義的な経済のネットワークが存在していて、文字通り地球を覆い尽くしている。たとえばアートの世界などでもグローバルアートということが近年盛んに言われてきましたし、あるいは医療や衛生に関してもグローバルヘルスということが言われるようになっていました。

その上で、この『オリジン・ストーリー』のユニークなところは、「起源」の考察を人間から始めていないところだと思うんです。この本では、ノンヒューマンの歴史とヒューマンの歴史を調停する大きな時間の流れが描き出されているわけですが、その姿勢は言ってみれば「人間以上の歴史」と呼べるようなものだと思います。この視点は、万物の起源を語る神話とも親和性が高い。僕の専門は神話なんですけど、言ってみればローカル版のオリジン・ストーリーを僕は日頃から聞いたり集めたり、比較研究したり、あるいは自分でも作ってみたりと、実験的に色々やってみたりしてきたわけです。そういう大小様々なオリジン・ストーリーの中で、今一番大きなヴァージョンというのが、このデイヴィッド・クリスチャンの『オリジン・ストーリー』という本なのかなと読んでいて感じました。

実はこの本の中にも、今日のテーマである「共生」がたくさん出てくるんですよね。リン・マーギュリスの細胞内共生説やその元夫であるカール・セーガンの話、あるいはラヴロックのガイア仮説も登場していて、いろんなレベルにおける共生の話が出てきている。言ってみれば、人間というものが種として単独ではありえないということがこの本を読めばはっきりと分かると思うんです。

翻って今日、パンデミックということが非常に大きな問題になっているわけです。このパンデミックとはそもそも「パン（全ての）・デモス（人々）」であり、これは全ての人が等しく影響を受けるということを意味します。そのことを踏まえると、この本『オリジン・ストーリー』は直接ウイルスについてたくさん書かれているわけではないのですが、ウイルスと人間の関係を振り返る上でも、非常に示唆に富んだ一冊だなと感じます。というのは、人間の歴史に限定した時間軸でウイルスについてを語ってもやはり分からないことが多いんです。ウイルスについて考える上では、生物との関係、あるいは宇宙、万物との関係の中で考えていかなければ分からないことが多く、そういう前人間的な歴史と照らし合わせていく必要があると思います。

ウイルスに関して、僕が気になっている点は、その矛盾を孕んだ性質です。ウイルスというのは今のところ、生物学上の合意が完全にあるわけではないけど、一般的な意味で「生きている」存在物だと見なされている。つまり、なんらかの遺伝情報を持って、複製されていくという点では「生きている」と言える。しかし、それは自律的に増殖するわけではなく、ある有機体に乗り移るようにして、つまり他の生物の細胞をハイジャックすることによって、自らを増やしていくんです。これは生物の条件である「自己複製を行えること」を満たしていない。つまり、ウイルスは「生きているけれども生物ではない」という矛盾を孕んでいる。すると、ウイルスについて考えるためには、やはり生物の歴史だけを見ていっても分からない部分がある。

これは存在として、オブジェクト、つまりモノとしてのレベルと、サブジェクト、つまり主体性を持って情報を伝える存在という生命情報学的なレベルとの両方を見ていかなければいけないということです。言い換えれば、ウイルスとはオブジェクトとサブジェクトの境界にある。この曖昧さ、両義的な性質が、僕たちの不安やモヤモヤを作り出している。一方で、もっと大きな不確定性として、これからの人間と世界との関係、地球温暖化の問題、資本主義やグローバルな産業文明をめぐる問題のような、非常に切迫した問題も絡まり合いつつ、増大しているように感じています。

ラトゥールのアクターネットワーク理論を引くまでもなく、人間は地球全体に、オブジェクトとサブジェクトの諸次元をつなぐハイブリッドなネットワークを築き上げてきました。さらに、人間自身もまた、動物であると同時に動物圏から超越していて、人智圏、すなわち社会的なコミュニケーションの領域や、人間的な意味の世界というものを作っている。言い換えれば、人間は生物でありながら、同時に生物を超えたものとして地球上の生態系に干渉するハイブリッドな存在です。そのように考えていくと、今般の危機の原因と目されているSARS-CoV-2というウイルスも、その被害を受けている人間も、共に両義的で、不確定な存在であると言える。こういうハイブリッドな領域をどう捉えていけばいいのかということが今日、考えられるべきことなんじゃないかと思うんです。

人間は基本的に意味の世界で生きているので役に立つものと役に立たないものを分けたがるところがあり、その中でウイルスという存在についても「敵」というメタファーで語られることが多い。「ウイルスとの共生」という表現は、そうした見方に対するカウンターとして生じているものです。たとえば現在の人類は天然痘ウイルスという敵を撲滅したと考えているわけですが、このシリーズの最初で近藤祉秋さんが指摘していたように、地球温暖化によって北極圏の永久凍土が融けてしまったら、そこから天然痘などのウイルスや細菌が復活するかもしれないという話もある。すると、本当に撲滅されているのかどうかも危うい。そういうレベルにおいても共生は理想というよりも事実としてある。じゃあ、人間の意味の世界と、生命や地球そのものが持ってる情報の世界とをどう繋いでいったらいいのか。そこが今の差し迫った課題なんだと思います。

たまたま先日、三木成夫の本（『人間生命の誕生』築地書館、一九九六年）を読んでいたところ、面白いことが書かれているのを見つけました。三木いわく、我々人間には草を雑草と薬草に分けたり、虫を害虫と益虫に分けたりする傾向がある。しかし、また一方で路傍の石ころ一つにも生命の躍動を感じたり、そこに現れる自然の心に共鳴するという別の側面がある。これは先ほどのインゴルドの話にも通じていると思います。つまり、甚だ様子の異なった二面が多少にかかわらず、どの人間にも識別されるのだ、と。これはウイルスとの共生を考える上でも、なかなか示唆的な捉え方だなと思うんです。

三木によれば、前者は人間を思考の中心とする「自然征服」の態度ということになります。これを突き詰めていくと、資源開発や品種改良といった技術至上主義の文明が発展し、人物の背景として自然の景観をあしらうという近代の西洋絵画、つまり「油絵」の芸術世界が生まれるのだ、と。これに対して、後者、石ころ一つに命を感じるというようなあり方、これは常に自然を中心とする態度であり、「人間をも含めた森羅万象のすべてが生命に満ち溢れ、宇宙の全体が大きな生活共同体としてとらえられる」（同書、一一ページ）。ここでは「自然崇拝」が前景化し、宇宙生命との交流をあらわす方法として、風物の一点景として人間をあしらう墨絵のような芸術世界が生まれます。医療の方面にこの見方を広げれば、いわゆる西洋医学と東洋医学の差異ということになるかもしれません。しかし、ここで重要なことは必ずしも西洋の批判者として東洋を持ち出すことではありません。三木はここで、ルートヴィヒ・クラーゲスの思想を引き合いに出しながら、自我精神の発生と、宇宙生命との心情による交流という「二つの柱」を抽出し、人体における頭と心、頭脳（体壁系）と心臓（内臓系）という二つのシステムの共存というヴィジョンを引き出します。つまり、「精神」のロジックと、「心情」のロジックを共存させていこう、とするわけです。

これを人類学の文脈に置き直すと、前者はフィリップ・デスコラの言うナチュラリズムに該当すると思います。そして後者はアニミズムと言ってもいいように思います。別の言い方をすれば、前者はサブジェクト中心的であり、後者はオブジェクト中心的です。デスコラの定義によると、ナチュラリズムとは単一の自然資源を背景としつつ、諸民族の文化やアイデンティティーに多様性を認めようとする立場です。これは、近代の多文化主義の礎とされてきた思想であり、絵画を含めた近代芸術を作ってきた考え方でもあります。三木に倣って人物像を中心とする「油絵」の世界観と言ってもいいでしょう。

これに対してアニミズムの考え方は、生死を超えたオブジェクトの海の中で多形態の存在が立ち上がってくるという「オブジェクト志向」の世界観であり、「墨絵的」です。アニミズムの思想では、文化や心が多元的なのではなく、形態的なもの、つまり身体的な「かたちあるもの」が多様化します。墨汁が墨絵の画面全体の運動性を表していくように、アニミズムにおいては全てのものは一つの宇宙的な生命の運動に内在し、渦を巻いて動き続けていくわけです。

　このようなナチュラリズムとアニミズムの対比は世界中に見られると思います。しかし、その点においても、ウイルスはかなりパラドクシカルな存在なんです。そもそも、ウイルスは内面性も外面性も判別がつかない。ウイルスという、その細胞に侵入する、タンパク質や脂質に包まれたRNA構造体の振る舞いを、どう捉えたらいいのか。ここを考えていく手がかりとして、アニミズムについてもう少し深く検討してみたいんですが、たとえばアニミズムの存在論についてデスコラは『自然と文化を越えて』(フィリップ・デスコラ著、小林徹訳、水声社、二〇二〇年)の中でこのようなことを書いています。アニミズムとは「生命力・精力・繁殖力が、肉の捕獲・交換・消費によって、様々な有機体間を恒常的に駆け巡っているという」思想である(同書、一九一ページ)。つまり、それは種の範疇を越えて食物連鎖の中で他の生物と関わり、捕獲し、交換し、食べることによって、その生命力がたえず肉体や有機体を超えて駆けめぐっているとする生成論である。デスコラはそう言っているんですね。

　つまり、アニミズムとは常に動いているということを前提とした、運動や生成の論理なんです。それに対して、ナチュラリズムとは「あるか／ないか」を軸とした存在の論理なんです。これを踏まえてウイルスについて考えると、それはある種、ナチュラリズムの極限で現れた、それとは対照的なアニミズムの現実態のようなものとして理解し直すことができるのではないか、と思います。ウイルスとはまさに、身体の親密な接触や交感によって、様々な有機体間を駆けめぐっている存在です。とりわけ、今回のパンデミックは、動き、話し、生殖し、食べる存在であるという人間の動物的な側面によってウイルスが増殖し、移動やコミュニケーションに寄生するように拡張されていきました。都市という超有機体的な社会空間の中で増殖し、変異し、民族や文化、種を超えて生き続ける「前生物的」なもの。こうした媒体を、存在論的に捉えるのは非常に難しい。しかし、アニミズムの汎対象、汎生命力的な思考法、つまり、魂が様々な有機体間を駆けめぐっているという見方において生成論的に考えれば、ウイルスというハイブリッドな生成体をもっとリアルなものとして、適切に捉えることができるのではないか。こうした理解を進めていくためには、「あるか／ないか」を軸とした存在の論理に代わる「成り変わる運動」として、生成論的に感染症の実態を吟味する必要がある。おそらくは今後、こうしたことが考えられていくべきポイントなのかなと考えています。

「ロゴス的共生」から「レンマ的共生」へ

石倉　さて、ここからが今日の本題でもあるわけですが、今までお話ししたようなことを踏まえて、改めて「共生」について考えてみたいと思います。共生とは文字通り「共に生きる」ということですから、辻村さんがおっしゃったように言葉を大事にするとしたら、実際に「共に生きる」ことを意味しているはずです。しかし、僕たちは、強力なウイルスのような、自分自身を死に至らしめるものと、本当に「共に生きられる」のだろうか。たとえば、各国の政府は、これまで好んで「ウイルスを撲滅しよう」「ウイルスと闘おう」と主張してきました。フランスのマクロン大統領は「ウイルスとの戦争」という表現を使っています。こうした論理は明らかに、新型コロナウイルスには永遠の死を、人間にはより多くの生をもたらそうという単純なロジックに基づいています。別の言い方をすれば、ウイルスを撲滅することで、人間の側に勝利をもたらし、これまで通りの都市生活や経済活動と、グローバルな移動のパターンを取り戻そう、という主張になっていくわけです。しかし、問題はCOVID-19だけではなくて、今後現れるであろう未知の感染症との関係を含んでいます。ワクチンの開発などでウイルスの制圧が可能なように見えても、実際には変異し続ける新たなウイルスとのいたちごっこを続けなければならない。このことを、今どう考えればよいか。

たとえばある生物が他種を自らの環世界の構成要素として生きていくような「共利共生」の関係は、通常のロゴス的な意味での共生に近いと思います。文字通り、互いを互いの生存に役立てることのできる他者として認識しているわけですから。この場合の他者関係は文字通りの「共生」と言ってよいでしょう。ここではこの関係を「ロゴス的共生」と呼んでおきましょう。人間とイヌ、あるいは牛・豚・鶏のような家畜との関係は、動物たちがどう感じているかは不問のまま、人間と資本中心の論理によって、少なくとも道義的には「共生種」として地球上に存在していることになっています。ところが、まさにこうした「ロゴス的共生」の領域を拡張し、人間中心主義の論理を拡大することによって、人間は都市圏を拡張し、定住生活の中で密集した生活領域を確保してきました。なぜなら、人間が密集し、相互に簡単にコミュニケーションを取ることができるということは、人間同士が互いに経済的な利益を増幅させ合ったり、人間的な価値観を増殖させるためには都合が良いからです。ところが、今回のCOVID-19は、まさにグローバルな規模で進行する人間中心的なコミュニケーションのあり方や、そのための他種との共生関係を土台にして爆発的に感染を拡大させてきました。そのように考えてみると、現在のパンデミックは、人間にとって速やかにコミュニケーションを行うことのできる快適な生息空間を、郊外や野生の領域に広げていくことによって引き起こされた、「ロゴス的共生」の亀裂のような事態だということが分かります。

今、人類が直面しているのは、上記のような限定的な共生の条件がもはや通用しないような、地球規模の変化ということではないでしょうか。これは一つの試金石のような事態であって、今後繰り返し似たような感染症の流行が発生するかもしれない。僕たちがロゴス中心的な論理によって「ウイルスと共生しよう」と言った場合、それは人間を例外的な種として隔離したまま、他の存在を無条件でコントロールできる、という単なる「綺麗な言葉」で終わってしまう可能性を孕んでいます。つまり、共生がメタファーとしての意味しか持たず、実質的には、せいぜい感染拡大に注意して、社会的活動を自粛しながら生きるという受動的な態度のみを表すことにとどまってしまうのではないか。そうではなく、もしより深い場所から共生という概念を掘り返そうとするなら、中沢新一の『レンマ学』（講談社、二〇一九年）を踏まえた「レンマ的共生」というもう一つの道筋を検討する必要があるのではないか、と僕は考えています。

中沢が「レンマ学」という表現で言い表しているのは、自然界に存在する要素を操作し、支配し、資源化する根拠にもなっている人間の「正氣」、すなわちロゴスとは別の知的作用のことです。「レンマ的知性」とも呼ばれるこの働きは、物事を分別し、時系列的に整理することによって理解可能な意味のネットワークを作り出す「ロゴス的知性」と共に働きながら、その働きを包摂しつつ、分別を超えて問題の全体性を把握する直観的な洞察の方法として、仏教をはじめとするユーラシアの知恵の伝統において探求が進められてきました。

『レンマ学』

たとえば共生ということを生物の数を尺度として考えるな

らば、地球上に夥しいほど存在している人間と、その共生種として存在させられている「経済動物」としての様々な家畜や伴侶動物は、人間を中心とした社会圏の中で見事に繁栄を遂げた成功例とみなすことができます。ところが、同じ人類でも、少数の億万長者に対して数億もの貧困層が存在しているように、家畜たちがおかれている集約的な食肉工場を中心とする環境は、それぞれの動物たちの福祉にとっては必ずしも望ましいものではありません。それどころか、人間は自らの正氣に従いながら、たくさんの動物に苦痛を与えたり、生態系の豊かさを作り出す森林の植物を伐採したり、土や海や河川を都合よく変形することで自分たちの生きやすい状況を作り出してきました。人間の活動が地球規模の影響を与えることによって、現代の地球は白亜紀の小惑星の衝突に匹敵する「第六の大量絶滅期」を迎えている、と考える科学者のグループも存在します。

では、やはり、人類と他種の共生は不可能なのだろうか。「ロゴス的共生」は限界に達しつつあり、これ以上一方のロゴスを他者に押し付けるのは難しいでしょう。しかし、ロゴスとは異なる論理であればどうでしょうか。「レンマ的共生」とは、ロゴスでは捉えきれない別種の論理による、パラドクシカルな共生のことです。アリストテレス以来のヨーロッパの論理学では捉えきれない、矛盾を孕んだ全体性の把握。それが東洋においてはレンマという論理によって捉えられてきた。中沢新一の『レンマ学』では、これを「対称性論理」と「非対称性論理」のバイロジック（複論理）構造なのだとも述べられています。我々は常にロゴスの世界で生きていると同時に、レンマの世界でも生きているのだ、と。つまり、先ほどお話しした不確定性、人間が動物であると同時に動物ではないロゴス的存在でもあるとか、ウイルスは生きているけれど「生物」ではないとか、人間とウイルスは共生せざるをえない他者であるとか、こういうパラドクシカルな論理のレベルが現実に、刻々と目の前に生成しているわけですよね。これを「ロゴス的共生」を超える「レンマ的共生」の課題として捉えた時に、我々が今後向き合わざるを得ない、あるいは積極的に向き合っていくべき多元主義の方向性が見えてくるはずです。その時にもう一度、世界の複雑性に向き合う言葉の真摯さというものを取り戻したり、あるいは我々の生存の思想というものを取り戻すことができるんではないかと思うんです。

〈目に見えないもの〉にどう迫っていくか

辻村　今、石倉さんが不確定性ということを何度かおっしゃいました。見えないもの、分からないもの、あるいはロゴス（論理的知性）で見ると矛盾してしまっている両立できないもの、そうしたものとどう向き合っていくのか。そういう不確定で矛盾するものたちに挟まれて今私たちは困ってしまっていると、そういう話だったと思います。

まず分からないということに関して言うと、実はずっとそういう状況が続いていると思うんですね。ある意味、分からない、見えないのが当たり前というのが人類の歴史だとも言えると思うんです。ビッグヒストリーも神話も、どういう宇宙観、世界観を持つかということのヴァリエーション（様々あるもののうちの一つ）だと思うんですが、たとえば古代ギリシャの哲学や天文学、あるいはその後に発達していった神学などもそうですよね。

たとえば哲学は形而上学とも言いますけど、それは形を超えたものについての学、すなわち目に見える現象の奥にある、目には見えない原理を扱う学として始まったものです。見えないものを、見えないのだけど、見ようとする。それが形而上学です。

あるいは天文学というのは、宇宙そのものが音楽であり、一つのハーモニー（調和）であるという考えから始まっています。その音楽は普通にしていては聴こえないんだけど、それをどうにか聴こうとする。そのための学だった。天体の位置や運行にはどういう法則があるのか、どういう調和があるのか、それを観察することによって知ろうとしたんです。

それから神学も、これもさっきのレンマ（直観的知性）の話とも通じるところがあって、矛盾することに挑んだ学でした。神はどうしてこのような世界を創ったのか、どうしてこのようなことをされるのか。人間は神になれないから、神の考えていることを理解するのは不可能なんだけれど、とはいえ少しでも、わずかでも、そこに近づこうとした。いわば思考しえないものを思考する学です。

このように、基本的には不可能なんだけれども、そこに迫りたいという衝動は、人間の中にずっとあったように思います。そして、その中で様々な形で、見えない、分からないものに対する向き合い方というのを作ってきたんだと思うんです。

石倉　そうですね。目に見えないもの、分からないものをどうイメージしていくのか、あるいは物語化していくのかという歴史が我々にはあって、同時にレヴィ＝ストロースが「野生の思考」と呼んだような、生態系に現存する情報や記号を操作しながら、ブリコラージュ、つまりつぎはぎしながら世界像を作ってきた人類の歴史があるわけです。実はヨーロッパの知的伝統では、形而上学は、必ず形而下学とセットになっている。一つのフィジックス（形而下学）と複数のメタフィジックス（形而上学）があるということ、言い換えれば、たった一つの「目に見える地球」に対して、複数の「目に見えない世界」があるということ。こうした見方を人類学者のフィリップ・デスコラはナチュラリズムと呼んでいるんですが、僕たちはいまその限界の外にある別の存在論をどう扱っていけばよいか、という問題にも立ち会っていると思います。

つまり、目に見えないものがすなわちメタフィジックスであると考えてしまうと、目に見える世界全てが単一の自然ということになってしまう。こうした見方に対し、最近ではコンパラティブ・メタフィジックス（比較形而上学）という考え方が現れてきていて、形而下と形而上の関係性には、たくさんのヴァリエーションがありえると指摘されています[3]。形而下の現実と形而上の世界は、実は知的なブリコラージュによって組み換え可能である。そのように見ることで、目に見えるものと目に見えないものの境界は、西洋以外の様々な存在論の様態と関連づけられていくわけですね。すると、天文学者が考えた宇宙のハーモニーはより多声的な作曲法になっていくし、ノイズを孕んだ音律も現れてきます。歴史と神話の関係についても同じようなことが言えるのではないか、と思います。

一方で、今回のパンデミックは、世界の多元性というよりは単一性の現実に直面している「同期化」が発生しています。今日では、世界全体が同じウイルスに直面している。つまり、「たった一つの世界」に我々は向き合わざるを得なくなっている。しかしながら、ウイルスは目に見えないものであって、接触感染や飛沫感染によって増殖し続ける多様体であり、変異体でもある。世界全体の人間たちが、同じように感染症のリスクを抱える「たった一つの世界」に暮らしていること。そして、それぞれの社会ごとにその受け止め方や対処法に違いはあるとしても、少なくとも同じようにこの厄介な「目に見えないもの」のリスクに直面しているというのが、現状です。

この対談シリーズでも、早くから「ワンヘルス」という概念が登場してきました（TALK 01参照）。この場合の「ワン」とは、人間と異種の生命を連続した一つのものとして捉え直し、いわば人間以上の健康を再定義しなければいけないということで、現在のＷＨＯの活動にも取り入れられている考え方です。人獣共通感染症を考える上で決定的に重要な概念であり、種を超えたウイルス感染の現実に焦点を据えた学際的でマルチスピーシーズ的な視点でもあります。

同時にこれは地球全体で、人間の健康維持のために異種との様々な関係性を包摂しなければいけない、という強い考え方でもあります。つまり、実はこの「ワンヘルス」という考え方の中にも、人類を頂点とする人間中心主義が潜んでいるんじゃないかという議論があるんです。その前提にあるのは西洋由来のグローブ（地球）であり、単一の自然であり、あるいはその「自然を超える」という考え方ではないか。「一つの地球」には、人間を中心とした存在の序列を生み出してしまう可能性もあるのではないか。では、僕たちが一つのオリジン・ストーリーとして共有してしまっている、あるいは共有を迫られている大きな物語に対して、そこから排除されてしまう多くの歴史をどのように理解し、接続していけばいいのか。「ワン」という観点からこぼれてしまう世界の可能性について。その点について、辻村さんに聞いてみたいと思っていました。

ビッグヒストリーは神話や神学のようなものも含めて、人間の思考と行動の全体、そして人間が発生する以前の出来事まで含んでいるような、壮大な歴史ですよね。ある意味では、異なる地域のローカル・ヒストリーを無数に織り込んだ、緩やかな歴史の共有地点を形成しようとする実験と言えるかもしれません。しかし、世界中の先住民神話からキリスト教原理主義の創世神話に至るまで、そもそも共通認識としてのビッグバンを共有しないストーリーも存在しています。ですから、それぞれの物語の間で、ある種のコンフリクトが起こる可能性もあります。

　たとえばクリスチャンの『オリジン・ストーリー』は諸科学の成果をふんだんに織り込みながら、人間の歴史と非人間の歴史を調停しようとする野心的な試みだと思います。それはかつての起源神話のように、宇宙の中で孤立してしまった人間を再び存在の連関の中に位置付けて、他の種との共存や共生を考えていく上でとても有益な見方を提供しています。一方で、これまで人類学者や民俗学者が扱ってきたような、無数のローカル版オリジン・ストーリー、たとえば秋田の地方伝承のような「小さなオリジン・ストーリー」もありますよね。そうした局地的なマイクロヒストリーと、地球規模のビッグヒストリーをどうやって調停していけばよいだろうか。今日のような「ワン」の視点が強まりつつある時代には、こうした視点が大事になってくると思うんです。

辻村　おっしゃっていただいたように、ビッグヒストリーというのは万物の起源の物語（オリジン・ストーリー）であって、それも一部の地域とか文化だけでなくて、あらゆる人々が共有できるものを作ろうじゃないかと、そういう視点から試みられているものです。その意味では、ナチュラリズム（単一の自然を前提としている）じゃないかと言われればそうかもしれません。

　ただ、デイヴィッド・クリスチャンが言っているのは、いろいろなスケールの地図があるんだということなんです。その意味において、ビッグヒストリー、一三八億年史というのは、中でも一番スケールの大きな地図であるというだけです。たとえばある街に行った時にはある街路図が、地下鉄に乗る時には路線図が役に立つように、目的と行動に応じて、必要な地図というのは変わってくる。それはビッグヒストリーを否定しません。ビッグヒストリーを作ったからといって、それより小さなスケールの地図を排除するとか、それらよりもビッグヒストリーのほうが優れているとか、そういうことを言いたいわけではないというのがまず一つあります。

もう一つは、ビッグヒストリーと言っても、デイヴィッド・クリスチャンだけじゃなくていろいろな人が書いているんですよね。そうすると、ビッグバンを始源として共有しつつも、細かいところで言うと、どういうところに着目するかとか、何をその一つの流れとしてみるかというのが著者ごとに違ってくるんです。それはいくら自然科学的なファクトとか歴史学的なファクトに基づいたとしても、その中で何が一番重要と思うか、何を選びとるか、そしてそれらを結びつけてどういうストーリーに編み上げるかというのは、書く人の人間観や生命観、また自然観や宇宙観の影響を受けるんです。ですから、自然とそのストーリーは違うものになってくる。そのように、ビッグヒストリーという枠の中でいろんな形のストーリーというのが描かれればいいと思ってますし、結局、そのうちのどれが残っていくかといえば、多くの人が支持したものが残っていくんだと思うんです。

石倉　歴史という現実への理解が、実は多くの人の支持に委ねられているという点、面白いですよね。どういうヴァージョンが適しているか、どんな地図が必要になってくるか、対立する視点からの批評を乗り越えて、ストーリーがブラッシュアップされていく。まさに今、生成しつつある歴史だと思います。今まで自然史と文化史は分断されてきたし、博物館の展示も別々だった。しかし、イデオロギーによる統制ではなく、諸科学の成果をブリコラージュすることによって、統合される可能性も出てきているのかもしれません。

実は神話学の中でも、地球規模の研究成果を統合するような「世界神話学」が生まれています。マイケル・ヴィッツェルという人が、世界中の神話を包括的に研究する学を作っているんです【4】。あるいは人類学の中でデスコラがやっていることも、あらゆる地域の民族誌を動員して人類学を再構築しているという意味では「ビッグエスノグラフィー」と言えるかもしれません。このように総体的に人間存在の位置付けを考えていく。そして、スケールの異なる地図や海図を駆使して、不確定性の海を航海する。そういう時代になってきているんだと思います。

先ほど辻村さんが指摘されたように、これからも目に見えないものは目に見えない次元にあり続けるでしょうし、他の生物種の存在も、謎を残すことになるでしょう。そこにどうやって迫っていくかは、我々がそれぞれ引き受けて、解消されない不確定性と共に抱え続けていかなければならない。こうした謎については、おそらく「解消されない」というところが重要で、だからこそ、たとえば、それを比喩によって表現したり、直観的な知性によって把握していかなければならないんだと思います。そこにアートや詩、音楽の価値というものがあるのかもしれません。
人類学におけるパースペクティヴィズムも、それこそ大がかりな比喩であるわけですよね。人類学者のヴィヴェイロス・デ・カストロがあげている有名な例だと、南米大陸の先住民のコスモロジーでは、人間にとってのマニオク酒がジャガーにとっては血である。人間にとっての蛆虫は、ハゲワシにとっては美味しそうな焼き魚である。こういう他種の視点の交錯関係による世界像を、僕たちはパースペクティヴィズムと呼んでいます。この考え方は、人間以外の種に「他者」の資格を与え、それぞれの身体から捉えられる世界のあり方を理解しようという、人間中心主義に対する根本的な批判を伴っています。

ヴィヴェイロス・デ・カストロの研究は人間性の理解にとって深い洞察を含んでいるのですが、彼自身はそれを、アメリカ大陸の先住民研究の文脈に限定しています。しかし、そこで話を止めてしまうのではなくて、我々自身にとってのパースペクティヴィズムを考えていくことも必要ではないでしょうか。

最近、僕はパースペクティヴィズムのような思想を通して、一種のウイルス関係学のような思考実験ができるのではないか、と空想することがあります。少なくとも現時点において、我々にとってはウイルスというのは気持ち悪いものだったり、怖いものだったりするわけですよね。でもウイルスにとってみたら、人間とはどんな存在なんだろうか。もしもウイルスにパースペクティヴや、それを可能にする身体があるとすれば、彼らにとって人間は格好の「共生種」と言えるんじゃないでしょうか。なんせ人間がいることによって爆発的に増殖することができる。都市を築き、密集して暮らし、頻繁に移動し、さらに社会的なコミュニケーションによって頻繁に身体接触してくれる。そのように考えてみると、もしかしたらウイルスにとっての人間は、人間にとってのグローブ（地球）のように、かけがえのない宿主であるという見方ができるかもしれません。

多元世界リアリティ

辻村　パースペクティヴィズムというのは、違う肉体を持っていたら違う視点があるという考え方ですよね。そういう異なるパースペクティヴ（視点）の間を行き来する。奥野さんによれば、パースペクティヴィズムとは「異種間のパースペクティヴの交換／交感」のことであり、それは生き物たちが、自分が捕まえる獲物の視点、あるいは自分を食べようとする捕食者の視点に立って行動し、生き延びてきたことにその原点があります［5］。

そういうことで言うと、ビッグヒストリーはもちろん人間史を超えたスケールから歴史を見ていこうとする、脱人間中心主義の志向をもっている。だからそこには人間以外の視点というものが存在する。『オリジン・ストーリー』には、世界を認識し、周囲の情報を集め、分析することはあらゆる生物にとって必要なことであり、現代の科学も、元を辿れば単細胞生物に始まるそうした営為に起源する、と書かれています。

また、今日出た話で言えば、産業革命は数億年にわたる化石燃料の形成・蓄積によって準備されたものであり、人間がそれを燃やすことで何十億年にもわたって作られてきた気温調節の仕組みを狂わせ始めているということは、たかだか数十万年の人間史のスケールでは決して理解することができません。それは地球生命史のスケールに立って初めて見えてくる。けれども、現状のビッグヒストリーは、最終的にはまだ人間から見た物語になってしまっていると思います。だから、僕はもっとラディカルな方向、たとえば石から見たビッグヒストリーとはどういうものなのか、花から見たビッグヒストリーとはどういうものなのか、それは文字で表現しうるのか、文字じゃなかったらどうやって表現するのか、というようなことにも興味があったりする。だからこそ、マルチスピーシーズ人類学に関心があるんです。

その上で、ウイルスから見た人間とはどういう存在なのかを考えるのは面白いですね。石倉さんはウイルスにとって人間は「かけがえのない宿主」じゃないかとおっしゃいましたけど、恒星の一生からすると、今後、太陽がもっと熱くなっていくことは分かっているわけです。最終的には海も蒸発してしまって、地球は太陽に飲み込まれるんじゃないかと言われている。その過程で、宇宙にでも脱出しない限り、人間のような目に見える大きな生き物は最初に滅んでいくんです。最後まで生き残っていくであろうものは細菌のような微小な生き物です。ウイルスはそういう微小な生物にも寄生して生き延びますから、やっぱり人類よりウイルスのほうが長生きするんですね。だからウイルスにとっては「昔、人間ってやつがいたな。ああいう家に住んでたなあ。懐かしいな」みたいな、そういう感じになるんじゃないかと想像します。

それと関係の学ということで言えば、最初の話で光合成ということが出てきましたが、この光合成によって酸素を作るということが始まった時、当時の生き物にとってはその酸素が猛毒だったわけですよね。実際、「酸素ホロコースト」(酸素による大量殺戮)と呼ばれる大量絶滅が起こっている。地球上の大気が猛毒の酸素に汚染された。これは地球史上最大の大気汚染じゃないかとも言われています。その点、人間はほとんどの生き物が生きられないような大気汚染とか、ほとんどの生き物を殺してしまうくらいのことはまだ起こしていないんですね。それこそ視点をどこに置くかで、環境破壊そのものの見方も変わってきます。実際、酸素ホロコーストにおいては、環境が破壊されることによって新たなバランス(大気組成の変化や新たな気温調節の仕組み)が生まれたんです。私たちが生きているのは、そのおかげでもある。だから考えていくべきは、変わっていく環境の中で、どういう関係を他の存在と結んでいくかだと思うんです。

石倉　石から見たビッグヒストリー、花から見たビッグヒストリーというのはとても魅力的ですね。そういう巨視的な視点からみると人間の道徳的基準も相対化されていくでしょうし、より広いところから個人や社会の責任を確立することにも繋がるはずです。たとえば、地球にとって現在の人類の営みがウイルスのようなものだとして、それを悪いものだと決めつけなくてもいいと僕は思うんです。実際、数百万年かけて進化してきた人類の歴史の大部分は、決して地球的な破壊力を持った二十世紀以後の人間の活動と同一視できないし、地球全体を救おうとか、世界規模の破壊力を持とうという発想も倒錯しています。地球に対する負担について考えても同じです。

とはいえ、じゃあどういうところで人間が地球温暖化やガイアへの非常に大きな影響を作り出してきたのかというと、その背景に資源の集積体として「一つの世界」が措定されてきたという前提は、否定できないんじゃないでしょうか。これについてジョン・ローというアクターネットワークセオリー研究で有名な社会学者が、二〇一五年に「What's wrong with a one-world world?」という論文【6】を書いています。そこでローは「一つの世界」という認識と一体になった現実を *one-world reality*、つまり「一世界リアリティ」と呼んでいて、そこに「一世界形而上学」が生まれるのだという言い方をしているんです。これに対して彼は *multiple-world reality*、つまり「多元世界リアリティ」というものを対置している。これが今のポストプルーラルと言われている人類学の議論に繋がっていきます。

たとえばオーストラリアのアボリジニたちが企業や政府の開発事業によって故郷の土地を奪わ

れそうになった時にも、彼らは「土地は決して人間の所有物ではない」と言って抵抗しています。彼らの考えによれば土地が人々に所属しているのではなくて、人々のほうが土地に所属している。その上で、人間も非人間も、その土地で世界の始まりから起こっている継続的なドリーミングを生きているんだ、というわけです。つまり先住民の神話やコスモロジーを根拠に、先住民側から開発者側の主張する「一つの世界」に対して、「ここはもう一つの、私たちの世界なんだ」ということを主張する。こういった例は特に先住民の居住地における世界認識の亀裂として立ち現れていて、世界中でコスモロジーの政治、あるいはイザベル・ステンゲルスの言う「コスモポリティクス」の実践を生み出しています。そうした事情を踏まえると、現在生み出されているグローバルヒストリーの世界認識に対して、こうした多元的なリアリティをどういう風に考え、「一世界」と「多元世界」の関係を調停していくのか、さらに「決して一枚岩ではない人類」というものをどうやって理解していくのかということが大事になってくると思うんです。

辻村　二〇一七年にニュージーランドの先住民マオリがワンガヌイ川に法的人格があることをニュージーランド政府に認めさせたというニュースがありましたね【7】。そういうニュースを見た時に、まさに先ほど石倉さんがおっしゃったように、世界は一繋がりのシート（布）じゃないということ、多元的なものである、いろいろな世界が入り組んだ襞《ひだ》のようにして存在しているんだ、ということを思わされるんです。ナチュラリズム的な見方からすると、そこに川という物質があり、そこにはさらに川の生態系があるといったように考えられて終わってしまう。ところがマオリの見方では、川は生きているわけです。だからニュージーランド政府も川の地勢的要素と形而上的要素を一つのものとして法人格を認めた。つまり、ワンガヌイ川は物的要素と心的要素が一体不可分となった生きた存在であるということです。こういう〈物心一体〉の小世界が自然の中にいくつも存在している——しかも、心的世界をもっているのは人間だけではないから、それこそいろいろな生き物たちによっていろいろな小世界が同時・多重・異形のかたちで存立している——ということは、ナチュラリズム的な見方からは見えてこないものです。

そういう座標軸自体が異なっているような世界のあり方がありうるんだ。自分たちの見方だけで世界を塗りつぶすことはできないんだ。そのことに気づくためには、自分にとっては当然の物の見方や前提というものをいったん脇において、自分には知覚できていなかった世界を知覚している人の話に耳を澄ませてみようという態度が必要だと思うんです。これは近年の人類学で「他者を真剣に受け止めること」(taking others seriously)と言われていることですね。

僕はかねてよりビッグヒストリーには「三多」、つまり三つの「多」が必要だと言ってるんです。一つ目は「多文化」です。現状、ビッグヒストリーと名のつく研究や教育を実践している人たちは西洋の人が多いんですね。ですから自然のなりゆきとして、そこでは西洋の文脈や文化的蓄積が暗黙のうちに前提とされている。ビッグヒストリーの始祖をアレクサンダー・フォン・フンボルトに求めるのもその表れと言えるでしょう。ところが、人類学者の岩田慶治は、西にフンボルトがあるならば東には三浦梅園ありと書いているんですね【8】。しかも梅園のコスモロジー（宇宙観）を体系化した『玄語』（一七七五年）は、フンボルトの『コスモス』（一八四五〜一八六二年）が出版される前に書かれている。ここから、もしかすると梅園は、日本におけるビッグヒストリーの創始者と言えるような人物なのではないか、と関心を抱き始めました。もちろん同じような人は、世界各地にいくらでも見つかるでしょう。そこから、別様のビッグヒストリーを構想することができるのではないか、ということを考えています。

二つ目は「多自然」です。これは今日話に出たパースペクティヴィズムもそうですが、異なる生物の視点を通して見えてくる世界の実相というものに目を向けよう、ということです。そうすることによって、石倉さんが言われたような、単一でない多元的な世界が目の前に開けてくる。人間を含めて、あらゆる生物の世界認識はヴァーチャル・リアリティです。どの生物も認識能力に限界があり、そうした制約をふりはらって世界そのものを直接認識できる者はいない。しかし、それぞれに観得している世界の姿、実相はある。であるならば、そうした不完全でヴァーチャルな世界像を重ね合わせていく、突き合わせていくことでしか、世界の姿をもっと鮮やかに見ることはできないんじゃないか、と思っています。

三つ目は「多形態」です。石倉さんはよくご存知かと思いますが、神話はただ単に文字で書き綴られるものではありません。神話は、歌われるものであり、踊られるものであり、描かれるものでもありました。そういう様々な表現形態で存在してきた。だからこそ、人々の生活に溶けこんでいたし、人々の世界観の基底たりえた。ビッグヒストリーというのは、そうした神話を現代においてもう一度創ってみようという試みです。であるならば、新しい神話であるビッグヒストリーも単にそれを本にして活字にすればいいということではないいんじゃないか。むしろそれは、あらゆる表現形態で噴出するものだと思うんです。それにはどういうものがありうるのか。その可能性を探るために、桜美林大学のビッグヒストリー講座では、毎年一人必ずアーティストやクリエイターの方をお招きしています[9]。

Doing Big History

辻　ここで一つ質問をさせてください。石倉さんの問いかけから始まった、グローバルヒストリーとローカルヒストリーをどう調停していくのかということをめぐる一連の流れ、非常に興味深く聞かせていただきましたが、その調停において、いわゆるポストトゥルースの問題というのが、その時、一つの大きな躓き石になってしまうのではないかというようにも感じました。普遍的ではない歴史と向き合うといった時に、たとえばリヴィジョニズム（修正主義）などにはどう向き合うべきなのか。ファクトを超えて政治化された歴史にどう対処するのか。それすらも真剣に受け止めるべきなのか。結局、そうした決していい意味とは言えない歴史的実践が次々に立ち上がってしまうと、やっぱり普遍的な歴史が大事だよね、グローバルな統合が大事だよね、One-World でいこうよ、という話になってしまいかねない気がします。ここの難しさについて、お二人がどう考えているのかをお聞きしたいんです。

石倉　その話は重要ですね。神話はある意味では最初から「ポストトゥルース的」な語りの形式を含んでいるからこそ、今日重要性を増しているのだと僕は考えています。つまり、神話は互いに矛盾した、数多くの物語のヴァリエーションを並存させています。しかし、だからこそ、神話は人間を宇宙や自然の中に位置付ける、見事な洞察や共存の哲学を含むことができたと思うのです。たとえば先住民神話には、人間が都合よく改変できるようなご都合主義とは最も遠い、非人間を尊重する倫理的な態度の根拠が語られています。星々や季節の起原、洪水の後に生き残った先祖の話、火と料理の発明、疫病や戦争の記憶といった神話の要素は、ある集団がエコロジカルな環境の中で獲得してきた「歴史的な現実」から生み出されます。つまり、支配者の都合で意識的な修正をほどこされた国家神話、あるいは権力者の歴史とは違って、ある集団が世界の中で勝ち取ってきた生存の根拠となる歴史的経験が、各地の先住民集団が語り継いできた無数の神話の語りの中に含まれているのです。

もちろん、世界中の伝説を見てゆくと、歴史修正主義的な物語もたくさん存在しています。権力者が自分に都合の良い形でヒストリーを書き換えてしまうことも少なくありません。真実性を支える基準も、権力によって簡単に操作されてしまいます。ただし、その場合には多くの異伝や対抗神話が作られるので、隠された経験的現実や権力関係をそこから読み解いていくような研究も可能になってきます。

神話の多くは、歴史的な現実を記録しようとするロゴスを相対化し、人間にとって決してコントロールできないカタストロフィーを物語に包摂します。ですから、神話的な現実とはある種の循環や反復の中で、何度も始まりと終わりを繰り返すわけです。このような神話の語りは、実は人間の歴史と、大地や天候の歴史、あるいは諸生物の歴史のギャップの中で生まれてくるものです。たとえば東アジアの感染症パンデミックを研究する人類学者のフレデリック・ケックは、そうしたギャップに立ち会うことで、歴史と神話の境界を見極めようとしています。ケックは、狂牛病以後の人間と動物の関係を踏まえた上で、まさにウイルスや細菌感染症の運び手となる鶏・豚・牛などといった動物と人間の種の境界を超えて、「パンデミック神話」という新しい神話のヴァリエーションが刻々と生み出されている、という興味深い指摘をしています。

この対談シリーズの第一回目で、奥野克巳さんが非常に明快に、ケックが立脚している研究方法に対して「人間中心主義である」という批判を投げかけていました。その上で、人間以外の諸生物の生態や共生関係を踏まえたマルチスピーシーズ人類学の潮流や、人獣共通感染症を踏まえた「ワンヘルス」の人類学的動向が現れてきているというお話をされていましたね。たしかに、人間社会の言説や医療体制の差異に着目したケックの研究は、人間の営みを超えて様々な生物種の相互関係をつぶさに調べてきた「マルチスピーシーズ民族誌」とは、一線を画しています。ただし、ケックの研究は明らかにフランスの人文科学を背景にしているので、別の意味でとても重要な意味を持っていると、僕は考えています。

ケックの研究では、ウイルスを一つの変異体として追究しています。つまりケックは、ウイルスや細菌を、新たな厄災や病因を生み出すアクターと見定めた上で、それをグローバルに監視するWHOのような組織体、あるいは各地域の政府研究機関や医療機関が、その地域ごとにどうやって新しい変異のあり方に対応してきたのかを観察し、比較しています。そして、それはレヴィ＝ストロースが『神話論理』（全五冊、みすず書房、二〇〇六〜二〇一〇年）の研究でやったことの発展形でもある。つまり、レヴィ＝ストロースがアメリカ大陸全体の神話の変換関係を考察したように、ケックは東アジアの民族誌的研究を通じて、グローバル化した世界で変異していくウイルスと人の関係を考察しようとするわけですね。彼はパンデミックという現実は必ずしも疫学的な問題に還元できず、むしろ神話的な無意識の構造を反映しているんだということを書いています。ケックの代表作である『流感世界――パンデミックは神話か?』(フレデリック・ケック著、小林徹訳、水声社、二〇一七年)には、副題として「パンデミックは神話か?」と書かれているんですが、ここが非常に重要なポイントなんじゃないかと僕は考えています。

つまり人間と微生物の世界の間に生じている「グローバル臨床」というフレームの中で、日常生活において発生するある種の集団的恐怖に対して我々がいかに影響されてきたのか。また、それに対してどのように動員力のある物語を生み出してきたのか。そういうことがケックの関心の焦点なんです。ケックはマルセル・モースに倣って鳥インフルエンザを世界規模の「全体的な社会的事実」として扱おうとしていますが、これは明らかにフランス人類学の伝統に則った、人文主義の立場です。ケックは『流感世界』の最終章で、プリシラ・ヴァルドの先行研究[10]を踏まえて実は物語というものもまたcontagious、伝染的なものであるということを述べています。これはまさに神話的な認識なんですよね。

実は演劇やアートも同じです。感染する物語、あるいは感染する身体というものを、どういう風に生み出していくのかというアーティストたちの関心が、大きなテーマとしてある。たとえばアントナン・アルトーの残酷演劇においては、明瞭に「感染」という言葉が使われていたり、ペスト菌の比喩が使われていたりします。衛生観念を持った現代人が最も気をつけなければいけない「感染を避ける身体」という常識を、アルトーは演劇化されたアニミズムの方法によって大胆に侵犯し、芸術の領域に激震を走らせました。これは近代社会にとっては、最大の禁忌の侵犯です。彼らは身体をもって別の身体に何かを感染させていくことが、芸術実践にとってもっとも重要なことだということを言っているわけです。

なぜ疫学と神話が、公衆衛生と芸術の領域が繋がるのか。それはまさに「全体的な社会的事実」という多様体の中で、感染症という現実が多方面に響き合っているからです。ケックはフランスの国立科学研究センター（CNRS）に所属しつつ、ケ・ブランリ美術館の研究部門で働いています。同時に、WHOなどと連携しながら、世界的な疾病管理がどのように構築されてきたのか、というプロジェクトにも関わっているようです。最近のケックの研究[11]によれば、現在の国際社会が、グローバルな感染症研究の領域で自然界の貯蔵庫にある様々な遺伝子の変異を研究するように、グローバルアートの領域では文化的な遺産をどうやって変容させ、新たな作品を生み出していくのか、そういう変異体をめぐるゲームが繰り広げられている。現代のミュージアムが、まさに無菌状態の管理空間としてウイルスや細菌を駆除しながら、実際には文化的な領域で変異し、増殖する新たな価値の体系を相手にしている、というわけです。

アートの世界では古くから「現実をいかに変形するか」というポスト真実の主題を扱ってきました。ピカソが述べたように「芸術とは真実を伝える嘘である」とすれば、このゲームで掛金になっているのはまぎれもなく共通の歴史的現実ですが、そのイメージは様々な仕方で変形され、操作されています。アートはこの変形によって、次々に新しい変異種を生み出してきました。アートとはジャーナリズムとは違って、事実をできる限り虚飾なく、生のまま伝えるという情報伝播ゲームでは決してありません。むしろ、ウイルスが変異していく様子を世界的にウォッチするという、「グローバルヘルス」を反転させた場所に、現代の「グローバルアート」の競技場が用意されている。グローバルアートにおいては、医療体制が世界規模の自然界の変異に目を光らせていることとちょうど逆転した形で、個人や集団が担っている新たな文化的な変異体の独創性が競われている。敢えて皮相的な見方をすれば、美術界という村にはそもそも新しいもの好きな連中が集まっていて、どこそこのビエンナーレや芸術祭で、誰が、どういう新しい作品をつくって展示した、ということばかりが話題になっているというわけです（笑）。ケックからすれば、それは新型ウイルスの監視という、グローバルな医療監視のシステムの裏返しのように見える、というわけですね。さらに、現代の医療が人間と動物を包括する「ワンヘルス」を扱っているように、現代の芸術も、人間と動物の共同作業によって作られる「バイオアート作品」に、新たな関心を注ごうとしています。そして、おそらく重要なことは、病原体からアート作品に至る様々なオブジェクトの関係性の駆け引きの中にこそ、ジャーナリズムの情報伝達技術によってとらえきることのできない「真実性の基準」が賭けられているということです。

そう考えると、医療界と芸術界がやっていることは、グローバル化した世界で新たな変異体を扱う技術として、対照的な位置を占めることになります。こういったケックの考え方について、必ずしもそれを人間中心主義とは言えないのではないか、というのが僕の個人的な考えです。ケックが一貫して主張しているのは、いわば「*one-world*」とそれぞれの地域の歴史というものを調停する中に、我々の情報の世界があるということ。つまり、日本列島の住人は日本社会の中で新しい感染症神話を生み出しているし、それは香港・台湾・シンガポール・韓国の神話とも、ヨーロッパやアメリカ合衆国の神話とも異なっている。それは、必ずしも多文化主義的な「一つの自然」に対する態度の違いではありません。一つの社会から別の社会に移動する時に意味を反転させたり、変容させたりしながら現れてくる「構造」の次元にこそ、人間と非人間の間に穿たれたギャップを乗り越えていく様々な技術や物語が現れる、というポスト・レヴィ＝ストロース的な考えになってくると思います。もっと細かく見ていくならおそらく地域ごとに、さらに稠密な感染症対策や文化的感受性の違いを描くことができるはずです。

辻村　では、私も質問にお答えします。歴史修正主義というか、歴史の改竄ですよね？　たとえば南京大虐殺はなかったというような。修正主義というのは学術的に真っ当な手続きがとられた異説について言うのであって、彼らのような主張は修正主義と呼ぶに値しない。そう呼ぶのは彼らを増長させるだけです。また修正主義という中立的な呼称を用いることで、人びとにそれにも一理あるかのような印象を与えてしまう。「言葉の真摯さ」ということに照らせば、それをどう呼ぶかということはとても重要なんです。嘘は嘘と言わなければなりません。

それと対照的なのがオーストラリアの先住民アボリジニです。たとえば、ダグラグ村のアボリジニの長老たちは、アメリカのケネディ大統領が自分たちの土地に来たんだ、と語るわけですね。そんな歴史的事実はないんですけれども。しかし彼らは歴史を捏造しようとして、そうしたことを語っているのではない。そんなことをたくらんでも彼らの間では誰にも相手にされないんだ、と彼らから聞き取りを行った歴史家の保苅実は書いています。ケネディ大統領が来たというのは、彼らのコミュニティで様々な人たちが分析・吟味した結果、出てきた歴史認識なのです。つまり、そこにはなんでもありとは違う真摯さがあると保苅は判断したわけです[12]。

辻さんが問われたことは、私たちがアボリジニが語る歴史のような通常歴史的事実とは見なされないナラティヴ（歴史語り）を受け入れて、歴史の多元性を主張するならば、日本の戦争犯罪を否認するような歴史の改竄をも受け入れなければならなくなるのではないか。それを避けたいなら、つまり史実の共通性を担保したいなら、結局は共通なる単一の世界、単一の歴史が必要とされるのではないか、ということでした。

しかし、この両者には重大な違いがあります。日本の戦争犯罪を否認し、それに代わる「真実」を捏造する人々は、自分たちの主張することこそが史実である、だからその点について歴史教科書は書き換えられるべきだと言うわけです。この意味で、彼らはただ一つの正しい史実というものを想定していると言えるでしょう。彼らは自分たちが史実をめぐる単一のアリーナ（競技場）で争っているかのように言いながら、そこで史実と認められるために必要な歴史学的・実証的手続きをきちんと取っていません。つまりそこに真摯さが欠けているわけです。

他方で、保苅によれば、アボリジニの人々は白人（入植者）たちの語る歴史を否認して歴史教科書を書き換えさせようなんて気はハナからないわけです。白人たちには白人たちの歴史認識がある。それとは別のところで自分たちの歴史を語っている。初めから多元的な歴史を前提としているんです。単一の史実に収斂させようという気なんか毛頭ない。しかも、先ほども述べたように、彼らは彼らの間で必要とされる手続きに真摯に従っているんです。

一方には歴史学的事実であると標榜しながら、そこで必要とされる手続きを疎《おろそ》かにしている欺瞞的な人々がいる。他方には歴史学とは異なるところで歴史を語りながら、それがなされるための手続きに真摯であろうとする人々がいる。歴史や世界の多元性に開かれるために、耳を傾けるべきは後者でしょう。これはつまり、世界は単一ではなく、多元的な世界、多元的な現実があるんだ、と言った時に、史実性とは別の回路があるということだと思うんです。それはアカデミックな歴史学のアプローチではない、別の回路です。ではそうした世界に触れるための入り口にどうやったら立てるのかと言えば、石倉さんが言われた「直観」というのが一つのキーワードだと思います。

たとえば、神話学者のジョーゼフ・キャンベルがこういうことを言っています。ウパニシャッドにこういうことが書かれている。夕陽を見て「ああ」と感嘆する人は神性の中に入っていける。そういう人は自分より大きな存在に開かれていく。キャンベルはそういうことを言っている【13】。これはつまり、経験に対する真摯さの話です。それは夕陽をみて「ああ」って感嘆するような、そういう体験のことであり、そういう体験というのは、実は誰にでもできるもので、思春期の頃にはみんなそうだったかもしれない。それを詩に書いたりして、自分の中で「黒歴史」になったりしているかもしれません。でも実は、その瞬間が、世界と感応する戸口に立った瞬間だったとしたら、*one-world* じゃない別の世界、別のレイヤー（層）があるんだということに気づきかけた瞬間だったとしたら、そこから多元的世界が開けてくると思うんです。だからこれはやっぱり一人ひとりが探求していけることなんだろうと思います。そういう自分の暮らしの中の手触りを大事にするということが真摯さなんです。

石倉　今の「真摯さ」という言葉、キャンベルの言葉に思い出したことがあります。それは河合隼雄さんによる神話の理解です。河合さんはユングの心理学を研究していらっしゃったわけですけれども、ユングの自伝から繰り返し引用されているエピソードがあるんです。それはユングが東アフリカのエルゴン山中で先住民と対話した時のエピソードです。その先住民たちの間では太陽が非常に大切にされていたので、ユングは彼らに「太陽は神か？」と聞いたそうなんです。すると彼らからは「違う」という答えが返ってくる。ではどういうことかというと、彼らにとって太陽を人格化して神としているのではなく、太陽が昇ってくる時、その瞬間こそが「神」なんだというんです。太陽が昇ってくる瞬間に暖かさを感じたり明るさを感じたりすること、その体験こそが神性なんだ、というんですね。このユングの聞き取ったエピソードが河合さんにとっては非常に重要な気づきだった。ユングの壮大な心理学の体系全体が、こういう出来事に対する驚きや共感から発しているのだ、と河合さんは考えるんです。もちろんユングには元型論をはじめ、とてもユニークな無意識についての理論の体系がありますけど、そのベースにある考え方は、こういった世界への直接的な接触経験であると。河合さんは、太陽が昇ってくるという事象に対する気づきこそが物語を生み出すのだ、という言いかたをしている。朝の日の出に「神」を感じたというのは、先住民にとっては非常に小さな、個人的な出来事だったかもしれません。けれど、それはキャンベルがウパニシャッドから学んだことにも通じていると思います。

たしかにビッグヒストリーのような試みはすごく大事だなと思うんですが、一方でその全体性の中で、ちょうどよく太陽の暖かさを表現できるようなサイズ感を探ることも大事なのかな、という気がしています。太陽と地球の距離感は、遠すぎても、近すぎても生命を生み出すことはできなかった。同じように、我々の集合体には、あまりに大きすぎたり、あまりに小さすぎたりすることがないような、one-worldと無数の小さな現実を繋ぐのにちょうど良いサイズのストーリーが必要なのではないでしょうか。このことについては、ジェイムズ・クリフォードが説いている「十分に大きな歴史」、つまり小さすぎず、かと言って大きすぎない歴史のサイズ感が必要だという主張に同意します[14]。つまり、僕たちが正氣を保って生きていくのに必要な、ちょうど良い物語と集合体の規模というものがあるんだと思う。それがどのような規模かは、どこに住んでいるか、どういう人たち、生物や無生物たちと共生しているかに関わってきますが、僕はその時の単位について共同体ではなくて、「共異体」という言い方をしています。というのは、社会はもともと同質性を持っているわけではなくて、むしろ全く異なった特異性を持ち寄っていかなければ、集団として生存し続けることは不可能だからです。

「共異体」のサイズは、一概に規定することはできないけれど、少なくとも共生・共存に適した規模というものがあると思います。そこで今後感染症のリスクとなるウイルスと、どのような距離を取っていくのか、という課題がリアルになってくるのではないでしょうか。現代においては一つの世界というものを我々はどうしようもなく共有せざるを得なくなってる。これは一つのロゴス的な真実だと思います。しかし、それに対して、多世界は死んでしまったのかと言えば、そんなことはないんですよね。インゴルドが二〇一六年のバッハオーフェンレクチャーで「One world Anthropology」ということを言っていました。つまり、一つの世界の人類学です。その中で彼はウィリアム・ジェイムズが言っていた多元世界というものをどうやって人類学の中に取り戻していくのかという議論をしてる。これは先ほどの辻村さんの話ともほとんど符合します。つまり、多文化・多自然・多形態という、変容しつつ多様である現実を、どのようにデザインしていけばいいか。地球全体がシームレスに繋がっているかのように見える現代の情報社会で、実は地域ごとに大きく異なっている「共異体」の諸相をつかむことが、今後僕たちが向き合っていかなければいけないポリティクスになってくるのではないか、と考えています。

辻村 石倉さんが「ちょうどいいサイズの物語」ということをおっしゃいました。そうなんです。僕はビッグヒストリーを自分が若い時に学びたかったと思っているんですが、今の若い人たちは若いうちに学べるわけですよね。その時に、宇宙とか地球とか生命とか他の生き物と自分を結びつけるような物語や世界観というものを、できるなら自分自身で作っていってもらいたいと思ってるんです。大学の講義とかでビッグヒストリーを教えるのはきっかけに過ぎない。ビッグヒストリーというのは、もっとその人自身がどういう人間観を持つか、自然観を持つか、生命観を持つか、その人自身の人生の中でそれらを生成していく、実践的なものだと思うんです。そこについて僕は「観関喜」という言い方をしています。まず「世界観」。この世界観が変われば、その他のものたちとのつき合い方が変わっていく。つまり「関係性」が変わっていくんです。また「関」が変われば「観」も変わっていく。そして生の喜びというもの、生きる喜びは、暮らしの中で、人生の中で、より良い「観」と「関」を探っていくことの中にある。その結果生まれるのが

「歓喜」です。ビッグヒストリーを、そこに関わった人がこの宇宙に生まれて良かったと思える、そこに繋がっていくようなものにしたいなと思っています。生まれてきた赤ちゃんを「おめでとう!!　この世界にはいろいろなことがあるけれど、生きることは素晴らしいよ！　これからいろんな喜びに出会えるよ！」と言祝げるものでありたいんです。

そのために、いろんな入り口を持っていて欲しいなと思いますし、その一つが直観なのだと思います。さっきのキャンベルの話、夕陽を見て「ああ」と感嘆するのもそう、インゴルドの石が話すんだというのもそう。そういう現実の多元性、現実の襞みたいなものは、自分の生や感覚に真摯になることで、初めて開かれていくものだと思うんです。私たちがビッグヒストリーを勉強するのではなく「ビッグヒストリーする」にはどうすればいいのか、神話を学ぶのではなく「神話する」にはどうしたらよいのか。今日の対談が、それを探る上でのヒントになるんじゃないかと思っています[15]。

辻　doing big history、あるいはdoing myth。それも、それぞれが、それぞれの仕方で、それぞれに「ちょうどいいサイズ」で。実に素晴らしいまとめになりました（笑）。今日のお話は本当に多岐にわたっていて、ここできちんと整理することはできませんが、辻村さんのおっしゃっていた「自分の暮らしの中の手触りを大事にする」という言葉に、ロゴス的な二項対立を調停し、本日の対談のテーマである「パラドクシカルな共生」をレンマ的に可能にするヒントのようなものを個人的には感じました。

石倉さんが指摘されていたように、奇しくもこのパンデミックは、ロゴスの限界を僕たちにあらためて実感させる契機となったわけです。生きているけど生きていないウイルスと、自粛を要請する政府に翻弄されながら、僕たちは今日を過ごしている。そうした状況において正氣を保つためには、それこそパラドクシカルではありますが、自ら積極的に狂気を纏う他ないのかもしれません。「狂気」と言うと剣呑ですけど、それは普遍化しえず共有することの困難な歴史的実践の意です。つまり、それは「インゴルドの石」のことであり「アボリジニのケネディ」のことであり「エルゴン先住民の日昇」のことであり、「暮らしの中の手触り」に根ざした直観知のことです。デスコラのナチュラリズムについての論考もまた、素朴に言えば、そうした「暮らしの中の手触り」を擁護するもののように思えます。

そして、やはり面白かったのは「共異体」という概念でした。それぞれが特異的に共約不可能な「手触り」の世界を生きていながら、しかし、そうした特異性を持ち寄ることによって共にある。まさしくパラドクシカルな共生というわけですけど、重要なことは、これはそのようにあるべきだという理念や目標の話ではなく、僕たちは常にすでにそのようにあったし、これからもそのようにしかあることができないという事実についての言及であるということなのだと思います。つまり、多自然主義的ポリティクスの実践としての「共異体の諸相をつかむ」とは、すでにそのようにある僕たちの生を改めて再発見することに他ならない。そして、そのための方法がdoing big historyであり、doing mythであり、「自分の暮らしの中の手触りを大事にする」ことなのだ、と。さて、話がちょうど良い規模に達したところで、そろそろ終わりにしましょう。今日はどうもありがとうございました。

1　以上の話を組み立てるにあたり、参考にしたのは主に次の文献である。山内一也『ウイルスの意味論』(みすず書房、二〇一八年)、ドロシー・H・クローフォード『ウイルス』(永田恭介監訳、丸善出版、二〇一四年)、ニコラス・P・マネー『微生物』(花田智訳、丸善出版、二〇一六年)、アランナ・コリン『あなたの体は9割が細菌』(矢野真千子訳、河出書房新社、二〇一六年)。

2　ここでは紙幅の都合上、炭素循環についてはふれられなかった。また、ここで話を単純化するに当たり、クリスチャンが日本の高校生向けに行った授業も参考にした。筑摩書房「デイヴィッド・クリスチャン教授特別授業『ビッグヒストリーと気候変動』at アレセイア湘南高校」(YouTube、二〇二〇年一月七日公開［授業は二〇一九年十一月二十五日に実施］https://youtu.be/eEkMC2XRzaQ)

3　Charbonnier, Pierre, Gildas Salmon and Peter Skafish. *Comparative Metaphysics: Ontology After Anthropology*. Rowman & Littlefield International. 2016.

4　Witzel, E.J. Michael. *The Origins of the World's Mythologies*. Oxford University Press. 2012.

5　奥野克巳「生ある未来に向け、パースペクティヴを往還せよ」(『文学の環境を探る』野田研一、赤坂憲雄編、玉

川大学出版部、二〇二〇年）

6 Law, John. "What's wrong with a one-world world?," *Distinktion: Journal of Social Theory*, 16:1, 126–139, 2015.

7 ケネディ・ウォーン「ニュージーランドが川に『法的な人格』を認めた理由――聖なる力をもつ、先住民マオリの『祖先の川』」（『ナショナルジオグラフィック 日本版』二〇二〇年三月号）

8 岩田慶治「コスモスの探究――その本質と表現」（『アジアの宇宙観』岩田慶治、杉浦康平編、講談社、一九八九年）

9 これまで招聘したクリエイター、アーティストは、初音ミク開発者の佐々木渉、アニメ監督の河森正治、現代アーティストの小松美羽、AKI INOMATA、歌手のHatis Noitの諸氏（敬称略）である。この他に、各分野の第一線の研究者にもお越しいただいている。

10 Wald, Priscilla. *Contagious: Cultures, Carriers, and the Outbreak Narrative*. Duke University Press. 2008.

11 Keck, Frédéric. *Avian Reservoirs: Virus Hunters & Birdwatchers in Chinese Sentinel Posts*. Duke University Press. 2020. pp. 44–65.

12 保苅実『ラディカル・オーラル・ヒストリー――オーストラリア先住民アボリジニの歴史実践』（御茶の水書房、二〇〇四年）

13 ジョーゼフ・キャンベル、ビル・モイヤーズ『神話の力』（飛田茂雄訳、ハヤカワ・ノンフィクション文庫、二〇一〇年、第八章）

14 ジェイムズ・クリフォード『リターンズ――二十一世紀に先住民になること』（星埜守之訳、みすず書房、二〇二〇年、一五―一六ページ）

15 ここで「ビッグヒストリーする」「神話する」と言っているのはもちろん、保苅実の「歴史する（doing history）」（前掲書、『ラディカル・オーラル・ヒストリー』六ページ）という表現を踏まえたものである。

辻村伸雄（つじむら・のぶお）

一九八二年生まれ。アジア・ビッグヒストリー学会会長。国際ビッグヒストリー学会理事。二〇一六年より桜美林ビッグヒストリー・ムーブメント相談役・ウェブマスター。二〇一九年に桜美林大学・片山博文教授らと共に日本初となるビッグヒストリーの国際シンポジウムを実現。近著に「肉と口と狩りのビッグヒストリー――その起源から終焉まで」（『たぐい vol.1』亜紀書房）。ビッグヒストリーの名づけ親であるデイヴィッド・クリスチャンの集大成となる最新刊『オリジン・ストーリー――138億年全史』（筑摩書房）の解説を担当。

石倉敏明（いしくら・としあき）

一九七四年生まれ。芸術人類学者、神話学者。秋田公立美術大学大学院複合芸術研究科准教授。明治大学野生の科学研究所研究員。第五八回ヴェネチア・ビエンナーレ国際美術展において、日本館代表作家として、美術家の下道基行、作曲家の安野太郎、建築家の能作文徳らと協働で「Cosmo-Eggs｜宇宙の卵」（日本館展示帰国展がアーティゾン美術館、二〇二〇年六月二十三日―十月二十五日）を発表。共編著に『Lexicon 現代人類学』（以文社）、共著に『どうぶつのことば――根源的暴力をこえて』（羽鳥書店）など。

June 5th, 2020

TALK 08

グローバルとローカルの来たるべき「あいだ」へ

塚原東吾 科学史家 × 平田周 思想史研究者

プラネタリー・アーバニゼーション研究と科学批判学が見据える第三の道

TSUKAHARA Togo x HIRATA Shu

シリーズ最後を飾る第八回対談（塚原東吾×平田周）が行われた時点（二〇二〇年六月五日）での世界の感染者数は六四二万人、死者三八万三千人超となった。コロナ禍は、二十一世紀の「コロンブス的交換」である。プラネタリー・アーバニゼーション論が説くように、「高密度の都市化」だけではなく、都市と後背地をつなぎ、時に国境もまたぐような「広範囲の都市化」の側面もあわせて考えられなければならず、人獣共通感染症の原因となる自然環境の開発や居住化とも関連する。人新世的な観点からは、「三密」空間としての都市を可能にするインフラへの視線も重要となってくる。

コロナ禍を人新世の問題として捉える時に科学をどのように捉えるか。『サピエンス全史』を書いたハラリはコロナ禍における国際的な連帯を説き、科学の力を信奉する。しかし、科学の良いところだけを見て、期待する態度は人新世をもたらした人間中心主義と通底する部分がある――コロナ禍は「マイナスのグローバリゼーション」を想起させる出来事であった。モノ・ヒト・カネの全球規模での移動が盛んになることでパンデミックが生じた。「マイナスのグローバリゼーション」によって不安定な地位へと追いやられた人々が排外主義、差別主義、一国第一主義などの「マイナスのローカル」へと向かう。二極ではないどこかに「第三の道」はあるのかを探る。

普遍か特殊か、接触か隔離か、グローバルかローカルか

辻　シリーズ最終回となる今回、お迎えさせていただいたのは、科学史の研究をされている塚原東吾さん、思想史の研究をされている平田周さんのお二人です。設けさせていただいたテーマは「グローバルとローカルの来たるべき『あいだ』へ――プラネタリー・アーバニゼーション研究と科学批判学が見据える第三の道」というものになっております。

今日、COVID-19の世界的なパンデミックは、私たちにブルーノ・ラトゥールが言う「マイナスのグローバリゼーション」がもたらす諸問題を改めて認識させることとなりました【1】。人獣共通感染症の発生と流行は、ヒト、モノ、カネが際限なく移動を続け、世界を隈なく資源化し続けてきた近代以降の人類史を抜きにして語ることはできず、またそれは、人類による地球の支配が拡大した結果、人類の生存基盤自体が揺るがされる状況が生じていることを表す地質学的新年代として、二〇〇〇年代以降に関心を集めている「人新世」という言葉にも、端的に表されているように思います。

一方で、こうした「マイナスのグローバリゼーション」に対する反動として、今日、世界では「マイナスのローカル」へと向かう動きも、顕著となっています。たとえば、各国で吹き荒れてい

る排外主義や差別主義の風波、またトランプ政権下の米国をはじめとする一国孤立主義の台頭などはその例でしょう。今日のコロナ禍においては、ますますそうした動きが強まりつつあり、日本においてもこの混乱に乗じて、特定の職業、民族、セクシュアリティを排除、差別する動きが目立ってきています。

とはいえ、こうした一連の現象がなぜ起こっているのかと言えば、それらを駆動しているものは、他でもない「マイナスのグローバリゼーション」によって「安住の地」を剝奪された市民の自衛意識であるとも言えます。そして、こうした自衛意識そのもの、生の安寧、文化の保護を求める衝動そのものは、語弊を恐れずに言えば、「当然」のものであるとも、「健全」なものであるとも言えると思います。しかし、たとえそうであったとしても、そうした自衛意識がもたらす帰結としての排外主義や差別主義に同意することはやはりできません。

ここにジレンマがあります。本シリーズではこれまでもグローバル（普遍性）に接続（接触）することで生じる暴力と、ローカル（特殊性）に分離（隔離）することで生じる暴力という、二つの暴力を極としたシーソーゲームに動揺する「生」が、様々な角度から語られてきました。そうした語りの中で見えてきたことは、私たちはすでに過剰に繫がりすぎていて、かつ、すでに過剰に分断されすぎているという逆説です。そこで、シリーズ最終回となる今回も、再びこの問題に迫りたいと思います。つまり、「グローバル／ローカル」という二項対立を乗り越え、あるいは調停する、かつその二つの極の「あいだ」における、バランス調整にとどまるのではない第三の道とはどのようなものか、という問題です。

こうした問題を考えていく上で、塚原さんと平田さんにお声がけさせていただいたのには、理由があります。

塚原さんは、『現代思想』誌の二〇二〇年五月号「感染／パンデミック」特集で、新型コロナウイルスの流行を現代の「コロンブス的交換」（A・クロスビー）であるとする視点から分析されていました。その文脈において、たとえばユヴァル・ノア・ハラリが説いていたようなコロナ禍における「国際的な団結」「科学への信頼回復」が必要だとする言説を「浅薄だ」と批判されています。今、本当に必要なのは、自然をコントロール可能のものとして制圧しようとする科学を、人新世の自然観を問い直す観点から批判していくこと、かつ二十一世紀のコロンブスを、新たなる制圧や封鎖のためではなく、探り当てていくことではないか、そのように書かれていました。今日は改めて、現在の科学が抱えている問題——たとえば塚原さんは『現代思想』誌において科学のことを「本質的、内在的、存在論的に全体主義や監視に向いている文化様式」なのだと喝破されていましたが、こうした科学に内在する危うさ、そしてそうした危うさを反省し超克していくための科学批判学の可能性についてお伺いしたいと思っています。二十一世紀のコロンブス的交換を反省的に捉え直し、安易な連帯とは異なる別の道を模索すること、それは、先述したテーマを考える上でも重要な視点だと感じています。

平田さんもまた、塚原さんと同様に『現代思想』誌の同号に論考を寄稿されていて、今回のパンデミックの問題をニール・ブレナーとクリスチャン・シュミットが提起した「プラネタリー・アーバニゼーション」という概念を軸に考察されていました。その上で平田さんは、物理的なインフラのみならず、制度的なインフラの持つエージェンシーに着目することによって、COVID-19の問題を、過去との単なる断絶としてではなく、過去から連続するものとのディアレクティックな関係の中で捉える必要性を論じられていました。これは今日の「マイナスのグローバリゼーション」を考える上でも非常に示唆に富む視点だと感じます。ここでは、改めてこのプラネタリー・アーバニゼーションという概念について、あるいはブレナーが今日のアーバニゼーションとは別の仕方のアーバニゼーションとして提示している「オルター・アーバニゼーション」などについて、お話をお聞きしたいと思っています。

科学史と都市論という一見すると専門分野の全く異なるお二人ではありますが、今日の状況をめぐる問題意識において、お二人には通底しているものがあると感じています。この対談で予期せぬ化学反応が起こることを期待しています。

プラネタリー・アーバニゼーションとは何か

平田周（以下、平田）　よろしくお願いします。ご紹介に与りましたが、まずは自分が一体何者で、どういう風にプラネタリー・アーバニゼーションを研究するようになったのかという経緯から簡単にお話しさせていただければと思います。

もともと私は、博士課程でフランスの哲学者でもあり社会学者でもあるアンリ・ルフェーヴルという思想家を研究していました。ルフェーヴルに対する評価は、世代によって様々です。ルイ・アルチュセールと対比させるような形でヒューマニズム的なマルクス主義者とみなされた一方で二〇〇〇年代に日本でも翻訳された『空間の生産』（斎藤日出治訳、青木書店、二〇〇〇年）という主著などは空間論の先駆として参照され、日本でもカルチュラルスタディーズ、都市論などで広く読まれました。

ルフェーヴルは一九〇一年生まれで一九九一年に亡くなっています。まさに二十世紀を生きた人です。そこで私は彼の思想を追うことでフランスの二十世紀の思想史全体が違って見えてくるんじゃないかなと思い、ルフェーヴルという個人を対象としたモノグラフ研究をしてきました。

ルフェーヴルは、一九七〇年に『都市革命』（今井成美訳、晶文社、一九七四年）という本を書きました。そこで従来の都市論を批判しています。それまでは都市というものが境界づけられた形で、つまり、ロンドンだとかローマとかパリだとかいうように街ごとに研究されるということが一般的だったのですが、ルフェーヴルは「都市化」というものが行政的に地図上に引かれる都市の境界を越えて、あるいは国の境界をも越えて様々な影響をもたらしているということを指摘しました。その上で、「社会の完全な都市化」という仮説を提出し、都市化が都市の地理的境界には限定されない、より広範囲に及ぶ現象だと論じました。こうした五十年前の議論が、先ほど辻さんに名前を出していただいたニール・ブレナーとかクリスチャン・シュミットという人たちに再解釈され、生まれたのがプラネタリー・アーバニゼーション研究です。以前に私が書いた内容【2】を手短に説明したいと思います。

ブレナーやシュミットのルフェーヴル解釈は、新自由主義批判の先陣を切ったデヴィッド・ハーヴェイや『ポストモダン地理学──批判的社会理論における空間の位相』（エドワード・W・ソジャ著、加藤政洋、水内俊雄、大城直樹、西部均、長尾謙吉訳、青土社、二〇〇三年）で知られるエドワード・ソジャなどに続くルフェーヴル解釈の第三の波と言われています。ここからプラネタリー・アーバニゼーション研究は生まれました。それを一言で言えば、既存の都市研究では、都市の境界線上の外に仮定され、農村としてひとまとめにされてきたヒンターランド［後背地］と都市が切り結ぶ関係が十分に考察対象とされなかったことに対する批判的な問題提起です。それゆえ従来のアプローチに代えて、グローバル化の推進力として論じられる都市形成過程が都市という領域を超えて、地球の隅々にまで広がって、ヒンターランドに影響をおよぼしていることを実証的・理論的な検討対象にしよう、というのがこの研究のなかで提起されたことです。

私がこのプラネタリー・アーバニゼーションを研究するようになったのは、都市社会学を研究している友人の仙波希望さんとの話がきっかけでした。仙波さんは広島を対象に都市研究をしてきた方ですが、彼が「個別の都市研究を積み重ねていくだけでは必ずしも現代の都市のステータスは見えてこない」と話していたんです。それで、そうしたものがもっと見えてくるような研究をしてみようとなり、それこそマルチスピーシーズ人類学研究会と同じような意図で、何か統合的な視点をもって都市研究を見ていくという共同研究を始めました。その際に、ブレナーやシュミットのプラネタリー・アーバニゼーションを参照軸として研究してみたらどうだろうかとなったんです。共同研究は、ソジャやハーヴェイの紹介や翻訳にも関わってる大城直樹さん、歴史地理学的なアプローチでパリのマレ地区に関する研究を行った荒又美陽さん、釜ヶ崎をフィールドとする原口剛さん、そして移民が移動する時のチェックポイントとして知られるイタリアのランペドゥーザ島をフィールドとし、今サンドロ・メッザードラとブレット・ニールソンによるボーダースタディーズに関する著作『方法としての境界』（共和国、近刊）の翻訳を一緒にやらせていただいている北川眞也さんといった地理学や都市社会学の研究者の方々をメンバーとして、三年前から行っていきます。

実は今年、その研究会で論集を出そうかとなっていました。ただ、そのタイミングで、まさにこのCOVID-19の状況になってしまったんです。『惑星都市理論』というタイトルの論集刊行を一緒に計画していた編集者の方も、コロナ禍でものすごく落ち込んでしまいました。自分たちが出そうとしている本なんかこの状況においては意味がない、だって自宅隔離するまで世界は閉じられてるから、といった具合に。だから、私としてはちょっと励ましたいという思いもあったし、より実存的には自分が考えていたことで、どうこの状況が考えられるのか試行錯誤していました。そこでちょうど『現代思想』からいただいた依頼もありましたので、今の事態についてプラネタリー・アーバニゼーションを軸に考えてみようと思ったんです。

まず、私が最初に感じたことは、今回のパンデミックにおいては、日常生活のレベルで、それ以前と以後にものすごい断絶をもたらしているように見えますが、実は、その前にあったものが無に帰して、全くの更地になってしまうような出来事なのかといえば、そうではないだろうということでした。だとすれば、どういう風に、コロナ以前と以後の連続性のようなものを考えることができるだろうか、と思ったんです。

そこで調べ始めると、まさに「プラネタリー・アーバニゼーション」研究の枠組みで、ヨーク大学（カナダ）の都市研究者ロジャー・キールが、伝染病や感染症のようなものがどういう風に世界の様々な領域と結びついているのかという観点から共著論文を書いていました。キールはその論文で、人口分布、人々を結びつけるインフラストラクチャーの配置、感染症のリスクに対応するガバナンスといった三点をベースに考察をしていました。手短に言えば、人獣共通感染症の原因ともなる、従来人間が住んでいなかった自然環境の居住化、感染経路となる地域を物質的につなぎ、人々の移動を可能にする陸や空の交通網の形成、といった都市化によってもたらされた感染症のリスク（辻さんが出していたラトゥールのキーワードを用いれば「負のグローバリゼーション」）は、それに対処する各国の制度的資源に応じて変わるというものです。もちろんこうした制度的資源の問題は、日本でも保健所やそこで働く職員の数が減らされていることが指摘されているように、「パンデミック」以前に取られてきた社会保障の削減などの緊縮措置とも関わりをもっています。

このように、私個人が感じた部分と、プラネタリー・アーバニゼーションと感染症をめぐるキールの論考をまとめたのが『現代思想』の論考でした。

おそらく、ここまでの話ですでに塚原さんとの接点はあると思っています。どういう風に接点があるのかと言うと、このコロナの状況になって、それ以前と以後で何が続いていくのだろうかと考えた時に、私の場合ですと、それがまずアーバニゼーションの問題としてあるわけですけれど、塚原さんはそれと同じ問題を『現代思想』において科学と文化の問題として、あるいは科学と民主主義の問題として提起されていたように思うんです。あるいは、塚原さんは他の論文でも、今日の科学というものがものすごく経済的な収益性との結びつきを強めていて、人々の具体的な欲求や問題を解決するといったところに結びついていないという状況を指摘されていましたね。この指摘から今回必要とされるワクチンは事前に開発可能であったにもかかわらず、利益にならないという理由で投資されてこなかったというエピソードを想起します。

もう一つの接点として、塚原さんは気候変動を含む人新世の問題にも言及されていました。今後どういう風に人新世のようなグローバルな問題を統御していくのかと考える時、科学と文化の問題が大きく浮上してくる。同様に、「プラネタリー・アーバニゼーション」はまさにプラネタリーな都市化を考えるものであり、人新世の問題とも直結しています。

最初に人新世という言葉を提唱した地質学者のパウル・クルッツェンの提示していた解決策は、エアロゾルのようなものを撒いて太陽光を妨げて地球を冷やせばいいんだというような、工学的な発想でした。その実行がポン・ジュノの映画『スノーピアサー』(ポン・ジュノ監督、韓国、アメリカ、フランス、二〇一三年)【3】では、ディストピア的に捉えられていて、逆に急激な寒冷化に見舞われた世界が舞台となっています。しかし、地球の全市民は科学者、つまりクルッツェンら「ジオ・エンジニア」の言うことを聞いてればいいのかというと、やはり疑問があります。そこには必ず権力構造の問題が生じてくる。エコロジーを含んだような都市計画などにおいても同じことが言えます。果たしてアーバン・プランナーの言う通りに都市を設計すればそれで問題が解決するのかと言えば、そんなことはありません。
まさに今回のコロナ禍においては、どういう風に感染拡大を防ぐのかというところで、人々の移動の流れを一律にコントロールするような話がたくさん出てきました。その中で、民主主義や人権をめぐる議論も活発化している。ある種の科学と、人々の生活、民主主義のようなものをどう調停することができるのか、いろいろな問題が出てきているところではないかと思います。今日は是非、塚原さんとそうした点も議論したいです。最初の導入としてはこんなところでしょうか。

コロンブス的交換の二十一世紀的局面

辻　ありがとうございます。では続いて塚原さんにお伺いしたいです。塚原さんは今日の状況を「コロンブス的交換の二十一世紀的局面」として論じられていましたが、果たしてそれはどういうことなのか、あるいは、「コロンブス的交換」という言葉を提唱した歴史学者アルフレッド・クロスビーという人物について、まずはお伺いしたいです。

塚原東吾（以下、塚原）　よろしくお願いします。神戸大学で科学史を教えております塚原東吾と申します。今回はこういうところに呼んでいただいてありがとうございます。ただ、ちょっと意外でした(笑)。僕はマルチスピーシーズについての研究をやってきたわけではないし、そんな僕が八回続いた連載対談の最後を飾っていいのか、と。とはいえ、このコロナの状況については言っておきたいこと、言わなければいけないことはあると思っています。ですので、ここで少しでもお互いの知識交流ができればいいなと思って、この対談に参加させていただくことにしました。

僕がコロナについて意見表明をするきっかけとなったのは、さっき平田さんも挙げていた『現代思想』の五月号から寄稿依頼があったことです。我々は「コロナ特集」と呼んでますけど、感染症のことをどう考えるかというテーマで書く機会を与えていただいたわけです。ただ、僕の場合は四月三日くらいが締め切りでしたので、これは非常に書きづらかった。どうなるかがまだ全然分からなかったですから。ヨーロッパでは感染拡大がガンガン進んじゃっている状況で、一方の日本ではようやく非常事態宣言が出たばかり。何を書くべきか悩みました。

僕は科学史を学んできたわけですけれど、科学史にはいわゆる「科学」だけではなく、医療や技術なども含まれています。感染症が世界史にどのような影響を及ぼしてきたかということについても、科学史の中でいろんな形で検討されています。その中で興味深い成果もいっぱい出ている。もちろん、まだまだ足りないかもしれない。僕自身はそうした成果、蓄積を、驚きをもって学んできました。ですので、そうした蓄積から、まず書きおこすことにしました。

科学史の観点から感染症の問題を語る際に、最も引用されるのは『史上最悪のインフルエンザ――忘れられたパンデミック』（アルフレッド・W・クロスビー著、西村秀一訳、みすず書房、二〇〇四年）という本です。これはアルフレッド・クロスビーという人の書いた本で、非常に面白い本です。今回、クロスビーの本をいろいろと読み直しました。史上最悪のインフルエンザとはスペイン風邪のことですが、彼は別にスペイン風邪を専門にしているだけではない。実際、彼の研究はとても古い話から始まっています。その上で、クロスビーが打ち出した非常に有名な概念が「コロンブス的交換」というものです。一四九二年にコロンブスがアメリカ大陸を発見した時、コロンブスはいろいろなものをアメリカ大陸から持ち帰り、また色々なものをアメリカ大陸に持ち込みました。つまり、交換したんです。一般的には、たとえば、じゃがいもとかトウモロコシなど目に見える作物を交換したと言われています。しかし、一方で目に見えない小さなものも交換していました。コロンブスは向こうにはインフルエンザを持ち込み、向こうからは梅毒を持って帰ってきた。こうした交換のあり方をクロスビーは「コロンブス的交換」と呼んだ。

クロスビーは、かのインカ帝国、マヤ帝国などの、古代の巨大な文明というのが、あたかも砂上の楼閣のごとく崩れ去ってしまったことに驚きをもって触れています。武力においてはそれらの古代文明は当時のヨーロッパに引けを取らなかったとも言われている。それで、その時にそれらの古代文明を滅ぼすことになったのは、ヨーロッパから持ち込まれた病気だったとクロスビーは言うんです。これが面白い。

さらに言えば、今、ヨーロッパ人がじゃがいもを主食の一つとして食べたりしています。あるいはアジアでも唐辛子なんかを食べています。たとえば朝鮮料理と言えば、唐辛子なしには考えられません。しかし、その唐辛子などは十六世紀以降にヨーロッパから伝わったものです。あるいはトマトだってそうです。イタリア料理はトマトだと言うけれど、トマトがイタリアに入ったのは十六世紀以降、あるいは十七世紀以降です。つまり、今では国民国家の「伝統」のように考えられていることも、コロンブス的交換が起こった近代的地政の中で生じたものであるということを、クロスビーは言っています。これらに関して、クロスビーは『ヨーロッパ帝国主義の謎――エコロジーから見た10〜20世紀』(アルフレッド・W・クロスビー著、佐々木昭夫訳、岩波書店、一九九八年)という本も書いています。僕の領域である科学史、なかでも機械を使った自然の計測の歴史では『数量化革命――ヨーロッパ覇権をもたらした世界観の誕生』(アルフレッド・W・クロスビー著、小沢千重子訳、紀伊國屋書店、二〇〇三年)という本も書いています。この本では要するに、今では当たり前のこととなっている数字で物事を表すということがどのように世界的に一般化したのか、ということが書かれています。数量化が一般化するなんて、そんなこと歴史上、実はありえなかった。ものを測るスケールについても、国、地域、村ごとに全く違った。それがこのように標準化されてきたというのはどういうことなのか。数量化の歴史とは、まさに地球が一つになっていく歴史としてあるのではないか。そういうことを詳しく検討した本です。

　このようにクロスビーが示した観点から考えると、今回の新型コロナウイルスというのも、突然発生したものとしてではなく、より大きな世界史的交換の中に位置付けられるのではないか。ヒトやモノやサービスがめまぐるしく国境を越えて交換されていく現代において、同時にコロナという小さい小さい不可視のウイルスが現れ、世界的に交換されることになった。これは「二十一世紀のコロンブス的交換」と言えるんではなかろうか。『現代思想』にはそういうことから書き始めてみたわけです。

ユヴァル・ノア・ハラリの浅薄さ

塚原　では、今回の問題について歴史家たちは何を言っているのか。最近は「グローバルヒストリー」という言い方をする人も多いですが、そういう観点から、コロナはどう見られているのだろう。ある意味、このグロ・ヒスと呼ばれるスタイルは、めちゃくちゃ流行っています。代表的なところでは、たとえばユヴァル・ノア・ハラリです。彼は『サピエンス全史――文明の構造と人類の幸福』（ユヴァル・ノア・ハラリ著、柴田裕之訳、河出書房新社、二〇一六年）という厚い本を書いています。読んでみると実はけっこう面白いんです。あるいは彼には『ホモ・デウス――テクノロジーとサピエンスの未来』（ユヴァル・ノア・ハラリ著、柴田裕之訳、河出書房新社、二〇一八年）という本もある。人類は認知革命、農業革命を経て統一され、さらに科学革命をもってして、人間はテクノロジーやサイエンスを得た、そのことで、神（デウス）になる道を進んでいるのだ、と。

面白いし、なかなかいい書き口を持った本なので、なるほどなとは思うんだけど、どこか引っかかる。もともと、ハラリはイスラエル出身のユダヤ人で、オックスフォード大学で中世の軍事史を研究していた方です。ユダヤ人なんだけど無神論者で瞑想が大好き、さらにベジタリアン。『サピエンス全史』のそもそものきっかけはイスラエルの高等学校で読ませる世界史のテキストのようなものとして書いたらしいんですが、本当に上手くまとめてある。さらにハラリはなかなかの毒舌家なので、非常にとんがっていて、つまり知的な刺激もあって、面白く読めるようにできている。

ただ、この本は一体、誰が受け取るのか。日本でハラリの本は「ビジネス書大賞」を受賞している。別にそれが悪いわけではないのですが、たしかに『サピエンス全史』には、それを読んだビジネスマンが分かったような顔で「世界情勢はこうなんだ」、「人類は進歩してきて、これからも進歩し続けるのだ」とか語るのにちょうどいいような、非常に浅薄なところがある。『現代思想』の論考でもハラリの浅薄さについては言及しました。では一体ハラリのどこが浅薄なのか。

たしかに、今回のコロナのことについても、ハラリは面白いことを言ってはいるんです。ハンガリーでコロナ不安を理由に圧倒的な独裁体制が出来上がっていて、オルバーンという首相がなんでもやっていいみたいな権力を持ってしまう状況が起こっている。いわゆる非常事態を利用した権力の奪取です。そのことについて触れ、これはまずくないかと『TIME』誌（"In the Battle Against Coronavirus, Humanity Lacks Leadership" 2020.3.15）に寄稿して強い警告を発している。また中国などでは感染対策が成功したと言われているけど、あのような方法を許したら全体主義体制による監視社会が進むだけだという指摘もしている。このパンデミックの後には新たなる監視社会が誕生し、コロナ的監視社会なんて言われてしまうんではなかろうか。そうした監視がバイオテクノロジー、バイオモニター、ビッグデータ、ITやさらにはAIなどのハイテクによって統合・合理化され、大衆もまたコロナが怖いから、ちゃんとモニターしろみたいにそれを後押しして自発的隷属化が進んでいる感じがある。これは気をつけないといけない。ハラリはそういうことも言っていて、なるほど、それは非常に重要な指摘だと僕も思います。

その上でハラリは、「監視社会か、市民的エンパワーメントか」、「国家主義的な孤立か、国際的な連帯か」、という二択の問いを二つ立てている。すると、当然、答えは国家主義でも監視社会でもないわけです。市民的エンパワーメントと連帯だよな、となる。ただ、そこまでハラリが言ってしまうことは、ちょっとまずいなと思うわけです。ハラリは「国際的」に、そして「連帯するんだ」と言うわけですが、それを言った時に、一体誰と連帯するのかを言っていなかったりする。本当はそこが最も大事なんです。実際、いわゆるネオリベと呼ばれている人たち、経済的なリベラリストの人たちもまた連帯ということを言うわけです。何をイメージするかが伏せられたまま、連帯とか、国際とかいうようなことを簡単に言ってしまう。これはちょっとまずい。

先日、朝日新聞で津田大介も「コロナ禍でこそ、連帯の意味を我々は知るんだ」というようなことを言っていました[4]。でもやはり、津田大介も連帯の中身については何も言っていない。しかし、連帯という場合、誰と何をどう連帯するのかを言わなければいけない。それこそ僕が怖いなと思うのは、国際的な資本が連帯して、パンデミックを利用した災害資本主義が発動されることです。火事場泥棒的に、コロナの名の下にガボッとお金だけ持っていく。それで追いやられる人は、ますます追いやられてしまう。こういう状況はまずかろうと考えています。こうしたリスクに触れずに、ただ「連帯」と言うのは浅薄だと言わざるをえません。

また僕がハラリを浅薄だと言うことにはもう一つ理由があります。ハラリは「科学者は連帯しろ」とも言っています。歴史的にウイルスに対しては、科学者が連帯してワクチンを作ることで、これまで勝利してきたんだ、と。だから、今回もまた科学の世界で科学者が世界的連帯をしてこのウイルスに立ち向かわなければならないと言うんです。ハラリ一流の言い方です。おそらく、彼は科学というものを本当に信じているんでしょう。ユダヤ人の彼がイスラエルで無神論者でいるということは、かなりのプレッシャーの中で生きているということで、科学が、彼の生きる「よすが」になっているというのは、理解できないでもない。宗教的な権威を全て潰しちゃった後には科学しかありませんから。実際に彼は、昔よりも今の時代のほうがいいだろう、科学技術のおかげで、人類みんながこんなにご飯を食べられてるじゃないかと、そういう話を堂々とする。この論法はビジネス書としては受けると思います。ただ、そこが浅薄です。科学というものの本質を捉えずに、科学に対して期待だけを膨らまし、いい面だけを見て、人間を助けてくれる、命を助けてくれる、食べ物を増産してくれる、と語ってしまう。ただ、「それって本当？」と問うべきところに僕ら人類は来ているはずです。科学をめぐってても経済をめぐってもそうでしょう。科学はすでに錦の御旗ではなく、また経済だって、ディストリビューションが異常になってしまっている。地球環境をめぐって考えるなら、科学技術への楽観主義はもっとそうですね。環境汚染や温暖化、そして災害があまりにひどくなってしまっていて、それはほとんど、科学技術の負の側面と言ってもいいことです。

今、科学での一番の論争ポイントというのは、地球温暖化とか環境問題だと思っています。人類というのがどういう存在なのか、もう一回考え直すところにきている。そういうことを踏まえて、ウイルスについても考える必要があると思います。そこで、コロンブス的交換ということ、それは二十一世紀の我々も経験していることとして、考え直すとどうなるでしょうか。それは歴史の立場から、再照射すると、何が見えるか、コロナ禍をに面して、そのことを再度、考える必要がある。

かつてコロンブスの功罪は、様々な形で問われています。またコロンブスが誰の金で船を出し、異なる土地へ何を持ち運び、何を持って帰ってきたか、ということが歴史家によって分かってきています。あるいは国民食と言われるイタリアのトマトや韓国のキムチといったものが、コロンブス的交換以前にはなかったということも分かっている。すると、あと二〇〇年も経てば、また新たな文化ができるのかもしれない。いわゆる「国民的文化」も、コロンブスの交換の結果であった、とするなら、新しいコロンブス的交換は、何をもたらしのだろう。そういうことを含め、僕らはまたこのコロナ禍においても考えていくことができるだろう、と思うんです。

コロナが世界に蔓延してると言うけれど、そんな簡単にはウイルスは平等だとも言えない。平等にかかるのかもしれないけど、発症する人は全く平等ではない。アメリカでは黒人の方が二倍死ぬと言われている。老人の方が死にやすいとも言われている。それが全て本当なのか、まだま だ検証していかないといけない。でも、そこを検証していく科学というものを見る時に、まさに平田さんが指摘してくださったような科学と文化の問題がある。僕らは科学に下駄を完全に預けてしまっていいのだろうか。科学者に頼んで、お金を出して一任して、ワクチンを作ってくださいって言えば、それでいいのか。そこをまず考えなきゃいけないんです。なぜ今の科学を批判すべきなのか、それには多くの理由があるし、そのことは後でも論じますが、科学は決して平等に、その恩恵を人々に与えてきたわけではないし、また逆に、ある特権階級によって営まれ、そして方向づけられるものともなってきている。科学が生み出す利潤のことを考えるなら、それは言うまでもなく、格差を拡大してきているという側面は否めません。

その時に知と権力の問題がある。この問題についてはフーコーの「生政治」という言葉がまず思い浮かびますが、これをパラフレーズした「地権力」（ジオ・パワー）ということがあって、最近ではラトゥールも語っていますし、クリストフ・ボヌイユらの『人新世とは何か――〈地球と人類の時代〉の思想』（クリストフ・ボヌイユ、ジャン＝バティスト・フレソズ著、野坂しおり訳、青土社、二〇一八年）でも、この「ジオ・パワー」という言葉が使われています。つまり、地権力という言葉で、地と言っても、ここではジオ、つまり地表や地理だけではなく、大気圏を入れた気候ポリティックス、つまり気圏や水圏の地球レベルでの物質循環を含めて、それらをめぐって、ヒトやモノが関与する権力の配分がどう行われてきているのかという議論が起こっている。今日、歴史を見るためにはそこまで見ていく必要があるように思います。

そしてもう一つ、そこにマルチスピーシーズという視点を入れることで見えてくるものがあります。スピーシーズという視点を入れることで、今回の新型コロナウイルスが人獣共通感染症であるということが浮かび上がってくる。今回はコウモリだとも言われているけど、感染症の問題に関しては、人と動物の〈あいだ〉、これもまた考え直さなければならないこととしてある。それは一体、誰の〈あいだ〉で感染するのか。社会的な問題、ジェンダー、クラス（階級）、レイス（人種）については研究が進んでいます。そこにもう一つ、スピーシーズ（種）の問題があるのではないか。言うまでもなく、スピーシーズは、「ジオ」の中での「バイオ」なのですが、権力関係の中で浮かび上がってくる。それは「人新世」と呼ばれる枠組みの中で、見直していかないといけない。ひとまず、コロナを契機に、私が今考えているのはこのあたりです。

アルバータ州の資源開発

平田 色々な論点が挙がりました。最後、塚原さんが指摘された問題、性差別とか人種差別とかと並んで種差別のようなものをどう考えるか、人間と動物の境界についてどういう風に捉え、考え直すかという動きは、特に英語圏においては盛んになっているように思います。それは人工知能の登場とも併行していて、人間と機械の境界について問い直されていることと併せて、人間と動物の境界についても問い直されている。二〇〇〇年代前半から広がったアニマルライツやアニマルウェルフェアをめぐる議論もそうですし、今日では単に人間と動物という個体の問題だけではなく、エコロジー、つまり生態学の問題というものに対しても非常に大きな関心が集まっていると思います。

そこに関連して自分のテーマに引き寄せて話すと、やっぱりプラネタリー・アーバニゼーショ

Neil Brenner, *Implosions/Explosions: Towards a Study of Planetary Urbanization*, Jovis, 2013

ンという流れにおいても自然を都市化していく、エコロジーを壊して都市化していくという問題があると思うので、その点をお話ししたいと思います。まず、イメージをお見せします。

これはサウジアラビアを除けば、世界で最大の石油埋蔵量を持っていると言われているカナダのアルバータ州の資源開発地域の写真で、ブレナーの本のカバー（上の図版）に使用されたものです。では、このアーバニゼーションという概念を少し解説しておきたいんですが、まず前提としてブレナーたちは都市化というものを二つに分けているんですね。一つは「高密度の都市化」です。これは従来の都市研究、都市社会学が研究対象としてきたような都市の領域です。

他方で「広範囲の都市化」というものも同時に研究していかなければならないんだと提起されます。これは先ほど説明したようなルフェーヴルの『都市革命』で言われていたこと、さらに従来、工学の領域において行われていたインフラストラクチャー研究の成果も取り入れた考え方で、これがプラネタリー・アーバニゼーションという概念に繋がっていったんです。

では実際に、ケースとしてどういうところが、この「広範囲の都市化」、プラネタリー・アーバニゼーションと言われるものの場所として言及されるのかというと、それが先ほどお見せしたカナダのアルバータ州なんです。ここは、塚原先生も書評を書かれているナオミ・クラインの『これがすべてを変える――資本主義vs.気候変動』（幾島幸子、荒井雅子訳、岩波書店、二〇一七年）でも言及されていて、この広範囲に及ぶオイルサンドに対しては、すでにカナダは二〇一七年に段階的撤退を表明しています。先ほどのブレナーの本のカバーになった航空写真を撮影したのはガース・レンツというジャーナリストで、ブレナーはこれがプラネタリー・アーバニゼーションのイメージとして提示している。

レンツがＴＥＤ（ガース・レンツ「オイルの本当のコスト」）などで語るように、そもそも、カナダのアルバータ州というのは生態学的にすごく豊かな場所であり、湿地帯もすごく多いんです。湿地帯というのは温室効果ガスを吸収するような場所でもある。そういう場所が開発の対象となっているんです。この写真がなぜ航空写真なのかというと、採掘するための場所のスケールが大きすぎて地上からだと何が起きているのか、その全体が把握できないからなんです。つまり、スケールが非常に大きいエリアが開発の対象となっているということです。

　また、問題はそれだけじゃありません。オイルサンドはタールサンドとも呼ばれているんですが、タールというのはちょっとネトネトした油のことです。これの何が問題かというと、従来の石油の精製に比べて圧倒的に水とかエネルギーを消費するということなんです。温室効果ガスを従来の精製に比べて約二倍排出すると言われています。つまりこの開発は、温室効果ガスを吸収する地域を破壊して逆に温室効果ガスを出すような施設をどんどん造ってるということです。結果として、二酸化炭素排出量は世界でカナダが第三位と言われています。その内情がこうした開発の風景にも現れているんです。

　ただ、航空写真だけを見るとスケールも大きいため、どこか綺麗に見える場面もあるんですね。同じ場所を撮ったデヴィッド・メイゼルの写真は批評家から「toxic sublime」と評されています[5]。直訳すれば「毒のある崇高」という意味です。ガース・レンツ本人も、この写真をジャクソン・ポロックの抽象画のようだと語ったりしている。ただ、そういう美学的な問題として解消される問題ではもちろんありません。現実には汚染されている地域を写しています。ものすごく凶々しいイメージを差し出してるんです。先ほど言ったようにオイルサンドから石油を精製するのに排出される廃棄物がものすごく多く、それが大地を汚染し、川に流れていくことで、川もまた汚染されます。アルバータ州には鉱物から石油を精製する際に出される廃棄物の溜池みたいなものもあるんですが、これの大きさがだいたいマンハッタン島の三分の二くらいあるというふうにも言われます。とにかく、非常に巨大なスケールです。

さきほどの話に戻ると、この開発はエコロジーの破壊というのをかつてないスケールで引き起こしている。さらに言えば、単に精製所の開発は、パイプラインの開発とセットです。そのパイプラインの開発はカナダの領域だけで収まるものではなく、アメリカへも引かれています。文字通りトランスナショナルなスケールでインフラの開発が行われています。なぜここがプラネタリー・アーバニゼーションのイメージなのかと言えば、こうした大規模開発は都市のエネルギー需要に応じて起こるものだからです。「広範囲の都市化」とは、このようなアルバータ州の開発も「都市化」の一環として考えるという意味です。

黒い皮膚と赤い皮膚

平田　もちろん、こうした開発に対する抗議運動が市民の中から出てきます。最近ではエコロジーの観点から反対運動というのに加えて、そこに暮らしている、先ほどの採掘場の開発だとか、パイプラインが通るような場所に住んでいる先住民たちも反対運動を行っています。実際、開発による廃棄物が川に流れ込んできたりしていて、先住民たちが住んでるエリアの飲み水にまで汚染が及んでいます。

この問題に関して、日本でも切れ切れではありますが、報道はされています。先住民の反対運動を紹介していたり、あるいはトランプ大統領がエコロジーよりも労働者に仕事を与える方が重要だとしてパイプラインの建設を許可したというニュースであったり、はたまた中東に依存してきた日本のエネルギー戦略の観点からも重要であるという論説であったり。そこにはポピュリズムの問題、アメリカファーストの問題も絡んできますし、当然、日本のエネルギー需要とも無関係ではありません。

ニール・ブレナー自身はこのアルバータ州の開発に関して、「大地殺し」という言い方でエコロジーの破壊を最重視するのですが、プラネタリー・アーバニゼーションの論集に寄稿しているステファン・キプファーは、そうした空間関係だけでなく、社会関係にも着目し、カナダの先住民運動と結びつけた論考を最近出しています［6］。キプファーは、パイプラインが国境横断的に引かれることに応じて、先住民の運動も北米を縦断するかたちで国境横断的に広がることを重要視しています。カナダの国民にはある種のナショナリズムに向かう人々がいる一方で、ファーストネーションと呼ばれる先住民の人たちが一万年を通して築いてきた自然との関係をめぐる知恵を尊重する精神を持とうとする人々もいます。そういったものによって自分たちのあり方を変える、あるいは、環境問題を考える上でもそういうところに教えを乞わなければいけないんだというスタンスで非常に熱心に先住民の抵抗運動に関わっているというような文脈が紹介されています。

つまり、「アイドル・ノーモア［もう放置しない］」をスローガンに自分たちのアイデンティティを問い直すような先住民運動と、具体的にパイプラインの開発に対して自分たちの生活を守るという運動が結びつくような形で、大きい運動が現れてきました。その中でたとえば、フランツ・ファノンの『黒い皮膚・白い仮面』（海老坂武、加藤晴久訳、みすず書房、一九九八年）をもじって、自分たちの肌の色として言われている赤を取り上げ直しながら、アイデンティティを探求したグレン・ショーン・クルサードの著作『赤い皮膚、白い仮面』（未邦訳）【7】も出版されています。

こうしたアルバータ州から始まる運動を見ていった時に、その動きというのはCOVID-19以降にたとえばBlack Lives Matterなどが再び盛り上がりを見せている今日の状況とも重なるように思います。ある種、プラネタリー・アーバニゼーションがもたらすトラブルによって、ポストコロニアル的問題としてのアイデンティティ・ポリティクスというものが出てくる。たとえるならば、パイプラインの開発や感染症の広がりによってもたらされた社会の亀裂が、その裂け目から垣間見える断層として古くからすごく深いところに根をもつ問題を指し示しているのです。自然環境の問題がアイデンティティ・ポリティクスと、空間関係が社会関係と連動していくというのは、非常に興味深いことではないでしょうか。

エンデ・ゲレンデ

塚原　非常に面白いお話でした。実は僕はオランダやドイツの気候変動に対する社会運動には少しですが関与したことがあります。そうした運動に参加されている方の中に箱田徹さんという方がいらっしゃいます。彼は特にドイツの石炭掘削に対する反対運動に関わっていて、今回、箱田さんから写真を借りていますのでお見せします。そこから話を始めてみたい。四〇一ページ上の写真は、ドイツのハンバッハ鉱山というところです。

ドイツとオランダの国境付近、ケルンやボンなどとほど近いルール工業地帯にハンバッハ鉱山はあります。この鉱山で一九八〇年代より大規模な石炭採掘が行われているんです。このあたりは褐炭鉱地帯と言われていて、写真を見てもわかるように地表が白くなっている。石炭の中でもあまりクオリティが高くないとされている褐炭や瀝青炭と言われるものが山の表面にあるんです。だから、採掘と言っても表面をガーって持っていくという露天掘りなんですね。

実際、ここで取れる石炭はすごく質が低いんです。ただ、非常に安い。ドイツはこの石炭を使っている。あのエコロジー大国と言われているドイツがこれをやってるんです。それもこのスケールで。どれくらいの大きさかというと、山手線のスケールです。大体、山手線一周分と同じくらいの範囲を巨大なマシンによってガーって持っていってしまうわけです。

するとと巨大なクレーターが出来上がる。もちろん、こんなことをすれば反対運動も起こります。「エンデ・ゲレンデ（ドイツ語で〝土地の終わり〟の意）」という名の下にヨーロッパ中から人が集結して「採掘をやめろ」と運動を起こしてる。箱田さんは運動家と一緒に、この開発に迫っていってます。ドイツですからなかなかラジカルな活動家たちもいます。反対運動はハウルの動く城のような巨大なこの掘削機が動いていることに対抗したかたちで行われているんですが、クライマックスがどこかと言えば、四〇一ページ下の写真です。

採掘された褐炭は鉄道で運送されるんですが、運動家たちがその鉄道を占拠しているんです。実際、その鉄道を止めたりしている。写真では警察が鉄道に集まっていて非常に面白いわけなんですが、この事例で何が言いたいかというと、平田さんの出してくれたアルバータ州のケースと、いくつかの対比ができるんじゃないかと思うんです。まず似ている点は、アルバータ州もハンバッハも、クオリティの低いものを掘り出しているということ。実際、すでにクオリティの高いエネルギーなんてあまり残っていないわけです。

ただ、明らかに違う点もある。アルバータ州の場合は、まず採掘されているのが石油という第二次産業革命的なもので、地表のかなり深いところをフラッキングして、地殻を強烈な水の圧力で潰しながら、吸い上げていってるわけですよね。採掘自体は不可視なんです。さらに、それを

ハンバッハの露天掘りの地域。左は同縮尺の東京。© Google

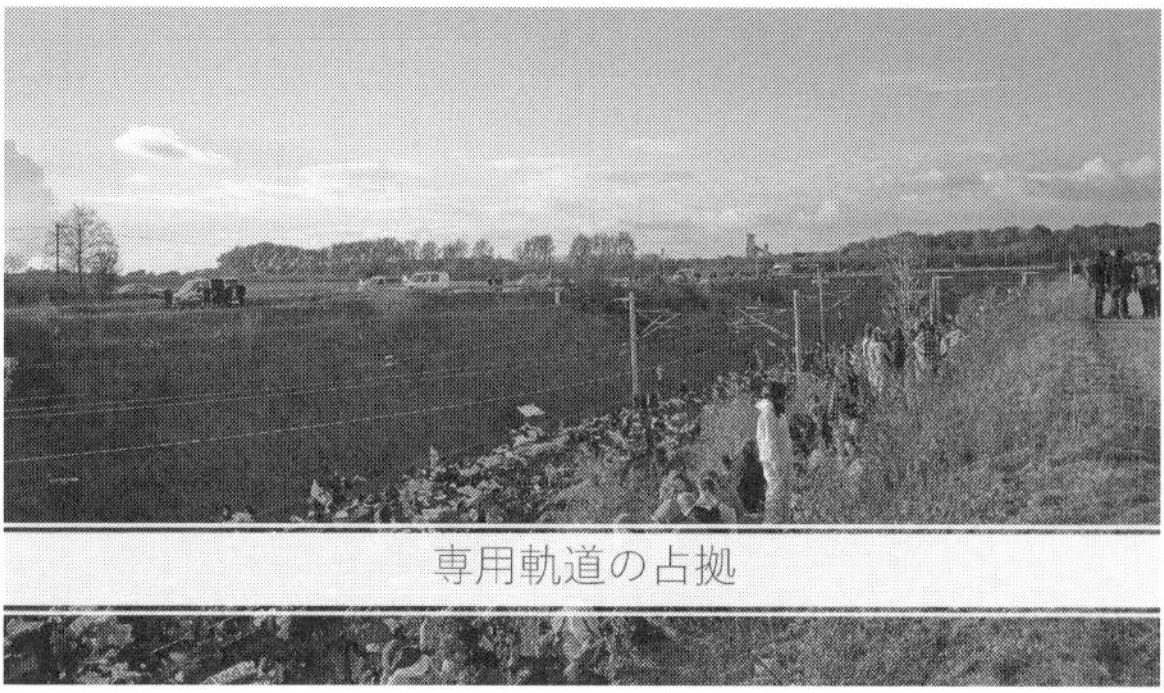

運動家たちによる専用道路の占拠。写真は箱田徹氏の提供

ケミカルプラントの中で綺麗にして、大量の水や資源を打ち込んで精製し、パイプラインで運んでしまう。つまり、中途のプロセスが可視的でない。これは実に二十一世紀型の採掘だと思います。一方、ハンバッハの場合は、基本、目に見えるところで進んでいる。そもそも石炭というのは第一次産業革命的なものですよね。その採掘も目の前で山の表面をガーって持っていってしまうという可視的な方法。さらに採掘された石炭を運ぶのは鉄道なわけです。

何が言いたいかというと、まさにこれはインフラの違いなんです。いわば、石炭依存の第一次産業革命的なヨーロッパと、第二次産業革命から不可視のケミカルで電子情報科学的な新大陸。でも、スケール感はほぼ似たようなものです。アルバータ州のオイルサンドは航空写真でしか見れない。こちらもグーグルアースで見るとこんな感じ。ただ、採掘の対象としているものや、それを運ぶためのインフラが違う。すると、反対運動の形も変わってくる。アーバニゼーションに関して言えば、ドイツの場合は専用軌道をみんなで占拠していくわけです。しかし、パイプラインの場合はそうもいかない。グローバリゼーションの中でちょっとずつ局面の違うものが同時に起こっているということが、興味深いなと感じました。

またアーバニゼーションということで言えば、ドイツは完全にアーバニゼーションされているんです。「高密度の都市化」です。ルール工業地帯は全体がベタッと広がったかたちの都市ですから。ただ、アーバンの中でもより郊外に近いところ、周縁的なところであああいう採掘が起こっているということに面白みを感じます。カナダの場合とは違って、全然、大自然の中のようではない、まさに都市が全体を包んでいるというか、人が密集的に暮らしているすぐ脇で、これが起こっている。これはプラネタリー・アーバニゼーションの中では、どう捉えられているのだろうか、お話を聞いていて、そういうことを思いました。

都市的集住は宿命なのか

塚原　もう一つ、先ほど、平田さんが紹介されていたルフェーヴルの都市革命ですね。非常に面白いと思って聞いていたんですが、実は科学史の世界においても都市革命について書いている人がいるんです。一九三〇年生まれで東大で科学史をやってらっしゃる伊東俊太郎先生です。彼は古代の天文学やアラビアの数学などを研究されてきた方なんですけど、一方で比較文明論もずっと研究されていて、その中で一九七六年に『文明における科学』（伊東俊太郎編著、勁草書房、一九七六年）という本で科学革命について書かれたことがあったんです。

科学革命と言えばガリレオとかコペルニクスなどになるわけですが、そういう科学革命以前にはどんな革命があったのかというのを彼は考えた。そこで、五つの革命があるんだと言ったんです。一つ目は人類革命、人間が火を使うようなところから始まり、二つ目が農業革命、つまり狩猟採集から農業へと移行した。そして三つ目が都市革命です。メソポタミアやエジプトに都市ができた。これは人類史において大変なことだ、と。そして、そのあとに精神革命がくる。これはイエスやブッダ、マホメッドとか出てきたことを指していて、僕なんかは精神革命より都市革命の方が先だったんだという指摘に驚きました。それら四つの革命を経て、五つ目に起こったのが科学革命だと言うんです。

まあ歴史家というものは起源を知りたがるものなんですが、伊藤文明論の要点は、農業の後に都市ができるという点じゃないかと思うんです。つまり、農耕が可能にした集住が都市化の原点にはある。そうなると、さっき人と動物の関係についての話が出ましたが、今度は原始人類と人類の関係というのも考えるべき問題として浮上してくる。それこそホモ・サピエンスとネアンデルタール人の関係はどうだったのか。最近では、混血していると言われていますね。ただ、ネアンデルタール人はホモ・サピエンスのように大きな集団は作らなかったようです。一五〇人以上の集団の痕跡は見つけられていない。すると、集住していく動物としてのホモ・サピエンスという像、そこから都市に繋がるイメージも出てくるのではないかと思うんです。

こんな感じで、やっぱり都市の問題を考えていくと、さっき平田さんが言ったように、もっと歴史的、そして文明論的に根の深い問題が出てくるんじゃなかろうかと思います。もちろん、人類においても都市に向かわない人たちもいたわけですが、やや大胆な仮説を言ってしまうと、僕らは大規模な集住を運命づけされた種なのかもしれない。すると、今日のコロナ的状況、つまり集住や種の混淆と接近が危険だとされているような今日の状況は、果たして人類という種としての本性に反することなのだろうかと、そんなことまで考えてしまうわけです(笑)。

そこで、こうした視点から平田さんに聞いてみたいんですが、このプラネタリー・アーバニゼーションというのは、人類という種にとって必然なんでしょうか。人間はそういうものだと、つまり都市化する生き物なのだと考えたほうがいいのでしょうか。それともプラネタリー・アーバニゼーションなどはけしからんことなのか。プラネタリーにアーバニゼーションしないで、みんな一旦森に帰った方がいいのか(笑)。無茶振りなのは承知ですが、僕が聞きたいのはプラネタリー・アーバニゼーションを問題化する際の倫理的判断の部分なんです。つまり、惑星レベルの都市化について言及する際、そのモチベーションは一体なんなのか、ということで、そしてそのことに、何らかの価値的・倫理的な判断を下すことができるのかということです。

平田　今のお話の中にはいくつかのポイントがあったと思うのですが、全部をうまく繋げて答えられるか、自信がありません(笑)。とはいえ、応答してみたいと思います。

まず、ルフェーヴルの都市革命について触れて下さりました。彼が「革命」という言葉を使ったのは、都市の起源を考察するためではないんです。むしろ、当時のマルクス主義談義に関わるところから出てきている。要するにソビエトの革命にしても、その担い手は労働者というよりも労働者と手を組んだ農民だったという認識が、当時は非常に強かったんですね。毛沢東主義でも、農村が都市を包囲するということを喧伝しました。社会変革の場所としても農村がすごく強かった。こうした当時の革命観に対して、ルフェーヴルは都市化があらゆるところに及ぶという考えの下、都市化をネガティヴなものであると同時にものすごくポジティヴなものとして描き出した。いわば、社会変革の場所として都市がある、というように。それゆえ「都市革命」という言葉が一九六八年の五月革命などの情勢の中で、打ち出されたのです。だから、人類史的な意味における都市革命というのもすごく大事な話だとは思うんですけど、ルフェーヴルはちょっと違う角度から考えていたんですね。

塚原さんのお話に引き寄せれば、それこそグローバルヒストリー系の本の中で、人類学者ジェームズ・C・スコットの『Against the Grain［邦題：反穀物の人類史——国家誕生のディープヒストリー］』（邦訳は立木勝訳、みすず書房、二〇一九年）という変なタイトルの本があります。「Grain」とは穀物などのことですね。これは必ずしも都市の起源というわけではないですが、農業革命があって穀物を貯めることができるようになったということが、国家のようなものができ、納税などを課していく上では非常に重要なポイントだったということが、この本には書かれています。また、彼は「ドメスティケーション」という言葉で、その過程を表現しています。通常、ドメスティケーションというのは「家畜化」などの意味ですが、ここではこの言葉が作物や家畜を飼育するという意味においてだけではなく、まさに農耕と穀物の蓄積を通じて社会の内側を作っていく、人々を支配していくという意味にも用いられています。

そうした視点から見ると、現代の都市というのは、管理という意味でものすごくドメスティケートされた場所になっているんですよね。実際、二〇〇八年のサブプライムローン危機などは住宅というものとグローバル金融資本のようなものが結びついた形で起こったわけですけど、新自由主義的な資本家が金融を介してきわめて特権的な存在としてあるような場所になってしまっているわけです。

こうしたことを踏まえ、プラネタリー・アーバニゼーション研究で打ち出される対抗ヴィジョンがなんなのかという話をすると、たとえばブレナーはプラネタリー・アーバニゼーションという言葉とは別に、オルター・アーバニゼーションという言葉も打ち出しています。「オルター・グローバリゼーション」から着想を受けて、「オルター」、すなわち「別様の都市化」という視点から、より社会的に平等で、より生態学的に正しい形のアーバニゼーションも可能なはずだと主張します。都市をどのように設計していくのか、自分たちが生活において使用しているインフラがどういうものと結びついてるのか、そういうことを市民の側からもっと考えていくこともできるはずだし、作り手の側からももっと考えられることはあるはずだ、とそういう理念でやっています。つまり、プラネタリー・アーバニゼーションが起こっているという認識のもと、その行きすぎている部分を社会関係の側から制御していきましょう、きちんとアジェンダとして設定して取り組んでいきましょうというヴィジョンのもとでやっている。僕はそう見ています。

塚原　ありがとうございます。そこでさらにお伺いしたいポイントがあります。オルター・アーバニゼーションというものが考えられていることは分かりました。ただ、その場合、想定されている都市にいる種というのは人間だけなんですか？　つまり、もう一つ私が知りたいのは、そうしたアーバニゼーションをめぐる議論が、人間以外の存在をどう扱っているかというところなんです。基本的にそうした議論に登場するのは犬とか猫とか、そういうごくごく身近な動物だけという印象がある。いわゆる、そうした伴侶種までは想定できるのかもしれないけど、もっと多様な存在についてはどのように担保することができるのか。たとえば、オルター・アーバニゼーションと言った時に、野生種との交流などはどのように考えられてるのか。動物園？　それは違うだろう、と。

これは、猪や熊の問題でもあるんです。農村では「駆逐しろ」、「殺せ」みたいになってるわけですが、やっぱり、あれはちょっとひどいなとも感じてしまうわけです。そもそも人間が追い出したんでしょう、鹿とかも、と。しかし、猪に畑を全て掻き回されて頑張って育ててきた作物が全て取られてしまったという側からすれば、こりゃ悪いやつだというのもよく分かる。そういったジレンマがある中で、オルター・アーバニゼーションの議論においては、動物と人間の関係がどういう風に考えられているのかな、と思うんです。無茶振り続きで、すいませんけど（笑）。

平田　（笑）。正直、動物の話はあまり出てきていませんね。少なくともブレナーからはそうした論点は見えません。ただ、彼自身はベジタリアンだったりします。

塚原　まあ、そうだと思います。エネルギー効率など色々なことを考えたらベジタリアンが合理的ですから。じゃあ、そうなった時に、移動の手段はどうなのか。自動車には乗らないで馬に乗るとかになるのでしょうか？（笑）。

平田　ブレナーはサイクリストではありますね。ちなみに、ほんとどうでもいいことですが、僕は車の免許をもっていません（笑）。

塚原　すると畑を耕す時にガソリン燃料を使う耕運機などは使わずに、牛で耕して、その牛の糞を肥料に回すといったような、そういうこともパースペクティヴに入ってるんでしょうか。

平田　それこそアメリカの運動などでは都市における農業の問題が取り上げられてますね。僕も先日、ちょうどコロナのステイホーム期間だったこともあって、YouTubeで無料公開されていた『都市を耕す』というドキュメンタリー【8】を見たんです。タイトルは「土地を耕す」をもじったものなんですけど、そこではまさに従来の都市と農村という区分からすると、ちょっと違った形の関係が描かれています。完全に偏った食料供給システムに隷従してしまっているような場所で、ある種のコミュニティが主体となって土地を耕していって、元の供給では手に入らなかったような有機栽培の野菜を手に入れる動きが記録されていて、また、そうした活動を通して、ある種の社会関係資本を作っていくというようなモードもあり、全体が地続きの運動になってる。それはある意味では、土や自然というものが都市に還ってきているような流れのようにも見ることはできるんじゃないかと感じました。あるいは垂直農業のような形で高度に産業化された形式で還ってきているようなケースもありますが、とはいえ、ナオミ・クラインが言っていたようなエネルギーの地産地消、食の地産地消みたいなものが、スマートフォンなどを通じて、人々の関係を新しい形で組み替えていくというような動きは、少しずつ増えてきているのかなとは感じているところです。

塚原　なるほど、それは都市の小農園、いわゆるアーバンガーデニングですよね。ドイツのハンバッハとかの周辺でも、あそこら辺はやっぱり炭鉱地域だから、クラインガルテンという農地の賃借制度を利用して炭鉱労働者が小さなガーデンみたいなのを持つんだそうです。僕はそれを聞いた時、普通にいいことだと思ったんですね。ドイツ人は土が好きだからな、なんて気軽に考えたりしてた。だけど一方で、「ツカハラくん、こういうのが始まったのはナチスの時だぜ」って言われてがっかりもしたんです(笑)。確かにドイツ人の土への志向性というのはナチスの台頭と無関係ではない。当時のドイツは増産増産で、それこそ炭鉱労働者はアーバンにおける汚い炭鉱の仕事で大変だったわけです。その中で、自分のクラインガルテンを持って、そこで自分の食べるものを耕すといったようなそういうことが始まった。自分の土に対する愛着、こうした部分がナチスへの流れを勢いづけてしまったところはある。だから、ちょっとアンビバレントなんです、そこに対しては。今日、従来のアーバニゼーションに対するカウンターとして、土に対する志向性が高まっているわけだけど、本当にこれでいいのかな、と。

だから、きっとよりラディカルなのは、動物との関係なのではないか、という気がちょっとするんです。たとえばダナ・ハラウェイの『犬と人が出会うとき――異種協働のポリティクス』(高橋さきの訳、青土社、二〇一三年)などはすごく面白い。ハラウェイは、『Primate Visions』(一九八九年)では、猿の話もしています。ただ、動物というのは聞き分けのいい奴らばかりではないんですよね。猫や犬は一緒に暮らしやすい。ただ、それが馬、牛になると結構大変で、さらに猪や猿になると荒らされてしまうし、鹿は山を荒らす。農家の立場になってみればすごい迷惑で、マルチスピーシーズなんて言ってられないような状況になってしまうところもある(笑)。だからこそ面白いわけですけど。

平田　今、最初にお話ししたようにプラネタリー・アーバニゼーションの論文集を作っているんですけど、寄稿者の中にプラネタリー・アーバニゼーションと自然保護を合わせて考えるような形で取り組んでる方もいます。ただ、やっぱりプラネタリー・アーバニゼーションと自然の関係はすごく難しい。ルフェーヴルの議論においては「都市は第二の自然だ」みたいな形で語られていて、アリストテレスの頃からの語りが引き継がれている。それこそハラウェイが言っていたように思いますけど、たとえば実験動物になった動物をもともといた自然に返すと生きていけないというような話がありますよね。そういう意味で、異種にも都市化の波が及んでいるというのはその通りなんです。ではその変容した異種、あるいは自然ということについてどのように考えられるのか。果たして、都市論の中で動物との関係をどう考えるのか、というのは非常に難しいテーマですし、今後の課題であるように思いますね。

オルター・サイエンスか、クレージー・サイエンスか

辻　残り時間が少なくなってきましたので、ここで質問をさせてください。僕もまた、今日はニール・ブレナーが「オルター・アーバニゼーション」と言う時の、その具体的な戦略について是非ともお伺いしたいと思っていたんですが、今のお話、あるいはアルバータ州やハンバッハ鉱山などの開発についての話を聞いていて思ったことは、プラネタリー・アーバニゼーションというのは、これまで空間的に外部とされてきたエリアを、周縁として捉え返すところに重要なポイントがあるんじゃないかということでした。たとえば連想したのはアナ・チンが『マツタケ——不確定な時代を生きる術』（赤嶺淳訳、みすず書房、二〇一九年）において提示していた「ペリキャピ

タリズム（周縁資本主義）」という言葉です。チンはオレゴン州の難民たちによるマツタケ狩りを例に、資本主義を「全てを制圧する単一で包括的な体系ではない」ものとして描き出し、相互に絡まり合う複数の社会、生活様式があるのだということを論じていましたが、その上で、現在の資本主義というものを成立させているのは一見すると資本主義的には見えない周縁的な部分ではないか、というようなことも言っていました。そうした周縁に目を向けることで、チンは資本主義を再解釈し、ポストキャピタリズムではなく、言うなればオルター・キャピタリズムの可能性を示唆していたようにも思える。そこが今のお話に重なったんです。

あるいは、マルチスピーシーズ人類学というものもそういうものかもしれません。僕は学外の人間であり、それを代弁することは能力的にもできないんですが、ただ、マルチスピーシーズ人類学というのは、ある種、これまでの人間中心主義的なパースペクティヴの中で外部へと捨象されていた存在、つまり異種たちが、実は人間社会を周縁において動かし、成立させているということに目を向けることで、改めて人間とそれを取り巻くものたちの物語を描き直しているようにも感じます。そういう意味において、プラネタリー・アーバニゼーションと方法論としては通底しているのではないでしょうか。

そこで、もうちょっとこの周縁というポイントを考えたいんですが、それこそ先ほど「土」という言葉が出てきました。都市に土を持ち込むアーバンガーデニングというのは、ややインパクトとしては薄いものの、周縁的なものが中心へと持ち込まれるということではありますよね。そこに関して、どういうことが考えられるのか。あるいは、それを塚原さんの科学批判の文脈で考えたらどういうことになるのだろう、と思ったんです。たとえば、プラネタリー・アーバニゼーションというのは、基本的に、今日のアーバニゼーションを批判的に分析する批判理論ですよね。その批判的分析の先にオルタナティブが探られている。では、科学の世界においてはどうなのか、どういう周縁があるのか、あるいは、オルター・サイエンスみたいなものが考えられるのだとしたら、どういうものになるのか。聞いてみたいと思いました。

平田　今の辻さんの質問、周縁的な科学やマイナー科学というものを塚原さんがどういう風に捉えられているのかということに加え、僕からも質問を加えさせていただきたいんですが、というのは、都市化の中で人間と動物がどうなっているのかという点から逆に問えば、これまでどういう風に人間と動物が切り離されてきたのかという生物学史的な議論にもなってくると思うんです。その辺を併せてお伺いしたいです。

塚原　あまり明確な答えはできないかもしれませんが(笑)、まず周縁性の問題はかなり面白いなと思っています。今、サイエンスの中でも色々な動きがあるにはあるんですが、どうしてもビッグサイエンスになってしまっている。これは、マンハッタン計画以降ずっとです。ラボラトリー・サイエンスなど、お金や機械の方が先走っちゃう。お金と機械があるとサイエンスが動く、そういう状況になってしまっています。また、科学にはレフェリーシステムという査読制度があって、これはサイエンス・コミュニティがないと成立しない。サイエンス・コミュニティというのは、あるパラダイムを共有している集団という意味で、現在においては、そうしたシステムが全体として腐ってしまっている。つまり権力や資本の力の下で、かなり歪んでしまっているんじゃないのか、という批判ができると思います。

では、それに対して、周縁的な科学、マイナーな科学では、たとえば市民科学はどういう形でビッグサイエンスに対して対抗できるのかということを考えている人たちもいます。そうなった時、これは先ほどの話とも似てますが、たとえば最近のバイオテクノロジーというのは必ずしもビッグサイエンス主導で動いているわけではなかったりする。いわゆるキッチンサイエンティストと言われる人たちがいて、ゲノムの改変のような実験はキッチンレベルでもできちゃったりする。サイエンスにおいては、ラボラトリーがあったり大きい実験を組まないとできないサイエンスというのもあるにはあるんですが、そうではないものもある。こうした流れは周縁的と言っていいのかなと思うんですけれど、ただ、やはり、ちょっと危険なものを孕んでいるところはあります。いわゆる、クレージー・サイエンティストというモデルです。

また、同時に市民科学と言った時に、分かりやすい例としては3・11の後のお母さんたちが浮かびます。あの原発事故の後に何が起こったかというと、福島から東京にかけてのお母さんたちが自分たちの食べるものの放射線量を計測しだしたんです。自分たちの食べるものが本当に安全なのかどうか、と。その上で、自分たちで放射線地図まで作ったりしていたんです。これはすごく立派なことだと思いました。あれこそサイエンスだと思います。

あと一つ、世界の地理的な周縁ということを考えていくと、それはまさに第三世界でサイエンスをどのように成り立たせるかという話になってくる。これも壮大な話ですね。ただ、周縁と中心というのはいつも入れ替わるものだと思っています。なぜなら、周辺は常にリソースのサプライヤーです。そういうものとして周縁が必要だからです。ある程度、周縁からデータを持ってこないと、アーバンやコスモポリタンの中心は計算ができない。ただ、計算して論文を一流誌に出して、サイエンス・インデックスの上のほうに載るのが、今、サイエンスの評価基準になってしまっています。ですから、もし、オルターナティブ、つまりメガで制度化されている知識生産システムではないものっていうのを考えていかなきゃいけない場合、いくつかの視線が必要かと思っています。

で、二つ目の質問に関してなんですが、結局、これまでメインストリームのサイエンスが何をやってきたかというと、今、平田さんが言ってくれたように、中心と周縁を切り離すことだったんです。それこそマルチスピーシーズ人類学は、今、僕たちは人間と動物が切り分かれてしまった世界を生きているから、その間の交流を探そうとしている段階だと思うんですがいかがでしょうか。

科学史の視点からみると、これには、長い背景があると思っています。たとえば、ダーウィンについて考えてみたいと思います。彼がなぜあんなに苦労したかというと、猿と人間の「連続性」を言おうとしたからなんです。今日、猿と人の連続性というのは、アメリカの四〇パーセントくらいの人（いわゆる神さま派の人々）を除けば、一般的に支持されていることではある。ただ、なぜその話をするのにダーウィンが苦労したかというと、人と動物を切り離そうと一生懸命にやってきた科学の歴史というのがあるからなんです。これは近代哲学のデカルトが身体という物質と心という精神を大技で分離したのと同じです。科学の世界ではリンネという人がでて、人間と動物は絶対に違うんだということを強く主張した。リンネはヨーロッパの科学史において中心的な人物です。つまり、ヨーロッパ科学は、どの種とどの種がどう違うのかということを、つまり切り離すということを延々とやってきたんです。

ただ、もちろん、切り離した中にも共通するものを持つカテゴリーも発見してきた。リンネは哺乳類というカテゴリーを作った人でもある。これに関して、ロンダ・シービンガーという人が『女性を弄ぶ博物学――リンネはなぜ乳房にこだわったのか？』（小川眞里子、財部香枝訳、工作舎、一九九六年）という非常に面白い本を書いています。僕たちは哺乳類と言われるけど、哺乳類という言葉はおっぱいを与えるかどうか、ということです。それ以前まではアリストテレスの分類に従って四足獣と二足歩行獣という区別だった。でも、哺乳類というカテゴリーができたことで、人間は牛とか馬とか猫とかと同じ分類になったわけです。でも、なんでこういう分類をリンネがしたかというと、おっぱいを強調することによって男と女の差ができたんです。要するに、人間の中でもより神に近いスタイルは男なのだ、というのがここでのミソです。なぜなら、女は子を産み育て、おっぱいを与える。つまり、動物と同じことをやってる、だから下等だろう、と。それが実に「科学的な」意味での、女性差別の源泉になった、とこの本には書かれていて、これは非常に面白い議論です。いわば、階層性を合理化・正当化する。

そもそも、中心と周縁というのは、自分たちが中心だと思いたい白人男性エスタブリッシュメントが作り上げてきたものです。実際、女性、特に黒人女性のサイエンティストというのは少ない。これはまさに周縁化されているからです。サイエンスの中にもそういう社会学があり、サイエンスそのものの中にも、イデオロギーとして内在化している構造的な差別がある。科学史や科学哲学の仕事は、そういう「前提」を剔抉することです。社会的にみても、そもそもかなりのソーシャルキャピタルがないとサイエンスなんかできない。そういうことを考えると、周縁というのはジェンダー・クラス・レイスに従って形成されているということは十分に言える。もちろん地域差や文化においての差異、これもまだまだある気がします。動物と人間の階層の問題についてもそういう力学が働いていた。デカルトがやったような分断の営みを、近代科学、近代博物学はずっとやってきたんです。

だから、ダーウィンが人間と猿は連続性がある、種は変化すると言ったことは、非常に大きなショックを社会に与えたわけです。ダーウィン自身もしばらくは自説を隠していて、なかなか言わなかった。言えなかった。これはコペルニクスからガリレオに至る天動説、地動説と同じくらいの科学史のハイライトだと思っています。

辻　ありがとうございます。最後にもう一つ、今のお話を受けて、お二人に大ぶりな質問をしてみたいです。先ほど土への志向性がナチスの温床になったという指摘がありました。あるいは都市に対して農村が社会革命の場になったという話もありました。これは周縁的なものの持つある種のポテンシャルでありリスクでもあるんだと思います。キッチンサイエンスが非常に面白い成果を挙げることもあれば、クレージー・サイエンスに転落してしまうということもあるのかもしれない。エリート主義に対して人民主義を意味するポピュリズムが暴走しやすい傾向にあるのと同様、周縁的な存在にもまた、そういうアンビバレントなところがあると言えるのだと思います。

ただ、やはりこれは中心からの評価でもあると思うんですね。そこで、お伺いしたいのは、この中心と周縁という構造そのものがなくなるということはありえるのか、ということなんです。塚原さんが科学批判と言われる際、塚原さんが問題視されていたポイントは、科学がもつある種の普遍主義的な傾向、科学に内在している中心主義的な性格、そういうところに危うさがあるということでしたよね。そして、それは都市も同じだと思うんです。いかにプラネタリー・アーバニゼーションが都市と周縁との関係を強調してみても、それでも都市が中心であることには変わらないと言いますか。そういう意味で、果たして世界が脱中心化するということは本当に可能なのか。あるいは中心か周縁かという対立軸とは別の軸は立てられるのか。いかがでしょうか。

塚原 今回、辻さんが冒頭でグローバル／ローカルじゃないところで話をしていきたいということを語られていましたよね。それはそうだなとも思ったんですけど、ただ、グローバルでもない、ローカルでもない、第三の極があったらいいのかというと、そういうことでもない気がするんです。そもそもの枠組み自体をちょっと変えていかなきゃいけないのではないか。

中心／周縁ということについても、サイエンスは実際にそうなってきたわけですが、大元にあるのは十九世紀的な帝国の権力のスタイルだと思います。やっぱりその時はヨーロッパ中心主義なわけです。ヨーロッパの近代科学が起こってだいたいこの五〇〇年間続いていて、さらに帝国主義というものがやはり科学の五〇〇年に重なってこの五〇〇年間続いていて、十九世紀に特に顕在化した。だけど、現代のハート＝ネグリが言うような「帝国」とは、そういうものでは必ずしもないですよね。もっと鵺的な感じで、国家という実体ではない、遍在するようなものです。より中心的で、かつ分散している。だから難しいと僕は思っているんです。逆に「俺らは今から周縁を糾合してどんどん拡張してキングヌーになるぞ」というような、浅薄な意味での帝国主義や、それへの打倒のための糾合ではない。そういうモデルは古くて、もう使えない感じだと思っています。だから実は「中心／周縁」モデル自体が現代では成り立たないのではないだろうかとも思う。

便宜的には使います。だって便利だし、物事を空間的(地理的)・時間的(歴史的)に整理して考えるためには大事な土台になるから。それに中心は中心で、実際に社会には強力な存在感があることは、否定できません。社会学で論文を書くならこのクオリティ・ジャーナルに一本は書け、とか、オックスフォードで博士号をとったらそいつはえらい、とか、そういう権力、そういう中心や権威システムのヒエラルキーは今も確実にある。これはアカデミック・ポリティクスを例にしたのだけど、ほかの分野にもリアルなものとしてある。あるんだけど、それがどこまで通用するかといえば、割ともう通用しなくなっている。それは難しくなっているところも多くなっているところまではきてます。それこそマルチラテラルな、グローバル・コーポレーショナリズムとか言われているような業態や、GAFA的なプラットフォームなどのように、より横断的で侵襲的なシステムが横行している面もあるわけです。あるいは米中関係とかを見てもアメリカ中心主義は崩壊している。今回のトランプの動きを見ていても、「ああ、こいつはダメだな」と思うわけですし、あるいはヨーロッパを見てみても、今のヨーロッパを世界の中心と見れるかといえば「?」マークがついてしまうわけです。

だから抵抗の側にとっても、周縁を糾合して中心に駆け上れという世界は『カムイ伝』(白土三平著、一九六四年に漫画雑誌『ガロ』で連載開始)の世界でおしまいだろうな、と(笑)。では、そうではない形で僕らは新たな戦線を形成していかなければならない。では、どういう戦線を立てるか。これが難しいんです。誰にも答えは見えてない。そういう状況にあるんじゃないかというのが僕の考えで、なんだか抽象的すぎて、申し訳ないですが、少なくとも、ヨーロッパの若者たち、グレタさんとかには、期待をしているのですが、日本のロートルとしては、申し訳ない、革命への道筋を示すことはできません。どうか、ご勘弁くださいね。すみませんが、コロナの話題からだいぶん、離れてしまいましたが、少なくとも、コロナはこう言ったことを考え直すチャンスにはなると思いますが（笑）。

平田　おっしゃる通り、ハート＝ネグリの「帝国」という概念は、それこそ分散的な権力のイメージを出したと思うんですけど、そこに対してどういう戦い方があるのかというと、難しいですね。ただ、中心と周縁の関係をもうちょっとズラして、全体みたいなものをどういう風に考えるのか、ということは一つあります。ただ、多分、思想史の中でも全体という言葉が全体主義へのアレルギーともまた違うところで使われなくなっている。その代わりに、たとえばフランクフルト学派がコンステラシオン（星座）という言葉で表しているように、何か突発的な出来事が起きて、そこの力関係がガラって変わっていくみたいな、万華鏡をくるっとひっくり返して模様が変わるようななんかそういうイメージで権力関係の配置とかを考えていきたいなという自分の個人的な思いはあります。

あと、中心と周辺のモデルの機能不全に関してですが、手前味噌ですが、昨年、現代フランスの社会史を専門とする中村督さんと一緒にクリスティン・ロスの著作『もっと速く、もっときれいに――脱植民地化とフランス文化の再編成』（中村督、平田周訳、人文書院、二〇一九年）を翻訳しました。私のルフェーヴル研究にとって大事な出発点となった本ですが、より一般的にフランスの戦後史を語る時に切り離して語られるアルジェリアの独立戦争と日本で言えば高度経済成長期に対応する「栄光の三〇年」における消費社会の台頭とを合わせて考察した本です。そのなかで論じられる当時の勃興したテクノクラートが近代化に託した夢というのがまさに中心と周辺モデルがなくなるというものだったのです。実際には、「第二のオスマン化」と呼ばれた戦後のパリ改造も別のかたちで中心と周辺の関係を再生産しました。今現在、「南北問題」というかたちでは確かに中心・周辺問題は見えにくくなっていますが、それはある意味では先進国の内部に南北問題が浸透し、格差というかたちで現れているという風にも言えるかもしれません。少なくとも（負の）グローバル化によって、世界がひとまとまりになるどころか、社会の内側からズタズタに分断されているという今日の対談の出発点に戻っても、国家のスケールよりさらに小さなスケールで中心と周辺モデルが再生産されているようにも見えます。印象論で、あまり答えになっていなくてすいません（笑）。

辻　いえ、こちらこそ大ぶりな質問を失礼しました。そして、COVID-19 をめぐる対談シリーズの最終回が、COVID-19 の問題に話を収斂させることなく終わろうとしています（笑）。ただ、この対談シリーズが COVID-19 をテーマに置きながらも、第一回から一貫して COVID-19 そのものではなく、その存在によって改めて浮き彫りになった、つまり以前からすでに僕たちが抱えていた諸問題へと向かっていたことを思い返すと、あるいは相応しい終わり方なのかもしれません。

また、お二人とも回答が曖昧なものであることを謝られていますが（笑）、今日の事態に何か学ぶべきことがあるのだとすれば、それは「分からない」ことを「分からない」ままにしておくことではないかとも、個人的には感じています。世界は想像しているよりもずっと複雑で、そう簡単に予想なんてつけられない。それこそ、人獣共通感染症の発生というのもまた予想ができないものですよね。予想ができないのにもかかわらず、予想できると思い込んで突き進んできてしまった結果として、今日パンデミックが起こっているのだとさえ言えます。

第四回の対談で「何かよく分からない」ことに対する態度をめぐって「畏怖」という言葉が出てきました。これは単なる「恐怖」とは異なるものです。「恐怖」とその対象を「分かる」ことを通じて、あるいは対象を「取り除く」ことを通じて、乗り越えることができるものです。しかし、そこに「畏れ」が加わると、「分かる」であったり「取り除く」であったりといった不遜な態度は取れなくなる。「畏怖」においては「分からない」対象があり、それを「分かろう」とはしつつも、最終的には「分からない」ままにされる。「分からない」ということが「分かって」いるのに「分かろう」とするという逆説が「畏怖」にはあり、こうした「畏怖」が今日、失われているのではないかというお話でした。

その点、「人類vsコロナ」という対立図式を立て、その殲滅を意図するというような態度は、まさに「畏怖」を欠いたものですよね。この「畏怖」の欠落が今日の事態を招いているということを踏まえるならば、こうした態度を今日取ってしまうことは倫理的にどうという以前に不合理であるとさえ言えます。だから、今僕たちがまず認めることは「分からない」ということなのではないかなと思うんです。「分からない」時、人は躊躇するものです。それこそ、結論をはっきりと出すことにも躊躇するようになる。「よくは分からないけれど」と留保をつけるようになる。もちろん、「分からない」ながらも人は行為をし続けるわけですが、行為の結果の予想がつけられない以上、その都度、いちいち躊躇うようになる。過ぎたることを畏れるようになる。「畏怖」すること、「分からない」ことを認めることとは、おそらく、この対談シリーズの起点にあった「モア・ザン・ヒューマン」な視点に立つこととも無関係ではないと思います。

だから、ある意味では、少し煮え切らなさのあるこの終わり方が、今日においては「正しい」のかもしれません(笑)。コロナが今後どうなるのか、第二波、第三波は本当に来るのか、あるいはコロナの存在によって世界はどう変わっていくのか、良くなるのか、悪くなるのか、何も変わらないのか。シリーズを通じて懸命に「分かろう」とはしてきましたが、最終的によく「分からない」ままです。多分、それでいいんだと思います。

では、時間となりましたので、このシリーズを終えたいと思います。皆さん、どうもありがとうございました。

1 ブルーノ・ラトゥール『地球に降り立つ 新気候体制を生き抜くための政治』（川村久美子訳、新評論、二〇一九年）

2 平田周「プラネタリー・アーバニゼーション研究の展開」（10+1 website http://10plus1.jp/monthly/2018/11/issue-01.php）

3 『スノーピアサー』は二〇一三年に公開されたポン・ジュノ監督の映画作品。地球温暖化を食い止めるために散布された化学薬品によって陸地が雪と氷に覆われた近未来を舞台としている。

4 津田大介「コロナ禍でこそ『連帯』の意味、我々は知る」（朝日新聞、二〇二〇年四月三十日）

5 Maisel, David. *Black Maps: American Landscape and the Apocaliptic Sublime.* Göttingen: Steidl. 2013.

6 Kipfer, Stefan, « Pushing the Limits of Urban Research: Urbanization, Pipelines and Counter-Colonial Politics », *Environment and Planning D: Society and Space*, vol. 36, n°3, 2018, p. 474–493. この論文は、キプファーがフランス語で出版した、ルフェーヴル〔マルクス主義〕とファノン〔ポスト・コロニアリズム〕を結びつけようと試みた著作にも再録されている。Kipfer, Stefan. *Le temps et l'espace de la (dé)colonisation : dialogue entre Franz Fanon et Henri Lefebvre*, Paris, Eterotopia France / Rhizome, 2019.

7 Coulthard, G. L. *Red Skin, White Masks: Rejecting the Colonial Politics of Recognition*, Minneapolis: University Minesota Press, 2014.

8 『都市を耕す——エディブル・シティ』（アンドリュー・ハッセ監督、二〇一四年）

塚原東吾（つかはら・とうご）

一九六一年東京生まれ、城北高校、東京学芸大学卒、同（化学）修士修了、オランダ国費留学生、ライデン大学医学部博士号取得、ケンブリッジ大学・ニーダム研究所にてフェロー、東海大学文学部講師・助教授、神戸大学国際文化学部准教授、などを経て神戸大学大学院国際文化学研究科教授。編著に『科学機器の歴史——望遠鏡と顕微鏡』（日本評論社）、共編著に『科学技術をめぐる抗争（リーディングス戦後日本の思想水脈第二巻）』（岩波書店）など。

平田周（ひらた・しゅう）

一九八一年生まれ。パリ第8大学博士課程修了。博士（哲学）。南山大学外国語学部フランス学科准教授。社会思想史。著書に『惑星都市理論』（共編著、以文社、近刊）、論文に「ニコス・プーランザスとアンリ・ルフェーヴル——1970年代フランスの国家論の回顧と展望」（『社会思想史研究』第三七号、二〇一三年）、「なぜ空間の生産がいまだに問題なのか」（『現代思想』第四五巻第一八号、二〇一七年）など。訳書に『民主主義の発明』（クロード・ルフォール著、共訳、勁草書房）ほか。

編集後記

二〇〇〇年代に入って毎年欠かさず年二、三回の割合で海外のフィールドに出かけていたが、二〇二〇年、私は「フィールドに行かない人類学者」になった。ふと、今から四半世紀前に二年間滞在した焼畑農耕民のフィールドのことが思い出され、ノートやテキストを読み返していると、こうも考えることができるということがいろいろと頭に浮かんできた。〈志〉とは心を指して一定方向に向かわせることをいう。コロナで分かったことの一つは、〈志〉を抱いても今はあまり役に立たないということだった。〈志〉はそれがないとエネルギーが湧いてこないが、それがあまりに強いと自身を苦しめるものになるのかもしれないと思う。本書公刊にあたっては、JSPS科研費JP17H00949の助成を受けている。

奥野克巳

＊

小説『いいなづけ』では、ペスト禍は神義の顕現である。マンゾーニにとって、「神の子」にふさわしい者のみがパンデミックを生きのびるべきであった。コロナ禍でコロナウイルスの宿主であるコウモリについて考えるようになった。非常事態宣言が解除された六月、オオコウモリをトーテムとするアボリジニの氏族のことを思い起こしていた（デボラ・B・ローズ）。ヨーロッパ人に「悪魔」と呼ばれたコウモリが祖先であるような生き方、それは「神の子」としての出自を誇る態度とはまるで別物のように思われる。「神の子」か、「悪魔の子」か。どちらか選べと言われれば、私は「悪魔」との親族関係を選んでみたい。畏友Cへの私信より。

近藤祉秋

*

この本は「渦中」の言葉を「渦中」において記録したものであり、だから当然ながら結論は出ていないし、出そうともしていない。すでにパンデミック発生から一年弱、この後記を書いている二〇二〇年十二月二十三日の時点で、ツイッターのタイムラインは「英国でコロナの変異種の感染が拡大している」というニュースで賑わっている。いまなお「渦中」。しかし、ともあれ、今日も僕はかろうじて生きている。皆さんもどうぞお大事に。またどこぞの「渦中」で。

辻陽介

本書は、ウェブサイト HAGAZINE に「シリーズ『COVID-19〈と〉考える』」(二〇二〇年四月二十日~七月二十七日 https://hagamag.com/category/series/s0065)と題して連載されたものをまとめたものです。

コロナ禍《か》をどう読《よ》むか
16の知性《ちせい》による8つの対話《たいわ》

2021年2月11日 第1版第1刷発行

編　者　奥野克巳《おくのかつみ》
近藤祉秋《こんどうしあき》
辻陽介《つじようすけ》

発行所　株式会社亜紀書房
〒101-0051
東京都千代田区神田神保町1-32
TEL 03-5280-0261（代表）
03-5280-0269（編集）
URL http://www.akishobo.com/
振替 00100-9-144037

印刷所　株式会社トライ
URL http://www.try-sky.com/

Printed in Japan
ISBN 978-4-7505-1682-0 C0010